高等教育机电类专业“十三五”规划教材

金 工 实 习

徐博铭 邱鹏飞 主编

中国铁道出版社有限公司
CHINA RAILWAY PUBLISHING HOUSE CO., LTD.

内容简介

本书是配合金工实习教学要求而编写的。本书以培养学生基本工程素质为基础,提高学生动手能力为主要目的,全书共分12章,主要内容有工程材料基础知识、铸造、焊工、金属切削基础知识、钳工、管工、车削加工、铣削加工、磨工、数控加工、特种加工等。

本书基础知识讲解详细、内容丰富、注重实践、可操作性强,适合高等学校工科类专业的金工实习教学和实习指导使用,也可供高职高专和成人教育等相关专业选用。

图书在版编目(CIP)数据

金工实习/徐博铭,邱鹏飞主编. —北京:中国铁道出版社,2018.10 (2020.7 重印)

高等教育机电类专业“十三五”规划教材

ISBN 978-7-113-24960-1

Ⅰ. ①金… Ⅱ. ①徐… ②邱… Ⅲ. ①金属加工—实习—高等学校—教材 Ⅳ. ①TG-45

中国版本图书馆 CIP 数据核字(2018)第223010号

书　　名:金工实习
作　　者:徐博铭　邱鹏飞

策　　划:何红艳　侯　伟　　　**读者热线:**(010) 83552550
责任编辑:何红艳　钱　鹏
封面设计:付　巍
封面制作:刘　颖
责任校对:张玉华
责任印制:樊启鹏

出版发行:中国铁道出版社有限公司(100054,北京市西城区右安门西街8号)
网　　址:http://www.tdpress.com/51eds/
印　　刷:三河市宏盛印务有限公司
版　　次:2018年10月第1版　2020年7月第2次印刷
开　　本:787 mm×1 092 mm　1/16　**印张:**14　**字数:**336千
书　　号:ISBN 978-7-113-24960-1
定　　价:38.00元

PREFACE | # 前言

《中国制造2025》明确指出:“形成经济增长新动力,塑造国际竞争新优势,重点在制造业,难点在制造业,出路也在制造业。”因此,强化制造业应成为中国未来宏观政策和产业政策的重点。

高等教育在中国正在逐步普及,各个学校都有自身的发展定位,比如学术研究型大学、应用技术型大学。越来越多的高校将自身定位在应用技术型大学,据统计,目前全国有超过300所应用技术型大学。各地也相继成立了很多联盟,如61所高校成立的应用技术型大学(学院)联盟,各省或地区也成立了省应用技术型高校联盟,如四川、安徽、长三角地区、浙江、湖北等省份或地区,越来越多的本科院校正在积极加入应用技术型本科行列。

本书是根据教育部高等学校机械类基础课程教学指导委员会颁发的“高等工业学校金工实习教学基本要求”,结合作者多年应用技术型本科金工实习教学经验,经优化、整合而成的实习类教材。

全书共分12章,主要内容有工程材料基础知识、铸造、焊工、金属切削基础知识、钳工、管工、车削加工、铣削加工、磨工、数控加工、特种加工等。

本书主要有以下特点:

(1)符合机械类专业本科金工实习教学大纲的要求,坚持“全而精”的原则,做到内容全面,重点突出。

(2)体现应用型本科人才的培养特点,坚持面向应用,针对传统机械制造技术安排了大量篇幅,对现代制造技术和新技术、新工艺的方法及应用也做了适度安排。全书内容深入浅出,图文并茂,直观形象。

(3)全书各章都附有实训及评分标准,供各院校在做实习安排时参考。

(4)为方便教学,附录配套了实习报告及安全操作试题,以帮助学生巩固实习效果。

(5)本书适合于高等学校机械类、近机械类专业4~6周金工实习教学使用。各院校可根据不同专业需要,有针对性地选择不同实习内容和课时进行教学。

本书由同济大学浙江学院机械与汽车工程系组织编写，徐博铭、邱鹏飞任主编。参加本书的编写人员有：徐博铭（第1章、第11章），邱鹏飞（第2章、第3章），叶剑（第4章、第7章），廖艳（第5章、第8章），吴迪（第6章、第9章），杜·北夫（第10章、12章）。

本书在策划、编写及出版过程中，得到了同济大学工程实践中心程宏及相关老师的大力支持，程宏对本书的编写内容、形式、设计风格等提出了许多具体宝贵的意见；本书也得到了校企合作企业住友理工企业管理（中国）有限公司杜·北夫及相关工程师的大力支持，杜·北夫亦参与编写了部分章节；同时还得到了有关专家、学者和兄弟院校同行的热忱指教，在此一并表示诚挚的谢意。在本书的编写中，参考并引用了有关文献资料、插图等，在此对其作者表示由衷的感谢！

本书若有不当或错误之处，欢迎读者批评指正。

编　者
2018年7月

CONTENTS | 目 录

第1章 绪　论

1.1　金工实习教学大纲

《金工实习》(非机类)教学大纲

课程名称:金工实习
课程英文名称:Practice of Metal Machining
课程类别:集中实践教学环节
学时数:2 周　　其中实验学时数:2 周　　课外学时数:0
学分:2
使用专业:自动化、电气工程及其自动化、材料工程、医学影像技术、汽车服务工程

一、实习性质与任务

金工实习是一门实践性的技术基础课。金工实习以实践教学为主,课堂教学与自学为辅。学生必须进行独立操作。

二、实习基本要求

1. 安全要求

在实习教学过程中,始终强调“安全第一”的观点,严格执行“安全条例”考核标准,做到班前、班后讲安全,使学生树立牢固的安全意识和自我保护意识,养成良好的工作习惯。

2. 实习要求

基本要求是:按大纲要求完成车工、数控、管工、钳工和铸工等工种的基本操作;着重是数控车、数控铣和特种加工的编程和操作,学习相关金属工艺基础知识,熟悉机械零件常用加工方法、所用设备结构原理及工、夹、量具的操作,具有独立完成简单零件加工的能力,使学生通过简单零件的加工,巩固和加深机械制图知识及其应用方法并初步掌握对工艺过程进行分析的能力,同时培养学生理论联系实际的工作能力,完成实习报告是实习质量考核的形式之一。

3. 能力培养要求

加强对学生专业动手能力的培养,促使学生养成发现问题、分析问题,运用所学知识和技能独立解决问题的能力和习惯,鼓励和着重培养学生的创新意识和创新能力;结合教学内容注重培养学生的工程意识、产品意识、质量意识,提高其工程素质,逐步使学生具有“学会学习,决心奋斗,追求先进,争取全面”的学习思想。

三、教学过程

(1)教学方法:课堂讲授为辅,现场辅导为主。

(2) 学时分配(见表1-1)

表1-1 学时分配表(1)

序号	主 要 内 容	主要教学方式	学时分配/天
1	理论教学	讲授	1
2	铸造实训	现场实训	1
3	焊接实训	现场实训	1
4	管工实训	现场实训	1
5	数控实训	现场实训	2
6	钳工实训	现场实训	2
7	车工实训	现场实训	2
合 计			10

(3)学习方法:多媒体演示+现场实操讲解。

(4)考核方式:总评成绩=平时成绩+实操成绩+实习报告成绩。

四、课程教学内容的基本要求、重点和难点

第一部分 铸 造 实 训

1. 教学内容

(1)砂型铸造生产过程及特点;

(2)了解砂型的基本造型方法、造型工具的使用方法。

2. 教学基本要求

了解零件、模型和铸件的区别;初步学会使用造型工具,完成简单手工整模造型、分模造型、挖砂造型的操作。

3. 重点和难点

整模造型中分型面的选择

第二部分 焊 接 实 训

1. 教学内容

手工电弧焊的操作方法、热处理及表面处理方法。

2. 教学基本要求

能够进行简单的手工电弧焊操作,完成平焊焊缝。

3. 重点和难点

手工电弧焊中利用平焊,完成对接焊的操作。

第三部分 管 工 实 训

1. 教学内容

(1)熟悉管道工程中最常用的管子和管件以及附件;

(2)掌握各种管件的材质;

(3)根据管件材料进行加工组装。

2. 教学基本要求

能够进行简单的管工操作。

3. 重点和难点

(1)常用管件以及附件之间的相同点；

(2)根据管件材料进行加工组装。

第四部分　数控实训

1. 教学内容

(1)数控加工的基本知识；

(2)数控车床的组成及应用；

(3)阶梯轴的数控加工。

2. 教学基本要求

简单了解数控车床操作方法,能独立进行零件的数控编程。

3. 重点和难点

数控车床的操作。

第五部分　钳工实训

1. 教学内容

(1)了解钳工常用工具、量具；

(2)了解钳工的安全操作及加工方法；

(3)完成凸凹件的制作。

2. 教学基本要求

初步掌握钳工常用工具、量具的操作使用方法,能独立完成钳工的基本操作,独立完成锤头的加工。

3. 重点和难点

钳工常用工具的使用。

第六部分　车工实训

1. 教学内容

(1)了解金属切削加工的概念；

(2)了解普通车床组成部分及其作用；

(3)车工安全操作。

2. 教学基本要求

了解简单零件的车削加工。能正确选择和使用量具;独立完成锤柄的车削加工。

3. 重点和难点

车床的组成及基本操作。

《金工实习》(近机类)教学大纲

课程名称:金工实习

课程英文名称:Practice of Metal Machining

课程类别:集中实践教学环节

学时数:3周　　其中实验学时数:3周　　课外学时数:0

学分:3

使用专业:建筑环境与能源应用工程

一、课程性质与任务

金工实习是一门实践性的技术基础课。金工实习以实践教学为主,课堂教学与自学为辅。学生必须进行独立操作。

二、教学基本要求

1. 安全要求

在实习教学过程中,始终强调“安全第一”的观点,严格执行“安全条例” 考核标准,做到班前、班后讲安全,使学生树立牢固的安全意识和自我保护意识,养成良好的工作习惯

2. 实习要求

基本要求是:按大纲要求完成车工、数控、钳工、焊接、管工等工种的基本操作;着重是数控车、数控铣和特种加工的编程和操作,学习相关金属工艺基础知识,熟悉机械零件常用加工方法及所用设备结构原理及工、夹、量具的操作,具有独立完成简单零件加工的能力,使学生通过简单零件的加工,巩固和加深机械制图知识及其应用方法并初步学会对工艺过程进行分析的能力,同时培养学生理论联系实际的工作能力,完成实习报告是实习质量考核的形式之一。

3. 能力培养要求

加强对学生专业动手能力的培养,促使学生养成发现问题、分析问题,运用所学知识和技能独立解决问题的能力和习惯,鼓励和着重培养学生的创新意识和创新能力;结合教学内容注重培养学生的工程意识、产品意识、质量意识,提高其工程素质,逐步使学生养成“学会学习,决心奋斗,追求先进,争取全面”的学习思想。

三、教学过程

(1)教学方法

课堂讲授为辅,现场辅导为主。

(2)学时分配(见表 1-2)

表 1-2 学时分配表(2)

序号	主 要 内 容	主要教学方式	学时分配/天
1	理论教学	讲授	1
2	焊接实训	现场实训	1
3	管工实训	现场实训	1
4	车工实训	现场实训	4
5	钳工实训	现场实训	4
6	数控实训	现场实训	4
合计			15

(3)学习方法:多媒体演示+现场实操讲解。

(4)考核方式:总评成绩=平时成绩+实操成绩+实习报告成绩。

四、课程教学内容的基本要求、重点和难点

第一部分　焊接实训

1. 教学内容

(1)手工电弧焊焊接工艺参数的确定及对焊接质量的影响;

(2)焊条的组成与作用;酸性焊条和碱性焊条的特点;

(3)熔化焊常见的缺陷及其产生原因。

2. 教学基本要求

能够进行简单的手工电弧焊操作,完成对接焊。能正确选择手工电弧焊焊接电流并调整气焊的火焰;独立进行手工电弧焊和气焊的平焊操作。

3. 重点和难点

手工电弧焊中利用平焊完成对接焊的操作。

第二部分　管工实训

1. 教学内容

(1)熟悉管道工程中最常用的管子和管件以及附件;

(2)掌握各种管件的材质;

(3)根据管件材料进行加工组装。

2. 基本要求

能够进行简单的管工操作,独立完成各种管件的加工组装。

3. 重点和难点

加工组装管件。

第三部分　钳工实训

1. 教学内容

(1)了解钳工常用工具、量具;

(2)了解钳工的安全操作及加工方法;

(3)完成凸凹件的制作。

2. 教学基本要求

了解台式钻床、立式钻床的组成、运动和用途,熟悉台式钻床的操作和调整方式;掌握钳工常用工具、量具、夹具的基本原理;了解机械部件装配的基本知识。

3. 重点和难点

钳工常用工具的使用,锤头的钳工手工制作。

第四部分　车工实训

1. 教学内容

(1)了解金属切削加工的概念;

(2)掌握常用车刀的组成和结构,车刀主要角度及其作用,常用刀具材料的种类、牌号和应用;

(3)掌握车工安全操作。

2. 教学基本要求

了解简单零件的车削加工。能正确选择和使用量具;掌握车外圆、端面、钻孔和镗孔的方法;了解车床的其他车削加工方法(切断、切槽、圆锥面、成形面、螺纹等)。

3. 重点和难点

能独立操作和调整车床,独立完成简单零件的车削加工,完成锤柄的车削加工。

第五部分 数控实训

1. 教学内容

(1)数控加工的基本知识;

(2)数控车床的组成及应用。

(3)阶梯轴的数控加工。

2. 教学基本要求

简单了解数控车床操作方法,能独立进行零件的数控编程。

3. 重点和难点

数控车床的操作。

《金工实习》(机类)教学大纲

课程名称:金工实习

课程英文名称:Practice of Metal Machining

课程类别:集中实践教学环节

学时数:6 周　　　其中实验学时数:6 周　　　课外学时数:0

学分:6

使用专业:机械设计制造及其自动化、车辆工程

一、课程性质与任务

金工实习是一门实践性的技术基础课。金工实习以实践教学为主,课堂教学与自学为辅。学生必须进行独立操作。

二、教学基本要求

1. 安全要求

在实习教学过程中,始终强调“安全第一”的观点,严格执行“安全条例”考核标准,做到班前班后讲安全,使学生树立牢固的安全意识和自我保护意识,养成良好的工作习惯。

2. 实习要求

基本要求是:按大纲要求完成车工、数控、钳工、焊接、管工、铸造、铣、刨、磨削等工种的基本操作;着重是数控车、数控铣和特种加工的编程和操作,学习相关金属工艺基础知识,熟悉机械零件常用加工方法及所用设备结构原理及工、夹、量具的操作,具有独立完成简单零件加工的能力,使学生通过简单零件的加工,巩固和加深机械制图知识及其应用方法并初步学会对工艺过程进行分析能力,同时培养学生理论联系实际的工作能力,完成实习报告是实习质量考核的形式之一。

3. 能力培养要求

加强对学生专业动手能力的培养,促使学生养成发现问题、分析问题,运用所学知识和技能独立解决问题的能力和习惯,鼓励和着重培养学生的创新意识和创新能力;结合教学内容注重培养学生的工程意识、产品意识、质量意识,提高其工程素质,逐步使学生养成“学会学习,决心奋斗,追求先进,争取全面”的学习思想。

4. 素质

在质量和经济意识、安全与环保意识、创新意识、理论联系实际和科学作风等工程技术

人员应具有的基本素质方面受到培养和锻炼。

三、相关课程

材料成型技术基础、机械制造技术基础。

四、教学过程

(1)教学方法:课堂讲授为辅,现场辅导为主。

(2)学时分配(见表1-3)。

表1-3 学时分配表(3)

序号	主要内容	主要教学方式	学时分配/天
1	理论教学	讲授	2
2	铸造实训	现场实训	2
3	焊接实训	现场实训	1
4	管工实训	现场实训	1
5	铣、磨削实训	现场实训	2
6	先进制造实训(电火花、线切割)	现场实训	3
7	钳工实训	现场实训	5
8	车工实训	现场实训	6
9	数控实训	现场实训	8
合计			30

(3)学习方法:多媒体演示+现场实操讲解。

(4)考核方式:总评成绩=平时成绩+实操成绩+实习报告成绩。

五、课程教学内容的基本要求、重点和难点

第一部分 铸造实训

1. 教学内容

(1)砂型铸造生产过程及特点;

(2)了解砂型的基本造型方法、造型工具的使用;

(3)型芯的作用,芯盒的结构,型芯的出气方式,涂料及芯骨的作用,型芯的定位。

2. 教学基本要求

了解零件、模型和铸件的区别;初步学会使用造型工具,完成简单手工整模造型、分模造型、挖砂造型的操作;识别常见缺陷、分析其产生原因和防治方法。

3. 重点和难点

整模造型中分型面的选择。

第二部分 焊接实训

1. 教学内容

(1)手工电弧焊焊接工艺参数的确定及对焊接质量的影响;

(2)焊条的组成与作用;酸性焊条和碱性焊条特点;

(3)熔化焊常见的缺陷及其产生原因。

2. 教学基本要求

能够进行简单的手工电弧焊操作,完成对接焊。能正确选择手工电弧焊焊接电流并调整气焊的火焰;独立进行手工电弧焊和气焊的平焊操作。

3. 重点和难点

手工电弧焊中利用平焊完成对接焊的操作。

第三部分 钳工实训

1. 教学内容

(1)了解钳工常用工具、量具;

(2)了解钳工的安全操作及加工方法;

(3)完成凸凹件的制作;

(4)机器拆装。

2. 教学基本要求

了解台式钻床、立式钻床的组成、运动和用途,熟悉台式钻床的操作和调整方法;掌握钳工常用工具、量具、夹具的基本原理;了解机械部件装配的基本知识;掌握拆装机器的方法。

3. 重点和难点

钳工常用工具的使用,锤头的钳工手工制作。

第四部分 车工实训

1. 教学内容

(1)了解金属切削加工的概念;

(2)掌握常用车刀的组成和结构,车刀主要角度及其作用,常用刀具材料的种类、牌号和应用;

(3)掌握车工安全操作。

2. 教学基本要求

了解简单零件的车削加工。能正确选择和使用量具;掌握车外圆、端面、钻孔和镗孔的方法;了解车床的其他车削加工方法(切断、切槽、圆锥面、成形面、螺纹等)。

3. 重点和难点

能独立操作和调整车床,独立完成简单零件的车削加工。锤柄的车削加工。

第五部分 铣、磨工实训

1. 教学内容

(1)铣削加工的特点、加工范围;

(2)磨削运动和磨削用量。

2. 教学基本要求

熟悉铣床的操作,进行平面、垂直面铣削加工;了解磨床的种类、结构特点、工作原理及其型号。

3. 重点和难点

铣床的操作,平面、垂直面铣削加工。

第六部分 数控实训

1. 教学内容

(1)数控加工的基本知识;

(2)数控车床的组成及应用;
(3)数控铣床组成及应用;
(4)典型零件的数控加工实例。

2. 教学基本要求

掌握数控车床操作方法,能独立进行零件的数控编程。

3. 重点和难点

数控车床、数控铣床的独立操作。

第七部分　先进制造技术实训

1. 教学内容

(1)先进制造技术的基本知识;
(2)线切割机床的组成及应用;
(3)电火花机的使用。

2. 教学基本要求

掌握线切割机床操作方法,能独立进行零件的加工。了解电火花机的加工原理。

3. 重点和难点

典型零件的线切割操作。

第八部分　管 工 实 训

教学内容

(1)熟悉管道工程中最常用的管子和管件以及附件;
(2)掌握各种管件的材质;
(3)根据管件材料进行加工组装。

1.2　金工实习成绩评定办法

(1)考核要求与教学基本要求相符合。分工种进行考核。

(2)各工种考核内容应该包含实习报告、实践技能和基本知识考核,具体要求见各工种考核办法。

(3)根据各工种安排天数确定各工种所占成绩比例,最终计算总成绩。

第2章 工程材料基础知识

2.1 金属材料

金属材料是含有一种或几种金属元素(有时亦含有非金属元素),以极微小的晶体结构所组成的,具有金属光泽的,有良好导电导热性能的,有一定力学性能的材料。通常指钢、铁、铝、铜等纯金属及其合金。

2.1.1 钢

钢是含碳质量分数小于2.11%(实际上小于1.35%),并含有少量杂质元素的铁碳合金。钢具有良好的使用性能和工艺性能,而且产量大、价格较为低廉,因此应用非常广泛。

钢的分类方法很多,常见的分类方法有如图2-1所示的几种:

- 钢的分类
  - 按钢的成分分类
    - 碳素钢
      - 低碳钢:含碳量≤0.25%
      - 中碳钢:含碳量在0.25%~0.6%
      - 高碳钢:含碳量在0.6%~1.35%
    - 合金钢
      - 低合金钢:含合金总量≤5%
      - 中合金钢:含合金总量在5%~10%
      - 高合金钢:含合金总量≥10%
  - 按钢的质量分类(根据钢中含有害元素P、S的多少)
    - 普通钢:$\omega_S \leqslant 0.055\%$, $\omega_P \geqslant 0.045\%$
    - 优质钢:$\omega_S \leqslant 0.04596$, $\omega_P \geqslant 0.040\%$
    - 高级优质钢:$\omega_S \leqslant 0.030\%$, $\omega_P \geqslant 0.035\%$
  - 按钢的用途分类
    - 结构钢:用于各种工程构件及机器零件
    - 工具钢:用于各种刀具、量具和模具
    - 特殊性能钢:用于特殊环境中工作的零件

图2-1 钢的分类

1. 碳素钢的牌号、性能及用途

碳素钢的熔炼过程比较简单,生产费用较低,价格便宜,主要用于工程结构,制成热轧钢板、钢带和棒钢等产品,广泛用于工程建筑、车辆、船舶以及桥梁、容器等构件。

常用的碳素钢的分类、牌号及应用见表2-1。

表2-1 常用的碳素钢的分类、牌号及应用

分类	牌号		应用举例
	牌号举例	符号说明	
碳素结构钢	Q235AF	Q:表示屈服强度汉语拼音字首; 235:表示 $\sigma_s \geqslant 235$ MPa; A:表示硫、磷含量; F:表示为沸腾钢	螺钉、螺母、螺栓、垫圈、手柄、小轴及型材等

续表

分　类	牌　　号		应用举例
	牌号举例	符号说明	
优质碳素结构钢	20;40;45;65;	两位数字代表钢中平均含碳量的万分数。例如:45 钢中的平均含碳量为 0.45%	制造各类机械零件,例如:轴、齿轮、连杆、各种弹簧等
碳素工具钢	T7;T8; T12;T12A;	T:表示碳素工具钢汉语拼音字首; 数字编号:表示钢的平均含碳量的千分数,例如,T7 代表含碳量约等于 0.7% 的优质碳素工具钢; A:表示高级优质碳素工具钢,钢中有害杂质(P、S)的含量较少	制造各类刀具、量具和模具。例如:锤头、钻头、冲头、丝锥、板牙、锯条、刨刀、锉刀、量具、剃刀、小型冲模等

2. 合金钢的牌号、性能及用途

为了改善钢的某些性能或使之具有某些特殊性能,在炼钢时有意加入一些元素,称为合金元素。含有合金元素的钢,就称为合金钢。

钢中加入的合金元素主要有:Si、Mn、Cr、Ni、W、Mo、V、Ti、Al、B 及稀土元素(Re)等。这类钢比碳钢具有更高的机械性能和某些特殊性能(如耐热、耐蚀、耐磨性能等),常用作重要的机器零件和工具,或要求特殊性能的零件。

常用的合金钢的分类、牌号及应用见表 2-2。

表 2-2　常用的合金钢的分类、牌号及应用

分类	牌　　号		应用举例
	牌号举例	符号说明	
合金结构钢	16Mn; 40Cr; 60Si2Mn	数字编号:表示钢的平均含碳量的万分数。 元素符号:表示加入的合金元素,当合金元素平均含量小于 1.5% 时,则只标出元素符号,而不标明其含量;倘若元素的平均含量在(1.5~2.5)% 之间时,元素符号后面写数字 2;当元素的含量在(2.5~ 3.5)% 之间时,元素符号后面写数字 3	制造各类重要的机械零件,例如:齿轮、活塞销、凸轮、气门顶杆、曲轴、机床主轴、板簧、卷簧、压力容器、汽车纵横梁、桥梁结构、船舶结构等
合金工具钢	5CrMnMo; W18Cr4V; 9SiCr	数字编号:表示钢的平均含碳量的千分数 元素符号:表示加入的合金元素,当合金元素平均含量小于 1.5% 时,则只标出元素符号,而不标明其含量;倘若元素的平均含量在(1.5~2.5)% 之间时,元素符号后面写数字 2;当元素的含量在(2.5~ 3.5)% 之间时,元素符号后面写数字 3	制造各类重要的、大型复杂的刀具、量具和模具。例如:板牙、丝锥、形状复杂的冲模、块规、螺纹塞规、样板、铣刀、车刀、刨刀、钻头等
特殊性能钢	1Cr18Ni9Ti; 4Cr9Si2; ZGMn13	不锈钢:1Cr18Ni9Ti; 耐热钢:4Cr9Si2; 耐磨钢:ZGMn13	不锈钢:医疗器械、耐酸容器、管道等。 耐热钢:加热炉构件、过热器等。 耐磨钢:破碎机颚板、衬板、履带板等

2.1.2 铸铁

铸铁是指含碳质量分数大于 2.11% 的铁碳合金。工业上常用铸铁的含碳量一般在 2.5%~4%之间，此外，铸铁中还含有较多的锰、硅、磷、硫等元素。

铸铁与钢相比，虽然机械性能较低(强度低、塑性低、脆性大)，但却有着优良的铸造工艺性、切削加工性、消震性和减磨性等。因此，铸铁在生产中仍获得普遍应用。

铸铁中的碳，由于成分和凝固时冷却条件的不同，可以呈化合状态(Fe_3C)或游离状态(石墨)存在，这就使铸铁的内部组织、性能、用途方面存在较大的差异，通常铸铁可分为白口铸铁、灰口铸铁、可锻铸铁、球墨铸铁等。

白口铸铁又硬又脆，不易切削加工，很少直接用于铸造零部件。

除白口铸铁外，其他常用灰口铸铁、可锻铸铁、球墨铸铁的分类、牌号及应用见表 2-3。

表 2-3 常用的铸铁的分类、牌号及应用

分类	牌号		应用举例
	牌号举例	符号说明	
灰口铸铁	HT100；HT150；HT200；HT250；HT300；HT350	HT：表示灰口铸铁汉语拼音字首； 数字：表示该材料的最低抗拉强度值，单位是 MPa。例如：HT200，表示 $\sigma_b \geq 200$ MPa 的灰口铸铁材料	制造各类机械零件，例如：机床床身、飞轮、机座、轴承座、气缸体、齿轮箱、液压泵体等
可锻铸铁	KT300-06；KT350-10；KT450-06；KT650-02；KT700-02	KT：表示可锻铸铁汉语拼音字首； 数字：分别表示材料的最低抗拉强度值(MPa)和最低伸长(δ%)。例如：KT450-06 表示抗拉强度 σ_b不低于 450 MPa，伸长率 δ 不低于 6% 的可锻铸铁材料	制造各类机械零件，例如：曲轴、连杆、凸轮轴、摇臂活塞环等
球墨铸铁	QT400-18；QT500-07；QT600-03；QT900-02	QT：表示球墨铸铁汉语拼音字首； 数字：分别表示材料的最低抗拉强度值(MPa)和最低伸长(δ%)。例如：QT400-18 表示抗拉强度 σ_b不低于 400 MPa，伸长率 δ 不低于 18% 的球墨铸铁材料	用它可以代替部分铸钢或锻钢件，制造承受较大载荷、受冲击和耐磨损的零件，例如：大功率柴油机的曲轴、轧辊、中压阀门、汽车后桥等

2.1.3 铸钢

与铸铁相比，铸钢具有较高的综合机械性能，特别是塑性和韧性较好，使铸件在动载荷作用下安全可靠。此外，铸钢的焊接性较铸铁优良，这对于采用铸-焊联合工艺制造复杂零件和重要零件十分重要。但是，铸钢的铸造工艺性能差，为保证铸钢件的质量，还必须采取一些特殊的工艺措施，这就使铸钢件的生产成本高于铸铁。

我国碳素铸钢件的牌号根据 GB/T 5613—2014 规定，用铸钢汉语拼音字首"ZG"加两组数字组成，第一组数字代表屈服强度值(MPa)，第二组数字代表抗拉强度值(MPa)。铸钢的牌号有 ZG200-400、ZG230-450、ZG270-500、ZG310-570、ZG340-640 等。

2.1.4 有色金属

除黑色金属钢铁以外的其他金属与合金，统称为有色金属或非铁金属。

有色金属具有许多与钢铁不同的特性，例如：高的导电性和导热性(银、铜、铝等)；优异的化学稳定性(铅、钛等)；高的导磁性(铁镍合金等)；高的强度(铝合金、钛合金等)；很高的熔点(钨、铌、钽、锆等)。所以，在现代工业中，除大量使用黑色金属外，还广泛使用有色金属。

常用的有色金属主要有铝及铝合金和铜及铜合金两类。

1. 铝及铝合金

(1)工业纯铝

工业纯铝的加工产品,按纯度的高低,分为 L1、L2、…、L7 等七个牌号,其中,L 是"铝"字汉语拼音的首字母,数字表示编号,编号越大,纯度越低。

工业纯铝的强度低,σ_b 为 80~100 MPa,经冷变形后可提高至 150~250 MPa,故工业纯铝难于满足结构零件的性能要求,主要用作配制铝合金及代替铜制作导线、电器和散热器等。

(2)铝合金

用于铸造生产中的铝合金称为铸造铝合金,它不仅具有较好的铸造性能和耐蚀性能,而且还能用变质处理的方法使强度进一步得到提高,应用较为广泛,如用作内燃机活塞、气缸头、气缸散热套等。

这类铝合金的牌号由铸铝两字汉语拼音字首"ZL"和三位数字组成。其中第一位数字为主加元素的代号,可用 1、2、3、4 表示(1 表示 Al-Si 系合金;2 表示 Al-Cu 系合金;3 表示 Al-Mg 系合金;4 表示 Al-Zn 系合金),后两位数字表示顺序号。如 ZL102 表示铸造铝硅合金材料。

除了铸造铝合金外,还有一类铝合金称为形变铝合金,主要有防锈铝、锻造铝、硬铝和超硬铝四种。它们大多通过塑性变形轧制成板材、带材、棒材、线材等半成品使用。其中硬铝是一种应用较多的由铝-铜-镁等元素组成的铝合金材料。它除了具有良好的抗冲击性、焊接性和切削加工性外,经过热处理强化(淬火加时效)后强度和硬度能进一步提高,可以用于飞机结构支架、翼肋、螺旋桨、铆钉等零件。

2. 铜及铜合金

铜及铜合金的种类很多,一般分为紫铜(纯铜)、黄铜、青铜和白铜等。

(1)纯铜

纯铜因其表面呈紫红色,故亦称紫铜。它具有极好的导电和导热性能,大多用于电器元件或用作冷凝器、散热器和热交换器等零件。纯铜还具良好的塑性,通过冷、热态塑性变形可制成板材、带材和线材等半成品。此外,纯铜在大气中还具有较好的耐蚀性。

我国工业纯铜的牌号是用符号"T"(铜字汉语拼音字首)和顺序数字组成。如 T1、T2、T3、T4,其中顺序数字增大,表示纯度下降。

(2)黄铜

铜和锌所组成的合金称为黄铜。当黄铜中含锌量小于 39% 时,锌能全部溶解在铜内。这类黄铜具有良好的塑性,可在冷态或热态下经压力加工(轧、锻、冲、拉、挤)成形。按其加工方式不同,可将黄铜分为压力加工黄铜和铸造黄铜两种。

压力加工黄铜的牌号是符号"H"(黄字汉语拼音字首)和数字组成。如 H68 黄铜,表示其含铜量为 68%,含锌量为 32%。

铸造黄铜其牌号由 ZCu+主加元素符号+主加元素平均含量+辅加元素符号+辅加元素平均含量组成。如 ZCuZn38 表示含锌量为 38% 的铸造黄铜,ZCuZn40Pb2 表示含锌量为 40%,含铅量为 2% 的铸造铅黄铜。

(3)青铜

由于主加元素不同,青铜分为锡青铜、铍青铜、铝青铜及硅青铜等。除锡青铜外,其余均为无锡青铜。

青铜的牌号是用符号“Q”(青字汉语拼音字首)和数字组成。如 QSn4—3,表示其含锡量为4%,含锌量为3%的锡青铜,QAl17,表示其含铝量为7%的铝青铜。

铸造青铜其牌号表示法与铸造黄铜类似,如 ZCuSn5Pb5Zn5 表示含锡量为5%,含铅量为5%,含锌量为5%的铸造锡青铜。

2.2 非金属材料

非金属材料是近年来发展非常迅速的工程材料,因其具有金属材料无法具备的某些性能(如电绝缘性、耐腐蚀性等),在工业生产中已成为不可替代的重要材料,如高分子材料和工业陶瓷。

1. 塑料

塑料是高分子化合物,其主要成分是合成树脂,在一定的温度、压力下可软化成形,是最主要的工程结构材料之一。由于塑料具有许多优良的性能,例如:具有良好的电绝缘性、耐腐蚀性、耐磨性、成形性,密度小等,因此不仅在日常生活中到处可见,而且在工程结构中也被广泛地应用。

塑料的种类很多,按性能可分为热塑性塑料和热固性塑料两大类。热塑性塑料在加热时会软化和熔融,冷却后能保持一定的形状,再次加热时又可软化和熔融,具有可塑性。属于热塑性塑料的有聚乙烯(PE)、聚氯乙烯(PVC)、聚丙烯(PP)、聚苯乙烯(PS)和ABS等。热固性塑料是在固化后加热时,不能再次软化和熔融,不再具有可塑性。属于热固性塑料的有酚醛树脂(PF)、环氧塑料(FP)等。塑料按用途可分为通用塑料和工程塑料两类。例如,通用塑料有:酚醛塑料、聚乙烯(PF)、聚氯乙烯(PVC)、聚丙烯(PP)和聚苯乙烯(PS)等。工程塑料有:聚烯胺(PA即尼龙)、聚碳酸酯(PC)、聚甲醛(POM)和ABS等。工程塑料具有良好的力学性能,能替代金属制造一些机械零件和工程结构件。还有一些有特殊性能的塑料,如聚四氟乙烯,它具有很好的耐蚀、耐磨和耐热性,有塑料王之称。

常用热塑性塑料和热固性塑料的名称、性能、用途见表2-4。

表2-4 常用热塑性塑料和热固性塑料的名称、性能、用途

分类	名称	性能	应用举例
热塑性塑料	聚乙烯(PE)	无毒、无味;质地较软,比较耐磨、耐腐蚀,绝缘性较好	薄膜、软管;塑料管、板、绳等
	聚丙烯(PP)	具有良好的耐腐蚀性、耐热性、耐曲折性、绝缘性	机械零件、医疗器械、生活用具,如齿轮、叶片、壳体、包装带等
	聚苯乙烯(PS)	无色、透明;着色性好;耐腐蚀、耐绝缘但易燃、易脆裂	仪表零件、设备外壳及隔音、包装、救生等器材
	ABS	具有良好的耐腐蚀性、耐磨性、加工工艺性、着色性等综合性能	轴承、齿轮、叶片、叶轮、设备外壳、管道、容器、车身、方向盘等
	聚酰胺(PA)即尼龙	强度、韧性较高;耐磨性、自润滑性、成形工艺性、耐腐蚀性良好;吸水性较强	仪表零件、机械零件、电缆护层,如油管、轴承、导轨、涂层等
	聚甲醛(POM)	优异的综合性能,如良好的耐磨性、自润滑性、耐疲劳性、冲击韧性及较高的强度、刚性等	齿轮、轴承、凸轮、制动闸瓦、阀门、化工容器、运输带等

续表

分类	名　　称	性　　能	应用举例
热塑性塑料	聚碳酸酯(PC)	透明度高;耐冲击性突出,强度较高,抗蠕变性好;自润滑性能差	齿轮、涡轮、凸轮;防弹窗玻璃,安全帽、汽车挡风等
	聚四氟乙烯(F-4)	耐热性、耐寒性极好;耐腐蚀性极高;耐磨、自润滑性优异等	化工用管道、泵、阀门;机械用密封圈、活塞环;医用人工心、肺等
	PMMP(即有机玻璃)	透明度、透光率很高;强度较高;耐酸、碱,不易老化;表面易擦伤	油标、窥镜、透明管道、仪器、仪表等
热固性塑料	酚醛塑料(PF)	较高的强度、硬度;绝缘性、耐热性、耐磨性好	电器开关、插座、灯头;齿轮、轴承、汽车刹车片等
	氨基塑料(UF)	表面硬度较高;颜色鲜艳、有光泽;绝缘性良好	仪表外壳、电话外壳、开关、插座等
	环氧塑料(EP)	强度较高;韧性、化学稳定性、绝缘性、耐寒、耐热性较好;成形工艺性好	船体、电子工业零部件等

2. 橡胶

橡胶与塑料的不同之处是橡胶在室温下具有很高的弹性。经硫化处理和碳黑增强后,其抗拉强度达 25~35 MPa,并具有良好的耐磨性。表 2-5 所示为常见橡胶的名称、性能、用途。

表 2-5　常见橡胶的名称、性能、用途

名　　称	性　　能	应用举例
天然橡胶	电绝缘性优异;弹性很好;耐碱性较好;耐溶剂性差	轮胎、胶带、胶管等
合成橡胶	耐磨、耐热、耐老化性能较好	轮胎、胶布胶板;三胶带、减震器、橡胶弹簧等
特种橡胶	耐油性、耐蚀性较好;耐热、耐磨、耐老化性较好	输油管、储油箱;密封件、电缆绝缘层等

3. 陶瓷材料

陶瓷是各种无机非金属材料的统称,在现代工业中具有很好的发展前途。未来世界将是陶瓷材料、高分子材料、金属材料三足鼎立的时代,它们构成了固体材料的三大支柱。常见工业陶瓷的分类、性能、用途见表 2-6。

表 2-6　常见工业陶瓷的分类、性能、用途

分　类	主要性能	应用举例
普通陶瓷	质地坚硬;有良好的抗氧化性、耐蚀性、绝缘性;强度较低;耐一定高温	日用、电气、化工、建筑用陶瓷,如装饰瓷、餐具、绝缘子、耐蚀容器、管道等
特种陶瓷	有自润滑性及良好的耐磨性、化学稳定性、绝缘性;耐腐蚀、耐高温;硬度高	切削工具、量具、高温轴承、拉丝模、高温炉零件、内燃机火花塞等

续表

分类	主要性能	应用举例
金属陶瓷 (硬质合金)	强度高;韧性好;耐腐蚀;高温强度好	刃具、模具、喷嘴、密封环、叶片、涡轮等

2.3 测量器具

1. 钢直尺

钢直尺是最简单的长度量具,用不锈钢片制成,可直接用来测量工件尺寸,如图 2-2 所示。它的测量长度规格有 150 mm、200 mm、300 mm、500 mm 几种。测量工件的外径和内径尺寸时,常与卡钳配合使用。测量精度一般只能达到 0.2~0.5mm。

图 2-2 钢直尺实物图

2. 卡钳

卡钳是一种间接度量工具,常与钢直尺配合使用,用来测量工件的外径和内径。卡钳分内卡钳和外卡钳两种,如图 2-3 所示。

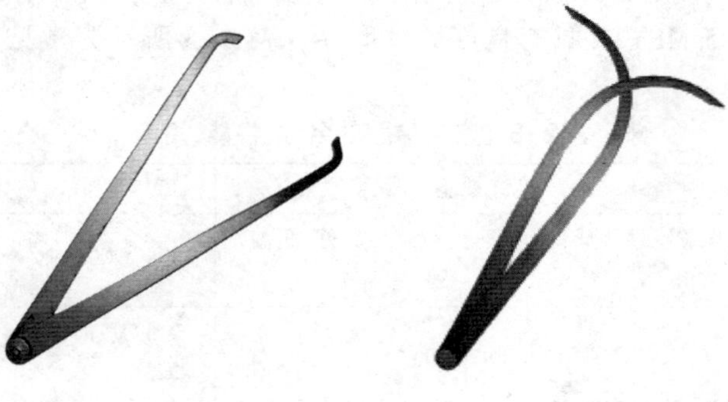

(a) 内卡钳　　(b) 外卡钳

图 2-3 卡钳实物图

3. 游标卡尺

游标卡尺是一种中等精度的量具,可直接测量工件的外径、内径、长度、宽度和深度等尺寸。按用途不同,游标卡尺可分为:普通游标卡尺、游标深度尺、游标高度尺等几种。游标卡尺的测量精度有 0.1 mm、0.05 mm、0.02 mm 三种,测量范围有 0~125 mm、0~150 mm、0~200 mm、0~300 mm 等。

图 2-4 所示为普通游标卡尺,它主要由尺身和游标组成,尺身上刻有以 1 mm 为一格间距的刻度,并刻有尺寸数字,其刻度全长即为游标卡尺的规格。

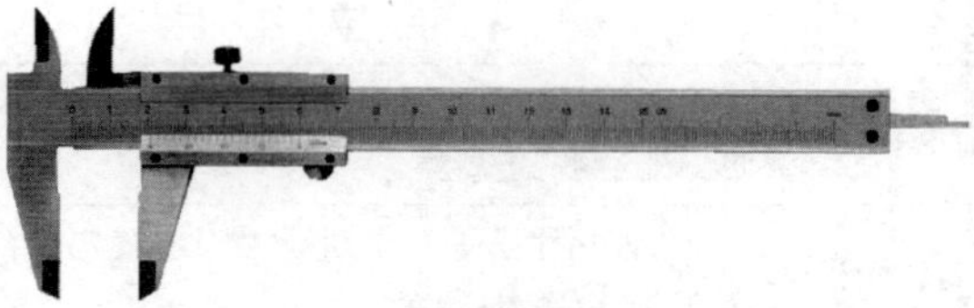

图 2-4 游标卡尺实物图

游标上的刻度间距,随测量精度

而定。现以精度值为 0. 02 mm 的游标卡尺的刻线原理和读数方法为例简介如下：

尺身一格为 1 mm，游标一格为 0. 98 mm，共 50 格。尺身和游标每格之差为 1-0. 98 = 0. 02(mm)，如图 2-5 所示。读数方法是游标零位指示的尺身整数，加上游标刻线与尺身线重合处的游标刻线乘以精度值之和，如图 2-5 所示。

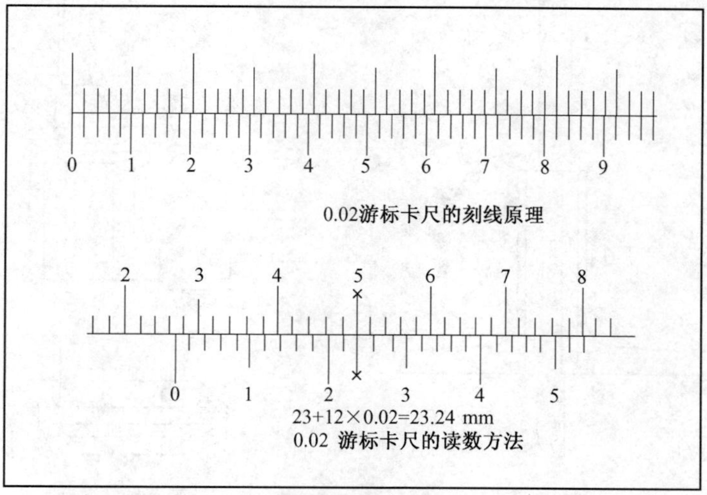

图 2-5　游标卡尺读数方法

用游标卡尺测量工件的方法如图 2-6 所示，使用时应注意下列事项：

(1) 检查零线

使用前应首先检查量具是否在检定周期内，然后擦净卡尺，使量爪闭合，检查尺身与游标的零线是否对齐。若未对其，则在测量后根据原始误差修正读数值。

(2) 放正卡尺

测量内外圆直径时，尺身应垂直于轴线；测量内外孔直径时，应使两量爪处于直径处。

(3) 用力适当

测量时应使量爪逐渐与工件被测量表面靠近，最后达到轻微接触，不能把量爪用力抵紧工件，以免变形和磨损，影响测量精度。读数时为防止游标移动，可锁紧游标；视线应垂直于尺身。

(4) 勿测毛坯面

游标卡尺仅用于测量仪加工的表面，表面粗糙的毛坯件不能用游标卡尺测量。图 2-7 所示为游标深度尺和游标高度尺，分别用于测量深度和高度。游标高度尺还可以用作精密划线。

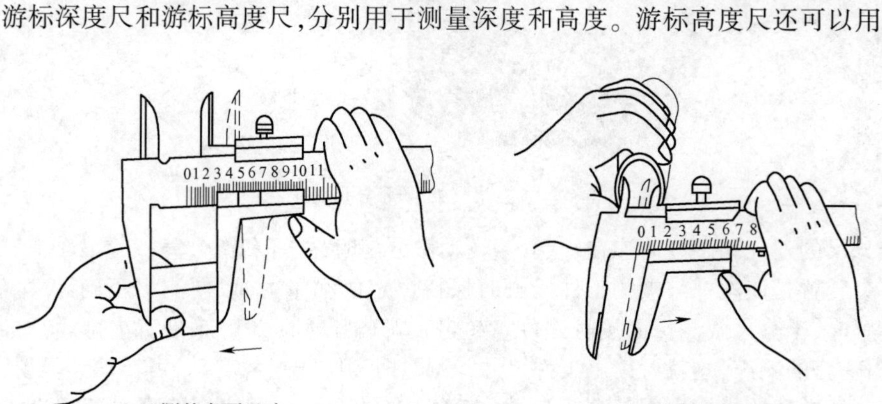

(a) 测外表面尺寸　　(b) 测内表面尺寸

图 2-6　游标卡尺的使用

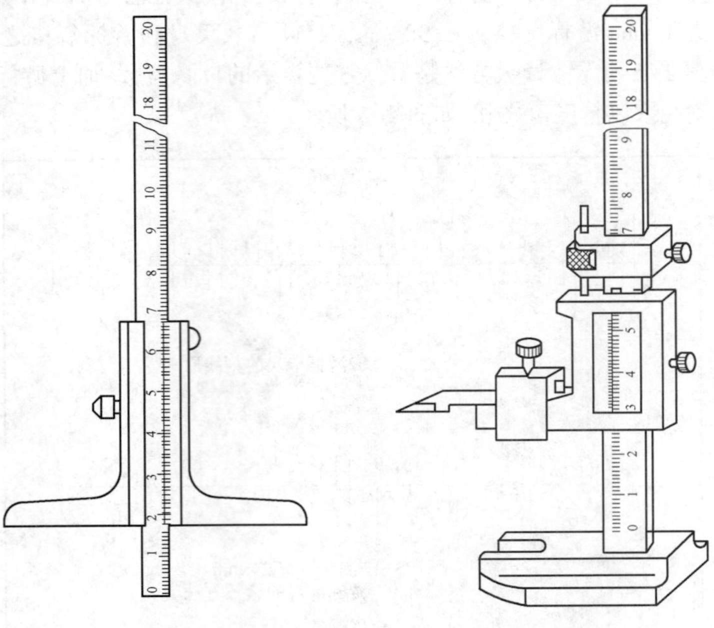

（a）游标深度尺　　（b）游标高度尺

图 2-7　游标深度尺和游标高度尺

4. 千分尺

千分尺(又称分厘卡)是一种比游标卡尺更精密的量具,测量精度为 0.01 mm,测量范围有 0~25 mm、25~50 mm、50~75 mm 等规格。常用的千分尺分为外径千分尺和内径千分尺。

外径千分尺的构造如图 2-8 所示。

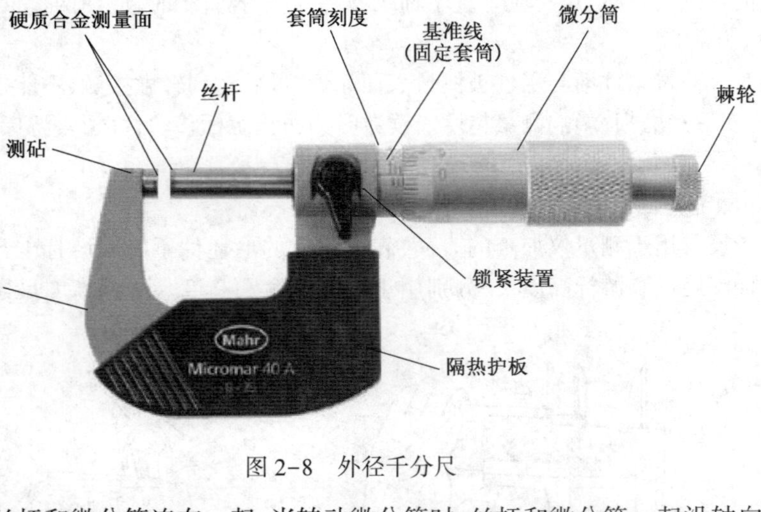

图 2-8　外径千分尺

千分尺的丝杆和微分筒连在一起,当转动微分筒时,丝杆和微分筒一起沿轴向移动。内部的测力装置是使丝杆与被测工件接触时保持恒定的测量力,以便测出正确尺寸。当转动测力装置时,千分尺两测量面接触工件。超过一定的压力时。棘轮沿着内部棘爪的斜面滑动,发出嗒嗒的响声,这就可读出工件尺寸。测量时为防止尺寸变动,可转动锁紧装置。

千分尺的读数机构由固定套管和微分筒组成(图 2-9),固定套管在轴线方向上有一条中线,中线上、下方都有刻线,相互错开 0.5 mm;在微分筒左侧锥形圆周上有 50 等份的刻度线。因测微螺杆的螺距为 0.5 mm,即螺杆转一周,同时轴向移动 0.5 mm,故微分筒上每一小格的读数为 0.5/50 = 0.01 mm,所以千分尺的测量精度为 0.01 mm。测量时,读数方法分三步。

①先读出固定套管上露出刻线的整毫米数和半毫米数(0.5 mm),注意看清露出的是上方刻线还是下方刻线,以免错读 0.5 mm。

②看准微分筒上哪一格与固定套管纵向刻线对准,将刻线的序号乘以 0.01 mm,即为小数部分的数值。

③上述两部分读数相加,即为被测工件的尺寸。

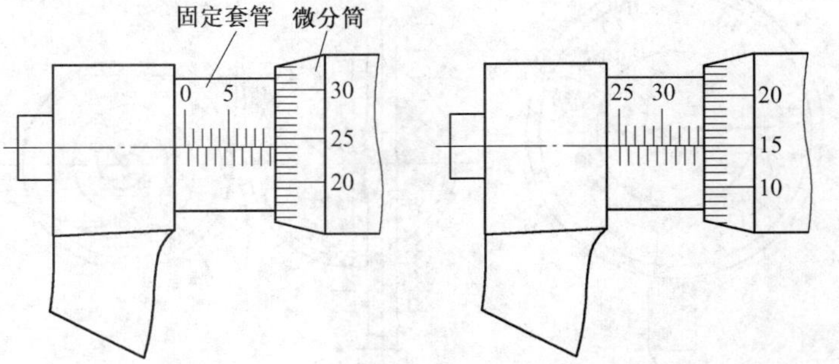

（a）　（b）

图 2-9　千分尺的刻线原理与读数方法

(a) 读数 = (9.5+0.24) mm = 9.74mm; (b) 读数 = (34.0+0.15) mm = 34.15mm

使用千分尺应注意以下事项:

①校对零点。将砧座与螺杆接触,看圆周刻度零线是否与纵向中线对齐,且微分筒左侧棱边与尺身的零线重合,如有误差修正读数。

②合理操作。手握尺架,先转动微分筒,当测量螺杆快要接触工件时,必须使用端部棘轮,严禁再拧微分筒。当棘轮发出嗒嗒声时应停止转动。

③擦净工件测量面。测量前应将工件测量表面擦净,以免影响测量精度。

④不偏不斜。测量时应使千分尺的砧座与测微螺杆两侧面准确放在被测工件的直径处,不能偏斜。

图 2-10 所示为用来测量内孔直径及槽宽等尺寸的内径千分尺。其内部结构与外径千分尺相同。

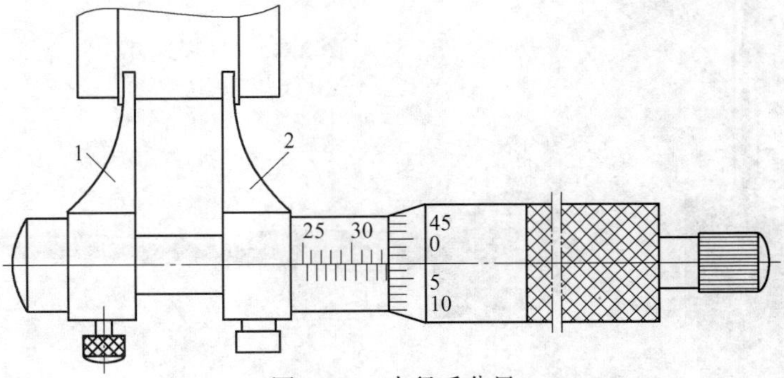

图 2-10　内径千分尺

1—尺框;2—内外量尺

5. 百分表

百分表是一种指示量具,主要用于校正工件的装夹位置、检查工件的形状和位置误差,测量工件内径等。百分表的刻度值为0.01 mm,千分表的刻度值为0.001 mm。

钟式百分表的结构原理如图2-11所示。当测量杆1向上或向下移动1 mm时,通过齿轮传动系统带动大指针5转一圈,小指针7转一格。刻度盘在圆周上有100个等分格,每格的读数值为0.01 mm,小指针每格读数为1 mm。测量时指针读数的变动量即为尺寸变化量。小指针处的刻度范围为百分表的测量范围。钟式百分表装在专用的表架上使用(图2-12)。

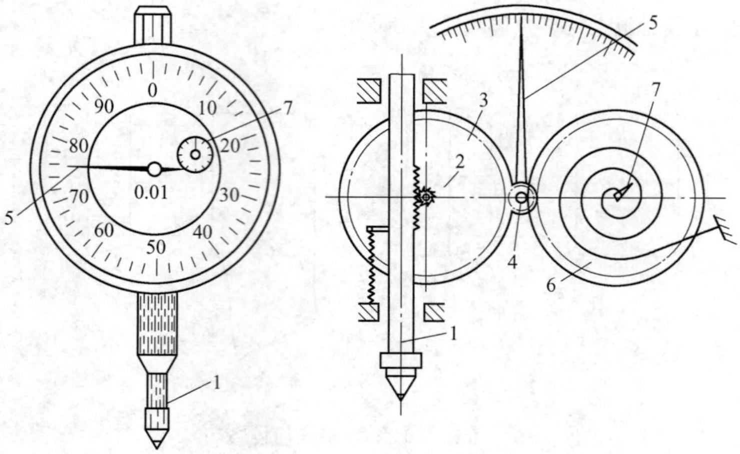

图2-11 钟式百分表的结构

1—测量杆;2,4—小齿轮;3,6—大齿轮;5—大指针;7—小指针

图2-13所示为杠杆式百分表,图2-14所示为测量内孔尺寸的内径百分表。

图2-12 杠杆式百分表

图2-13 杠杆式百分表

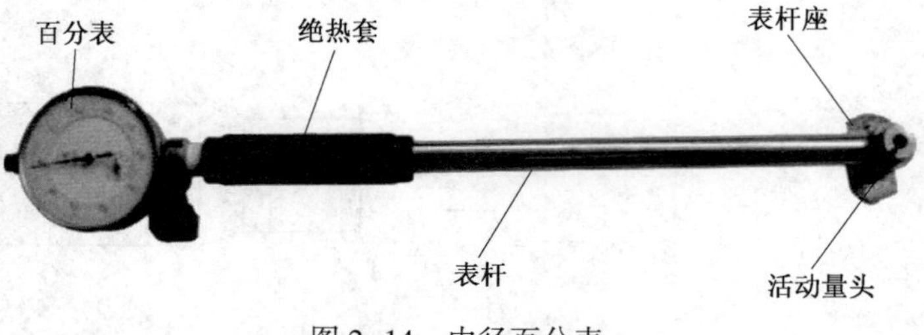

图2-14 内径百分表

第3章 铸 造

3.1 概 述

铸造是熔炼金属,制造铸型,并将熔融金属浇入铸型,凝固后获得一定形状和性能铸件的成形方法。铸件一般是毛坯,经切削等加工才成为零件。对于精度要求较低和表面粗糙度参数值允许较大的零件,或经过特种铸造的铸件也可直接使用。

铸造生产方法很多,常见有两类:

(1)砂型铸造是用型砂紧实成型的铸造方法。型砂来源广泛,价格低廉,且砂型铸造方法适应性强,因而是目前生产中用得最多、最基本的铸造方法。

(2)特种铸造是与砂型铸造不同的其他铸造方法,如熔模铸造、金属型铸造、压力铸造、低压铸造和离心铸造等。

铸造生产具有以下优点:

(1)可以制成外形和内腔十分复杂的毛坯,如各种箱体、床身、机架等。

(2)适用范围广,可铸造不同尺寸、重量及各种形状的工件;也适用于不同材料,如铸铁、铸钢、非铁合金。铸件重量可以从几克到二百吨以上。

(3)原材料来源广泛,还可利用报废的机件或切屑;工艺设备费用小,成本低。

(4)所得铸件与零件尺寸较接近,可减少金属的消耗,减少切削加工工作量。

但铸件也有力学性能较差,生产工序多,质量不稳定,工人劳动条件差等缺点。随着铸造合金、铸造工艺技术的发展,特别是精密铸造的发展和新型铸造合金的成功应用,使铸件的表面质量、力学性能都有显著提高,铸件的应用范围日益扩大。

铸件广泛用于机床制造、动力、交通运输、轻纺机械、冶金机械等设备。铸件重量占机器总重量的40%~85%。

3.2 铸造安全及注意事项

(1)实习时应穿好工作服,冬天不得穿大衣、风衣和带长围巾,夏天不得赤脚、赤臂。

(2)按照实习内容,检查和准备好自用设备和工具。

(3)造型中,要保证分型面平整、吻合,同时要有足够的气孔排气,以防气爆伤人。

(4)造型中,清除散砂应用吹风器(皮老虎),不得用嘴吹,同时要注意吹风的方向上应无人,以防将砂粒吹入他人眼中。不准把吹风器当玩具开玩笑。

(5)要文明实习,每天实习完毕,将造型工具清点好,摆放在工具箱内,并清理好现场。

(6)不得擅自动用设备及电源开关。

3.3 铸造实习要求及内容

3.3.1 铸造实习要求

(1)掌握部分:砂型铸造生产工艺过程、特点和应用。手工整模、分模、活块、挖砂、假箱、刮板、三箱造型的生产工艺过程、特点和应用。型芯的作用与制造方法。

(2)熟悉部分:砂型、型芯的结构和作用。分清零件、模样和铸件之间的主要区别。浇注系统的组成、分类及作用。冒口的作用与放置位置;铸件常见缺陷及其产生的主要原因。

(3)了解部分:铸造在机械制造毛坯生产中的作用和地位。型砂、芯砂等造型材料的性能、组成及其制备过程。型砂、芯砂对铸件质量的影响。造型过程常用的工具和工装。机器造型的特点及应用,常用造型机的结构和工作原理。生产中冒口常采用的形状及应用。冲天炉的构造、工作原理、冲天炉炉料、熔炼和浇注;其他熔炼方法及设备。铸件的浇注、落砂和清理包括的内容及注意事项。铸工车间生产安全技术及简单成本分析。

3.3.2 铸造实习内容

主要实习内容有:

(1)手工整模、分模、活块、挖砂、假箱、刮板、三箱造型、型芯的制造。

(2)冒口、浇注系统的开设。

(3)型砂、芯砂的配制,金属的熔炼,铸件的浇注、落砂和清理,工艺确定,质量分析。

3.4 砂型铸造

3.4.1 型砂和芯砂的制备

砂型铸造用的造型材料主要是用于制造砂型的型砂和用于制造砂芯的芯砂。通常型砂是由原砂(山砂或河砂)、黏土和水按一定比例混合而成,其中黏土约为9%,水约为6%,其余为原砂。有时还加入少量如煤粉、植物油、木屑等附加物以提高型砂和芯砂的性能。紧实后的型砂结构如图3-1所示。

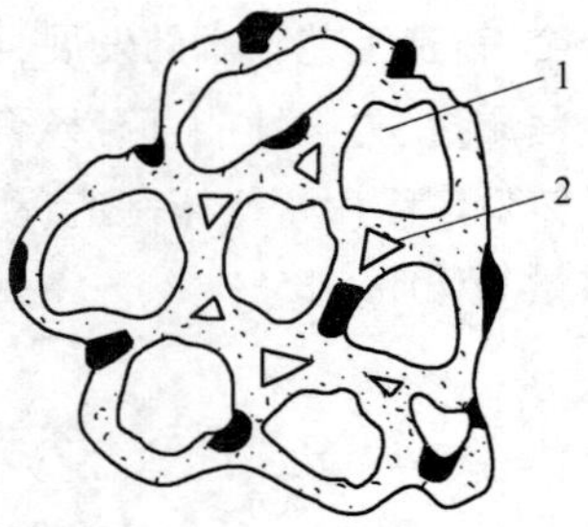

图3-1 型砂结构示意图
1—砂粒;2—空隙

芯砂由于需求量少,一般用手工配制。型芯所处的环境恶劣,所以芯砂性能要求比型砂高,同时芯砂的黏结剂(黏土、油类等)比型砂中的黏结剂的质量分数要大一些,所以其透气性不及型砂,制芯时要做出透气道(孔);为改善型芯的退让性,要加入木屑等附加物。有些要求高的小型铸件往往采用油砂芯(桐油+砂子,经烘烤至黄褐色而成)。

3.4.2 型砂的性能

型砂的质量直接影响铸件的质量,型砂质量差会使铸件产生气孔、砂眼、粘砂、夹砂等缺陷。良好的型砂应具备下列性能:

①透气性。型砂能让气体透过的性能称为透气性。高温金属液浇入铸型后，型内充满大量气体，这些气体必须由铸型内顺利排出去，否则将使铸件产生气孔、浇不足等缺陷。

铸型的透气性受砂的粒度、黏土含量、水分含量及砂型紧实度等因素的影响。砂的粒度越细，黏土及水分含量越高，砂型紧实度越高，透气性则越差。

②强度。型砂抵抗外力破坏的能力称为强度。型砂必须具备足够高的强度才能在造型、搬运、合箱过程中不引起塌陷，浇注时也不会破坏铸型表面。型砂的强度也不宜过高，否则会因透气性、退让性的下降使铸件产生缺陷。

③耐火性。耐火性指型砂抵抗高温热作用的能力。耐火性差，铸件易粘砂。型砂中 SiO_2 含量越多，型砂颗粒就越大，耐火性越好。

④可塑性。可塑性指型砂在外力作用下变形，去除外力后能完整地保持已有形状的能力。可塑性好，造型操作方便，制成的砂型形状准确、轮廓清晰。

⑤退让性。退让性指铸件在冷凝时，型砂可被压缩的能力。退让性不好，铸件易产生内应力或开裂。型砂越紧实，退让性越差。在型砂中加入木屑等物可以提高退让性。

在单件小批生产的铸造车间里，常用手捏法来粗略判断型砂的某些性能，如用手抓起一把型砂，紧捏时感到柔软容易变形，放开后砂团不松散、不粘手，并且手印清晰；把它折断时，断面平整均匀并没有碎裂现象，同时感到具有一定强度，就认为型砂具有了合适的性能要求，如图 3-2 所示。

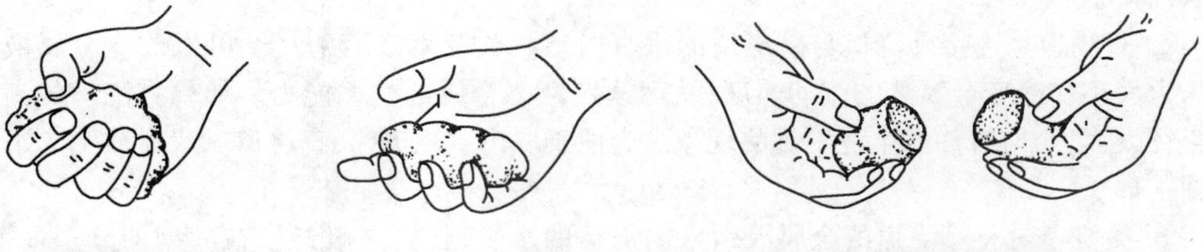

(a) 型砂湿度适当时可用手捏成砂团　(b) 手放开后可看出清晰的手纹　(c) 折断时断隙没有碎裂状同时有足够的强度

图 3-2　手捏法检验型砂

3.4.3　铸型的组成

铸型是根据零件形状用造型材料制成的，铸型可以是砂型，也可以是金属型。砂型是由型砂（型芯砂）作造型材料制成的。它是用于浇注金属液，以获得形状、尺寸和质量符合要求的铸件。铸型一般由上型、下型、型芯、型腔和浇注系统组成，如图 3-3 所示。铸型组元间的接合面称为分型面。铸型中造型材料所包围的空腔部分，即形成铸件本体的空腔称为型腔。液态金属通过浇注系统流入并充满型腔，产生的气体从出气口等处排出砂型。

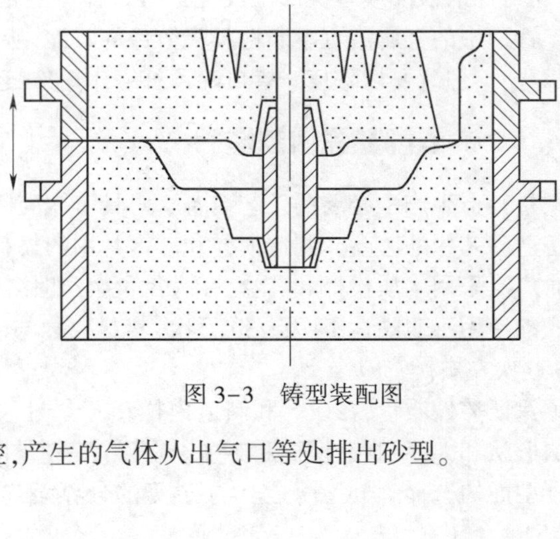

图 3-3　铸型装配图

3.4.4 浇冒口系统

(1) 浇注系统

浇注系统是为金属液流入型腔而开设于铸型中的一系列通道,其作用是:

①平稳、迅速地注入金属液。

②阻止熔渣、砂粒等进入型腔。

③调节铸件各部分温度,补充金属液在冷却和凝固时的体积收缩。

正确地设置浇注系统,对保证铸件质量、降低金属的消耗量有重要的意义。若浇注系统不合理,铸件易产生冲砂、砂眼、渣孔、浇不到、气孔和缩孔等缺陷。典型的浇注系统由外浇口、直浇道、横浇道和内浇道四部分组成,如图 3-4 所示。对形状简单的小铸件可以省略横浇道。

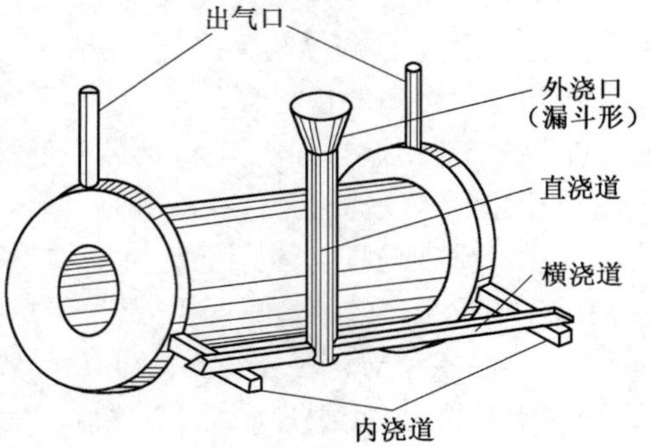

图 3-4 典型浇注系统

① 外浇口其作用是容纳注入的金属液并缓解液态金属对砂型的冲击。小型铸件通常为漏斗状(称浇口杯),较大型铸件为盆状(称浇口盆)。

② 直浇道是连接外浇口与横浇道的垂直通道。改变直浇道的高度可以改变金属液的静压力大小和改变金属液的流动速度,从而改变液态金属的充型能力。如果直浇道的高度或直径太大,会使铸件产生浇不足的现象。为便于取出直浇道棒,直浇道一般做成上大下小的圆锥形。

③ 横浇道是将直浇道的金属液引入内浇道的水平通道,一般开设在砂型的分型面上,其截面形状一般是高梯形,并位于内浇道的上面。横浇道的主要作用是分配金属液进入内浇道并起到挡渣作用。

④ 内浇道是直接与型腔相连,并能调节金属液流入型腔的方向和速度,同时调节铸件各部分的冷却速度。内浇道的截面形状一般是梯形或月牙形,也可为三角形。

(2)冒口

常见的缩孔、缩松等缺陷是由于铸件冷却凝固时体积收缩而产生的。为防止缩孔和缩松,往往在铸件的顶部或厚实部位设置冒口。冒口是指在铸型内特设的空腔及注入该空腔的金属。冒口中的金属液可不断地补充铸件的收缩,从而使铸件避免出现缩孔、缩松。冒口是多余部分,清理时要切除掉。冒口除了补缩作用外,还有排气和集渣的作用。

3.4.5 模样和芯盒的制造

模样是铸造生产中必要的工艺装备。对具有内腔的铸件,铸造时内腔由砂芯形成,因此还要制备造砂芯用的芯盒。制造模样和芯盒常用的材料有木材、金属和塑料。在单件、小批量生产时广泛采用木质模样和芯盒,在大批量生产时多采用金属或塑料模样、芯盒。金属模样与芯盒的使用寿命长达 10 万~30 万次,塑料模样与芯盒的使用寿命最多几万次,而木质的仅 1 000 次左右。

为了保证铸件质量,在设计和制造模样和芯盒时,必须先设计出铸造工艺图,然后根据工艺图的形状和大小,制造模样和芯盒。在设计工艺图时,要考虑下列一些问题(图 3-5):

①分型面的选择。分型面是上、下砂型的分界面,选择分型面时必须使模样能从砂型中

取出，并使造型方便和有利于保证铸件质量。

②拔模斜度。为了易于从砂型中取出模样，凡垂直于分型面的表面，都做出 0.5°～4°的拔模斜度。

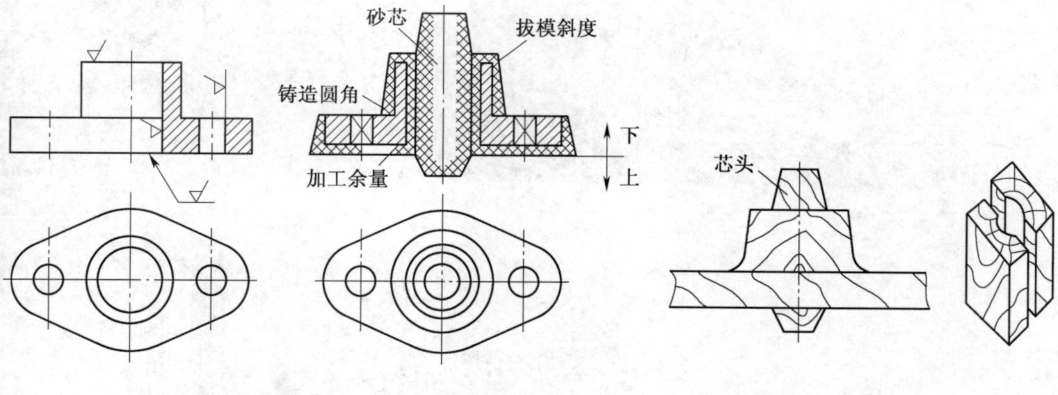

（a）零件图　（b）铸造工艺图　（c）模样图　（d）芯盒

图 3-5　压盖零件的铸造工艺图及相应的模样图

③加工余量。铸件需要加工的表面，均需留出适当的加工余量。

④收缩量。铸件冷却时要收缩，模样的尺寸应考虑铸件收缩的影响。通常用于铸铁件的要加大 1%；铸钢件的加大 1.5%～2%；铝合金件的加大 1%～1.5%。

⑤铸造圆角。铸件上各表面的转折处，都要做成过渡性圆角，以利于造型及保证铸件质量。

⑥芯头。有砂芯的砂型，必须在模样上做出相应的芯头。

图 3-5 是压盖零件的铸造工艺图及相应的模样图。从图中可见模样的形状和零件图所示零件的形状往往是不完全相同的。

3.5　特种铸造

随着科学技术的发展和生产水平的提高，对铸件质量、劳动生产效率、劳动条件和生产成本有了进一步的要求，因而铸造方法有了长足的发展。所谓特种铸造，是指有别于砂型铸造方法的其他铸造工艺。目前特种铸造方法已发展到几十种，常用的有熔模铸造、金属型铸造、离心铸造、压力铸造、低压铸造、陶瓷型铸造，另外还有实型铸造、磁型铸造、石墨型铸造、反压铸造、连续铸造和挤压铸造等。

特种铸造能获得如此迅速的发展，主要是由于这些方法一般都能提高铸件的尺寸精度和表面质量，或提高铸件的物理及力学性能；此外，大多能提高金属的利用率（工艺出品率），减少原砂消耗量；有些方法更适宜于高熔点、低流动性、易氧化合金铸件的铸造；有的能明显改善劳动条件，并便于实现机械化和自动化生产，从而提高生产率。

3.5.1　压力铸造

压力铸造是在高压作用下将金属液以较高的速度压入高精度的型腔内，力求在压力下快速凝固，以获得优质铸件的高效率铸造方法。它的基本特点是高压（5～150 MPa）和高速（5～100 m/s）。

压力铸造的基本设备是压铸机。压铸机可分为热室压铸机和冷室压铸机两大类，冷室压铸机又可分为立式和卧式等类型，但它们的工作原理基本相似。图 3-6 所示为卧式冷室压铸机，用高压油驱动，合型力大，充型速度快，生产率高，应用较广泛。

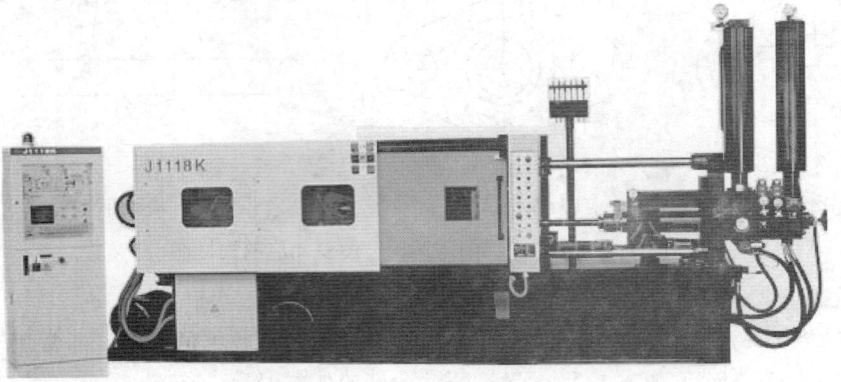

图 3-6　卧式冷室压铸机

压铸型是压力铸造生产铸件的模具，主要由活动半型和固定半型两个大部分组成。固定半型固定在压铸机的定型座板上，由浇道将压铸机压室与型腔连通。活动半型随压铸机的动型座板移动，完成开、合型动作。完整的压铸型组成中包括型体部分、导向装置、抽芯机构、顶出铸件机构、浇注系统、排气和冷却系统等部分。压铸工艺过程如图 3-7 所示。

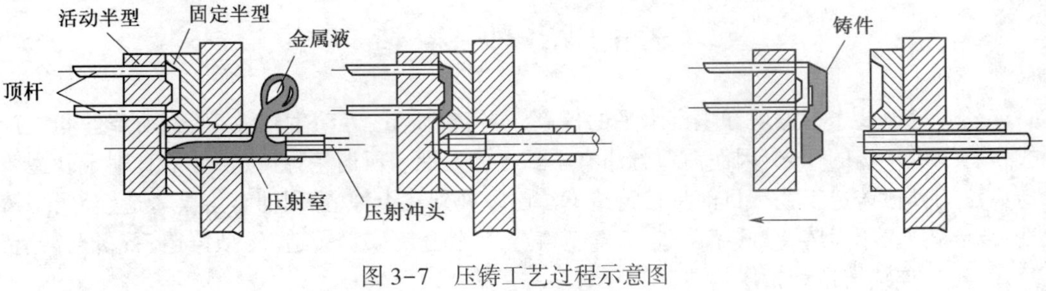

图 3-7　压铸工艺过程示意图

压铸工艺的优点是压铸件具有"三高"：铸件精度高（IT11～IT13，*Ra*）、强度与硬度高（σ_b 比砂型铸件高 20%～40%）、生产率高（50～150 件/h）。

缺点是存在无法克服的皮下气孔且塑性差；设备投资大，应用范围较窄（适于低熔点的合金和较小的、薄壁且均匀的铸件。适宜的壁厚：锌合金 1～4 mm，铝合金 1.5～5 mm，铜合金 2～5 mm）。

3.5.2　实型铸造

实型铸造是使用泡沫聚苯乙烯塑料制造模样（包括浇注系统），在浇注时迅速将模样燃烧气化直到消失掉，金属液充填了原来模样的位置，冷却凝固后而成铸件的铸造方法，其工艺过程如图 3-8 所示。

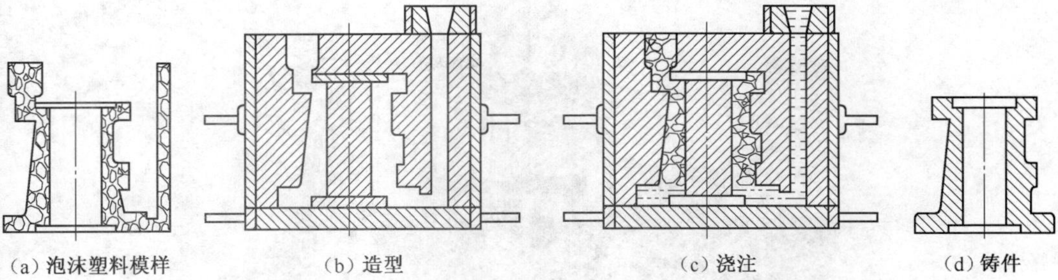

图 3-8　实型铸造工艺过程

3.5.3　离心铸造

图 3-9 所示为半自动离心铸造机。离心铸造指将液态合金液浇入高速旋转（250～1 500 r/min）的铸型中，使其在离心力作用下填充铸型和结晶的铸造方法。两种方式的离心铸造如图 3-10 所示。用离心浇注生产中空圆筒形铸件质量较好，且不需要型芯，没有浇冒口，所以可简化工艺，出品率高，且具有较高的劳动生产效率。

图 3-9　半自动离心铸造机

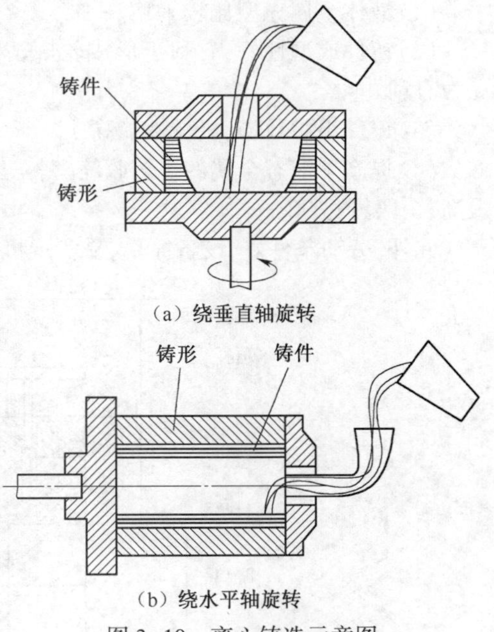

图 3-10　离心铸造示意图

3.5.4　低压铸造

低压铸造是使液体金属在压力作用下充填型腔，以形成铸件的一种方法。由于所用的压力较低，所以称为低压铸造。低压铸造是介于重力铸造和压力铸造之间的一种铸造方法。浇注时压力和速度可人为控制，故可适用于各种不同的铸型；充型压力及时间易于控制，所以充型平稳；铸件在压力下结晶，自上而下定向凝固，所以铸件致密，力学性能好，金属利用率高，铸件合格率高。图 3-11 所示为 J45 低压铸造机。

其工艺过程（见图 3-12）是：在密封的坩埚（或密封罐）中，通入干燥的压缩空气，液态金属在气体压力的作用下，沿升液管上升，通过浇口平稳地进入型腔，并保持坩埚内液面上

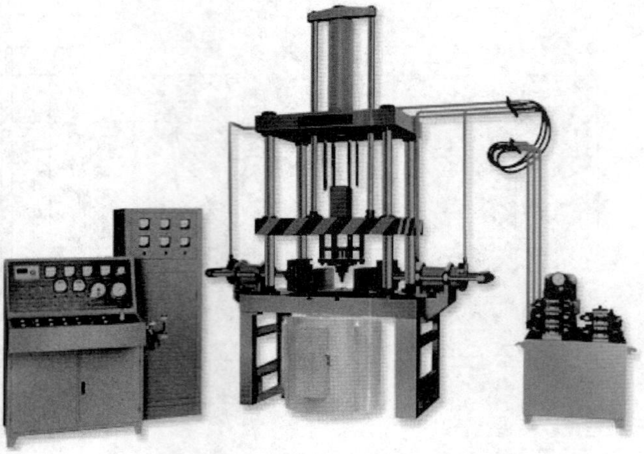

图 3-11　J45 低压铸造机

的气体压力，一直到铸件完全凝固为止。然后解除液面上的气体压力，使开液管中未凝固的金属液流入坩埚，再由气缸开型并推出铸件。

低压铸造独特的优点表现在以下几个方面：

(1)液体金属充型比较平稳。

(2)铸件成型性好，有利于形成轮廓清晰、表面光洁的铸件，对于大型薄壁铸件的成型更为有利。

(3)铸件组织致密，机械性能高。

(4)提高了液态金属的工艺收缩率，一般情况下不需要冒口，使液态金属的收缩率大大提高，一般可达 90%。

此外，劳动条件好、设备简单，易实现机械化和自动化，也是低压铸造的突出优点。

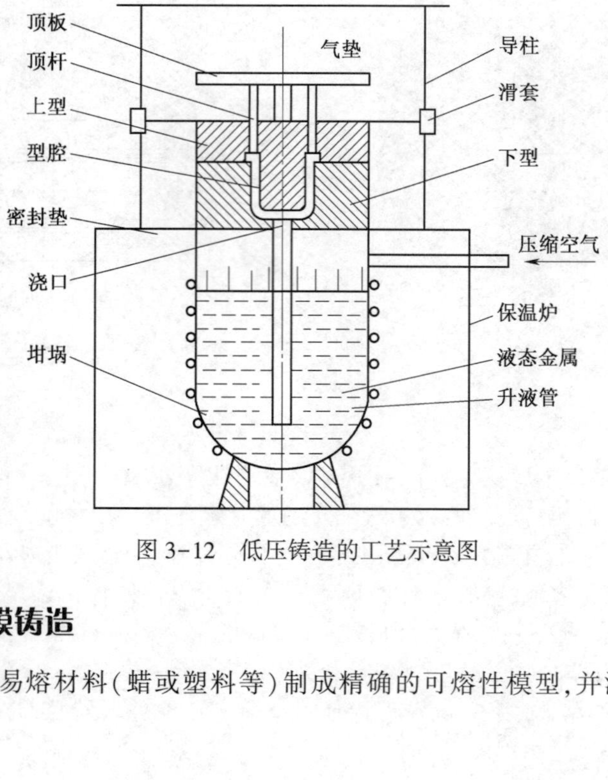

图 3-12　低压铸造的工艺示意图

3.5.5　熔模铸造

熔模铸造是用易熔材料（蜡或塑料等）制成精确的可熔性模型，并涂以若干层耐火涂料，经干燥、硬化成整体型壳，加热型壳熔化模型，经高温焙烧而成耐火型壳，然后在型壳中浇注铸件。熔模铸造生产的铸件尺寸精度高，表面粗糙度低，适用于各种铸造合金、各种生产批量；由于生产工序繁多，生产周期长，因而铸件不能太大。熔模铸造的工艺过程如图3-13 所示。

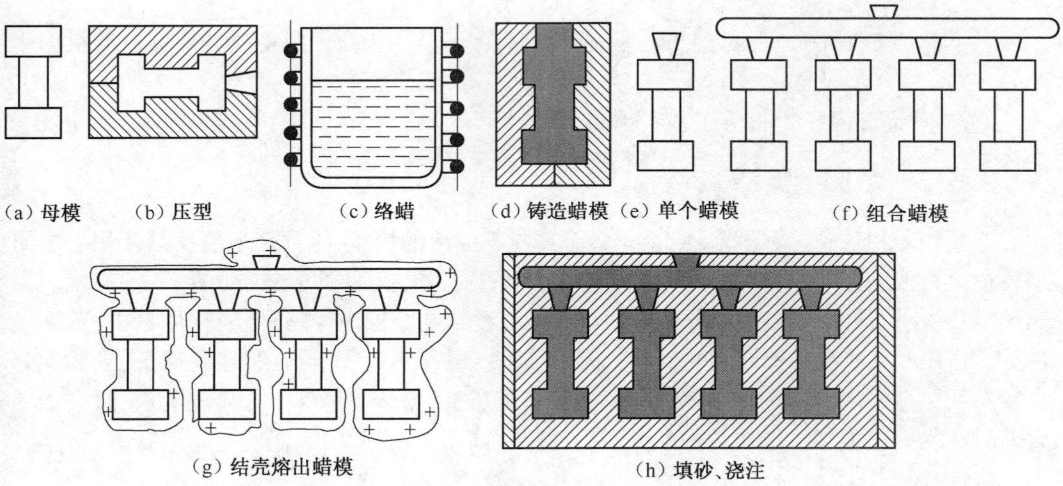

图 3-13　熔模铸造工艺过程示意图

3.5.6　垂直分型无箱射压造型

在造型、下芯、合型及浇注过程中，铸型的分型面呈垂直状态（垂直于地面）的无箱射压造型法称为垂直分型无箱射压造型，其工艺特点如图 3-14 所示。它主要适用于中小铸件的大批量生产。垂直分型无箱射压造型工艺的优点是：

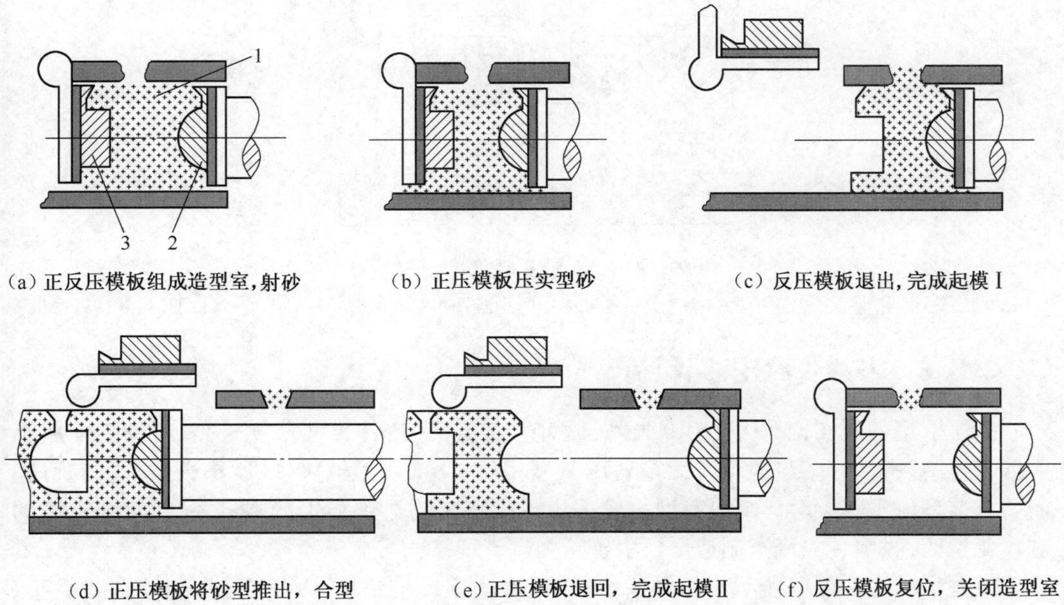

图 3-14　DISA 垂直分型无箱射压造型机工艺过程

1—射砂板；2—压实模板；3—反压模板

①采用射砂填砂又经高压压实,砂型硬度高且均匀,铸件尺寸精确,表面粗糙度低。

②无需砂箱,从而节约了有关砂箱的一切费用。

③一块砂型两面成型,既节约型砂,生产效率又高。

④可使造型、浇注、冷却、落砂等设备组成简单的直线流水线,节省空间。

其主要缺点是:

①下芯不如水平分型时方便,下芯时间不允许超过 7~8 s,否则将严重降低造型机的生产效率。

②模板、芯盒及下芯框等工装费用高。

3.5.7 金属型铸造

金属型是用铸铁、碳钢或低合金钢等金属材料制成的铸型,这种铸型可反复使用。金属型铸造是将液态金属在重力作用下浇入金属铸型内,获得铸件的方法,如图 3-15 所示。金属型散热快、铸件组织致密,力学性能好,精度和表面质量较好,液态金属耗用量少,劳动条件好。适用于大批生产有色合金铸件。其主要缺点是:制造成本高、制造周期长,导热性好导致降低了金属液的流动性。因而不宜浇注过薄、过于复杂的铸件。金属型无退让性,冷却收缩时产生内应力将会造成铸件的开裂。型腔在高温下易损坏,因而不宜铸造高熔点合金。

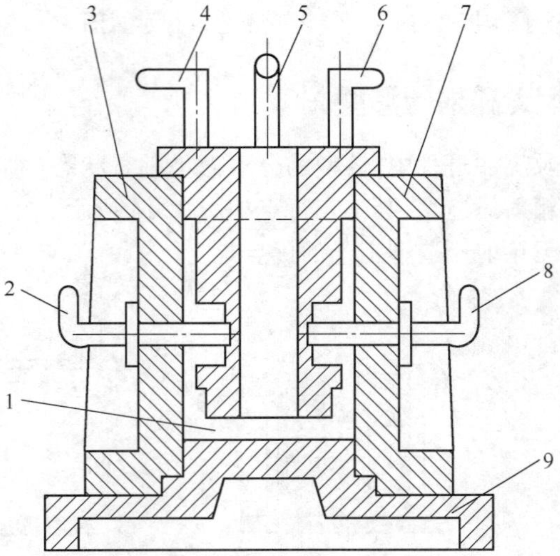

图 3-15 铸造铝活塞的金属型

1—型腔;2—销孔型芯;3—左半型;4—左侧型芯;5—中间型芯;6—右侧型芯;7—右半型;8—销孔型芯;9—底板

3.5.8 多触头高压造型

高压造型的压实比压大于 0.7 MPa,砂型紧实度高,铸件尺寸精度较高,铸件表面粗糙度低,铸件致密性好。与脱箱或无箱射压造型相比,高压造型辅机多,砂箱数量大,造价高,需要与造型流水线配套。高压造型比较适用于像汽车制造这类生产批量大、质量要求高的现代化生产,我国各大汽车制造厂已引进这类生产线。

多触头由许多可单独动作的触头组成,可分为主动伸缩的主动式触头和浮动式触头。使用较多的是弹簧复位浮动式多触头,如图 3-16 所示。当压实活塞 1 向上推动时,高压触头 4 将型砂从余砂框 3 压入砂箱 2,而自身在多触头箱体 5 的相互连通的油腔内浮动,以适应不同形状的模样,使整个型砂得到均匀的紧实度。

多触头高压造型通常也配备气动微振装置，以便增加工作适应能力。

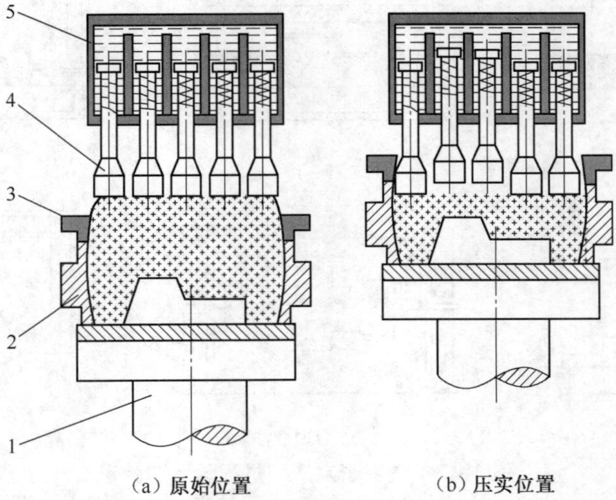

图 3-16　多触头高压造型工作原理

1—压实活塞；2—砂箱；3—余砂框；4—高压触头；5—多触头箱体

3.5.9　真空密封造型

真空密封造型主要用于生产汽油机缸体、缸盖及铁路机车配件等。真空密封造型是一种全新的物理造型方法，其基本原理是在特制的砂箱内，填入无水无黏结剂的干石英砂，用塑料薄膜将砂箱密封后抽成真空，借助铸型内外的压力差（约 40 kPa）使型砂紧实和成型。真空密封造型又称真空薄膜造型、减压造型、负压造型或 V 法，适用于生产薄壁、面积大、形状不太复杂的扁平铸件。该法的优点是：

①铸件尺寸精确，能浇出 2~3 mm 的薄壁部分。

②铸件缺陷少，废品率可控制到 1.5% 以下。

③砂型成本低、损耗少，回用率在 95% 以上。

④噪声小、粉尘少，工作环境比较好，劳动强度低。

缺点是：对形状复杂、高度较高的铸件覆膜成型困难，工艺装备较复杂，造型生产率比较低。真空密封造型过程（图 3-17）如下：

①通过抽气箱抽气，将预先加热好的塑料薄膜吸贴到模样表面上。

②放置砂箱，充填型砂，微振紧实。

③刮平，覆背膜，抽真空，使砂型保持一定的真空度。

④在负压状态下起模、下芯、合型浇注。铸件凝固后恢复常压，型砂自行溃散，取出铸件。

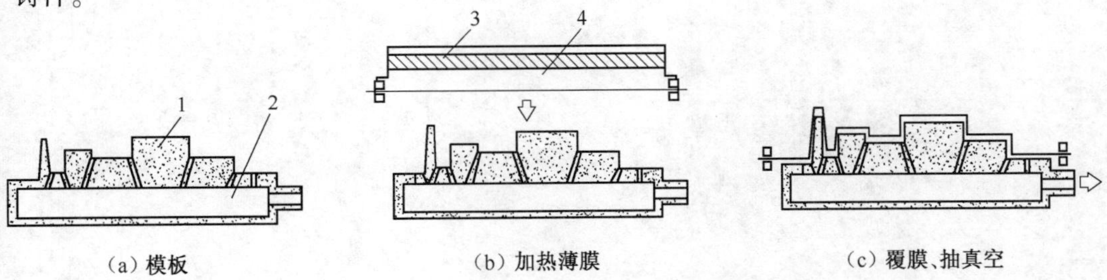

图 3-17　真空密封造型过程示意图

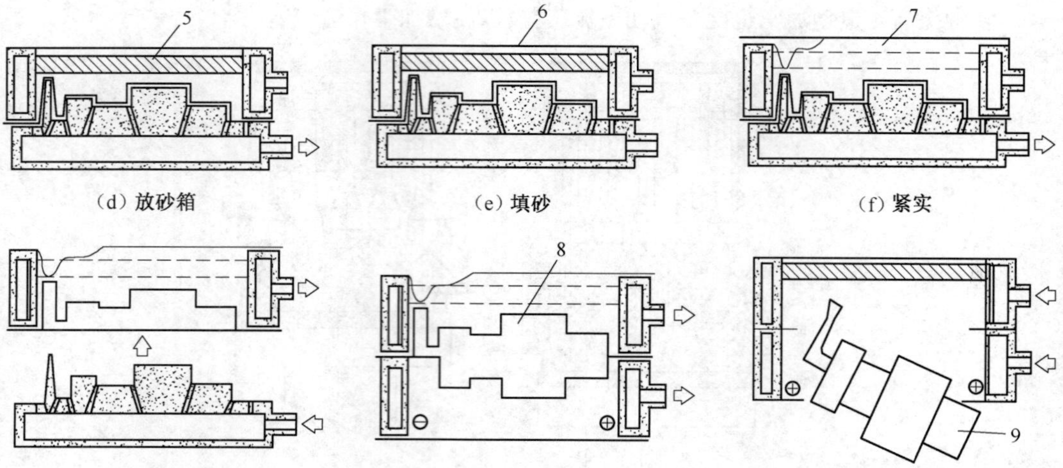

（d）放砂箱　（e）填砂　（f）紧实

（g）起模　（h）合型浇注　（i）落砂

图 3-17　真空密封造型过程示意图(续)

1—模板;2—抽气箱;3—发热元件;

4—塑料薄膜;5—砂箱;6—型砂;7—背膜;8—型腔;9—铸件

3.6　实训及评分标准

1. 实践操作考核

实践操作考核占总成绩的 80%。其中:

(1)整模造型:20 分。

(2)分模造型:30 分。

(3)挖砂造型:20 分。

(4)浇注操作:10 分。

2. 铸造实验考核

铸造实验考核占总成绩的 10%。

3. 实习报告及作业

实习报告及作业占总成绩的 10%。

第4章 焊 工

焊工

4.1 概 述

1. 焊接方法与分类

焊接是将两个分离的金属体,通过加热或加压,或两者兼用,并且用或不用填充材料,使焊件金属达到原子结合而连接成为一个不可拆卸的整体的一种加工方法。

根据焊接的工艺特点和母材金属所处的状态,将焊接方法分为三大类:熔化焊、压力焊和钎焊。

(1)熔化焊是将接头加热至熔化状态,有时另加填充材料形成共同熔池,然后冷却凝固使之连接成一个整体,是一种不加压力的焊接方法。常见的熔化焊有手工电弧焊、气焊、埋弧自动焊、氩弧焊、电渣焊、激光焊、电子束焊等。

(2)压力焊是对焊件连接处施加压力,使接头处紧密接触并产生塑性变形,通过原子间的结合而使之形成一个整体的一种焊接方法,连接处可加热也可不加热。常见的压力焊有电阻焊、摩擦焊、高频焊、冷压焊、扩散焊、爆炸焊等。

(3)钎焊是采用熔点比母材低的钎料,将焊件接头和钎料加热到高于钎料的熔点而母材不熔化的温度,利用毛细管作用使液态钎料填充接头间隙与母材相互扩散连接焊件的焊接方法。常见的有锡焊、铜焊、银焊、超声波钎焊等。

2. 焊接方法的特点

(1)连接性能好。焊接可以较方便地将不同形状与厚度的型材连接起来;也可以将铸、锻件焊接起来;甚至能将不同种类的材料连接起来;以而使结构中不同种类和规格的材料应用得更合理。焊接连接刚度大、整体性好;同时,焊接容易保证气密性与水密性。

(2)简化工艺。焊接工艺一般不需要大型、贵重的设备,因而设备投资少、投产快,容易适应不同批量的结构生产,更换产品方便。此外,焊接参数的电信号易于控制,容易实现自动化。焊接机械手和机器人,已用于工业部门。在国外已有无人焊接自动化车间。

(3)节省材料和工时。焊接适宜于制造尺寸较大的产品和形状复杂及单件或小批量生产的结构,并可在一个结构中选用不同种类和价格的材料,以提高技术及经济效益。

但是,焊接也存在如下一些不足之处。如对某些材料的焊接有一定困难;焊缝及热影响区有时因工艺不当产生其些缺陷等。但是只要合理选用材料、精心设计、选用合理的焊接工艺、设计严格的科学管理制度,就可以大幅提高焊件的使用寿命。

3. 焊接方法的应用

焊接技术可用于制造金属结构,广泛用于造船、车辆、桥梁、航空航天、建筑钢结构、重型机械、化工装备等工业部门。可采用金属型材、板材和管材等,通过焊接技术制造各种金属结构件。可制造机器零件和毛坯,如轧辊、飞轮、大型齿轮、电站设备的重要部件;可用于连接电气导线和精细的电子线路,也可做成锻—焊、铸—焊复合件;另外在生产中用以修补铸、锻件的缺陷或局部损坏的零件,具有很好的经济效益。

4.2 焊工实习要求及内容

(1)了解常见焊接方法手工电弧焊的过程,及其所用的设备、材料、工艺及应用实例。

(2)了解常见的焊接缺陷和焊接变形。

(3)了解焊接接头形式及不同空间位置的焊接特点。

(4)了解典型焊接结构的焊接生产过程。

(5)了解焊接的安全技术。

(6)独立正确选择焊接电流,能按照要求完成电弧焊的平焊操作。

4.3 焊工安全及注意事项

(1)操作时要穿绝缘鞋和干燥工作服,戴绝缘手套,女同学要戴工作帽(长发要用发卡固定),操作者要站在绝缘橡胶板上进行操作、以防触电。

(2)操作前要首先检查电焊机及焊台是否牢固接地,清除工作场地的棉纱、汽油等易燃物品。开动电焊机时,先闭合电源闸刀,然后启动电焊机电焊按钮。停机时先关电焊机,再拉电源闸刀。正在焊接时,不要切断电源或调节电流,电源接通后不要任意移动电焊机。禁止用铜丝代替保险丝。

(3)电焊钳手柄要可靠绝缘,若有损坏要事先修理或更换。电焊钳要轻取轻放,不得将电焊钳置于焊台上,以防短接起弧。

(4)电焊时必须戴上防护面罩,不准用眼睛直视电弧,以防强烈的弧光灼伤眼睛。严禁用手触摸焊后工件,防止烫伤。

(5)焊接时,手不能同时按触两个电极,以免发生触电危险。操作时不要随意挥动焊条,若电焊机及电焊钳发热,应稍休息一下再工作。工件焊完后,应用手钳夹持工件,不准直接用手拿。除渣时,应防止焊渣烫伤或伤及眼睛。

(6)在乙炔发生器附近严禁烟火。氧气瓶严禁与油污接触,不能强烈振动,以免爆炸。

(7)焊前检查焊炬,如焊炬是否能射吸、是否漏气、焊嘴割嘴是否有堵塞、胶管是否漏气等。

(8)操作时要先打开换气扇,以免吸入焊接时产生的有毒气体对人体造成伤害。

(9)操作过程中如遇意外情况,应立即报告指导教师,不准擅自乱动。

4.4 手工电弧焊

手工电弧焊是利用焊条与工件之间的电弧热量来熔化金属的一种手工操作的焊接方法,是熔化焊中最基本的焊接方法。它有多种类型,其中最简单最常见的是使用电焊条的手工焊接,简称手工电弧焊,其使用的设备简单,操作方便灵活。对于一些形状复杂、尺寸小、焊缝短或弯曲的焊件,采用手工电弧焊比采用自动焊具有很大的优越性,因此,手工电弧焊仍是焊接工作中的主要方法。图 4-1 为手工电弧焊示意图。

施焊时,先将焊条末端与工件(又称为焊件或母材)短时间接触短路,然后迅速上提使焊条与工件保持 2~4 mm 间隙,形成电弧。电弧热使母材和焊条同时熔化形成金属熔池。电弧向前移动时,母材和焊条不断熔化汇成新的熔池,原熔池的后部不断冷却凝固,构成连续的焊缝(工件经连接后所形成的结合部分称为焊缝)。此外,电弧热还使焊条的药皮熔化、分解或燃烧,形成熔渣和气体。熔渣覆盖在熔池表面,气体围绕于电弧的周围,它们能防止空气侵入,起着保护熔化金属的作用。熔渣凝固成为渣壳覆盖于焊缝上,会始终对焊缝起着保护作用,对减缓焊缝冷却速度和避免氧化十分有利。

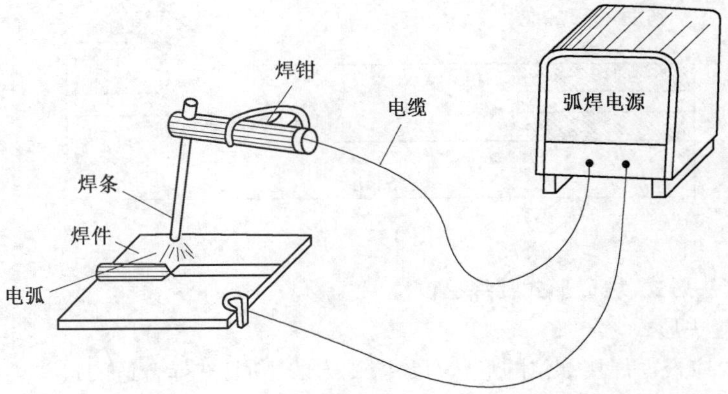

图 4-1 手工电弧焊示意图

1. 焊接电弧

焊接电弧发生在焊条端头与工件之间,是电场通过两电极(焊条与工件)之间的气体进行强力、持久的放电,即所谓气体放电现象。

焊接电弧由阴极区、阳极区和弧柱区三部分组成(图 4-2),各部分的温度不同。以铁为电极材料的电弧为例:阴极区温度约为 2 400 K,阳极区温度约为2 600 K,而弧柱区温度高达 6 000~8 000K。通常,在阳极材料和阴极材料相同情况下,阳极温度略高于阴极温度,而弧柱温度则随焊接电流增大而升高。

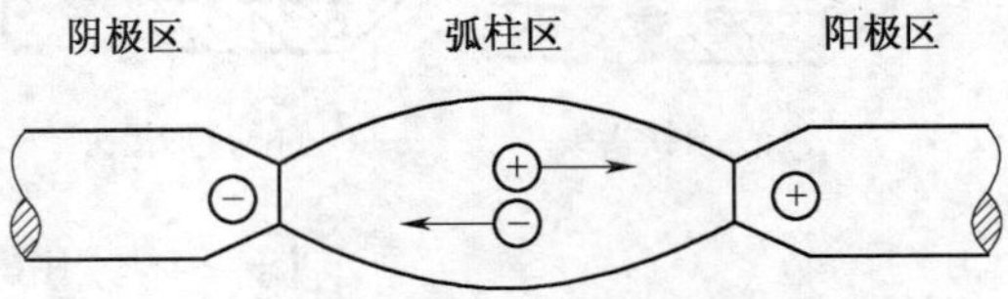

图 4-2 焊接电弧示意图

由于电弧中各区温度不同,因此,用直流电源焊接时有正接法和反接法之分,工件接电焊机的正极,焊条接电焊机的负极的接法,称为正接法;反之,则为反接法。焊接薄板时,采用直流反接可防止烧穿。正常焊接时,为获得较大的熔深,则用正接法。堆焊金属时,采用反接,目的是增加焊条的熔化速度,减少母材的熔深,降低母材对堆焊层的稀释率。对碱性焊条,用直流电源可使电弧稳定。使用交流电焊接时,由于电源周期性地改变极性,所以没有正接或反接的区分。

2. 弧焊设备

手工电弧焊机简称电焊机或弧焊机,是手工电弧焊的电源。常用的弧焊机有交流和直流弧焊机,其中直流弧焊机主要包括发电式和整流式两种类型。手弧焊时,电焊机与电弧组成一个电源-负载系统。

3. 手工电弧焊工具

进行手工电弧焊必备的工具有焊钳、焊接电缆、面罩、敲渣锤和钢丝刷等。

4. 电焊条

电焊条由焊芯和药皮组成,如图 4-3 所示。

焊条芯的作用是作为电极导电,同时它也是形成焊缝金属的主要材料,因此焊条芯的质量直接影响焊缝的性能,其材料都是特制的优质钢。焊接碳素结构钢的焊条芯一般是含碳量 0.08% 的低碳钢,应用最普遍的有 H08 和 H08A,对其含碳量及硫、磷有害杂质的含量都有极严格的限制。常用的焊条直径(即焊条芯的直径)为 3~6 mm,长度为 350~450 mm。

药皮是压涂在焊条芯表面上的涂料层,焊接时形成熔渣及气体,药皮对焊接质量的好坏起着重要的作用。

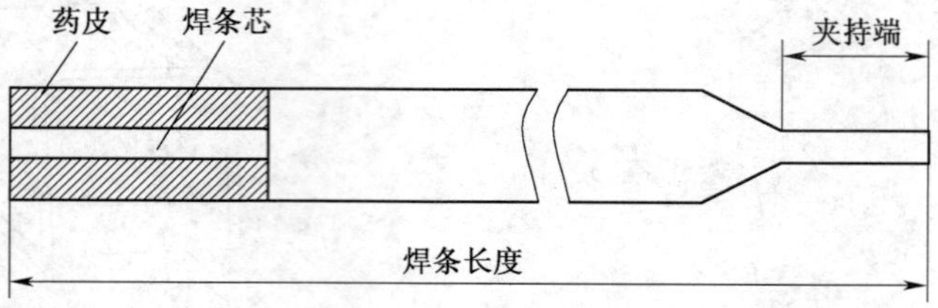

图 4-3　焊条

5. 焊接接头形式、坡口形式及焊接位置

(1)焊接接头形式

在焊接前,应根据焊接部位的形状、尺寸、受力的不同,选择合适的接头类型。常用焊接接头形式有对接接头、T 形接头、角接接头和搭接接头等,如图 4-4 所示。

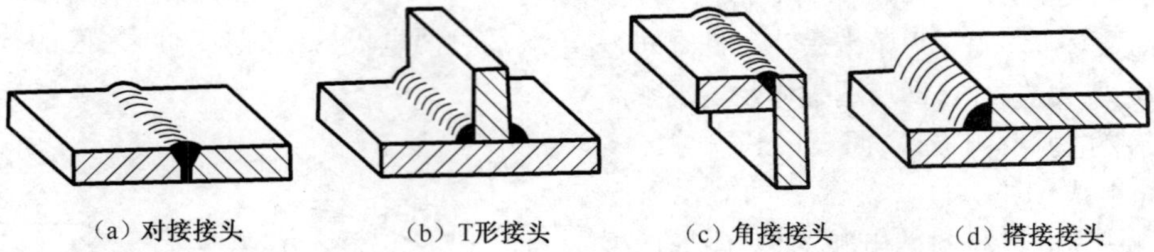

图 4-4　常用的接头形式

(2)坡口形式

在焊接时为了保证焊透,焊件较薄(焊件厚度小于 6 mm)时,在焊件接头处要留一定的间隙,采用单面焊或双面焊即可;焊件较厚时,焊前须把焊件的待焊部位加工成一定的几何形状,且开坡口。常用的坡口加工方法有刨削、车削、氧乙炔火焰切割等。加工坡口时,在焊件厚度方向留的直边称为钝边,目的是防止烧穿。为了保证焊透,接头组装时,往往还留有间隙。对接接头是采用最多的一种接头形式,对接接头常见的坡口形式如图 4-5 所示。

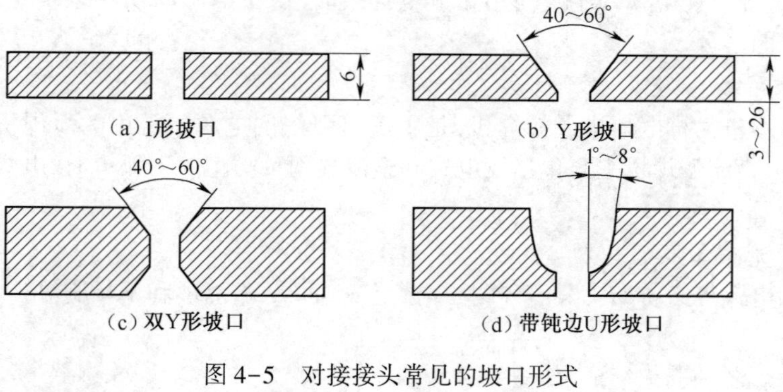

图 4-5　对接接头常见的坡口形式

(3)焊接位置

焊接位置是指熔焊时,焊件接缝所处的空间位置,有平焊、立焊、横焊和仰焊位置等,如

图4-6所示，其中以平焊位置最为合适。平焊时操作方便，劳动条件好，生产率高，焊缝成形性好，焊接质量容易保证；而立焊、横焊和仰焊时，由于重力的作用，使熔化的金属向下滴落造成施焊困难。因此为保证焊接质量，一般应尽量在平焊位置施焊，立焊和横焊位置次之。

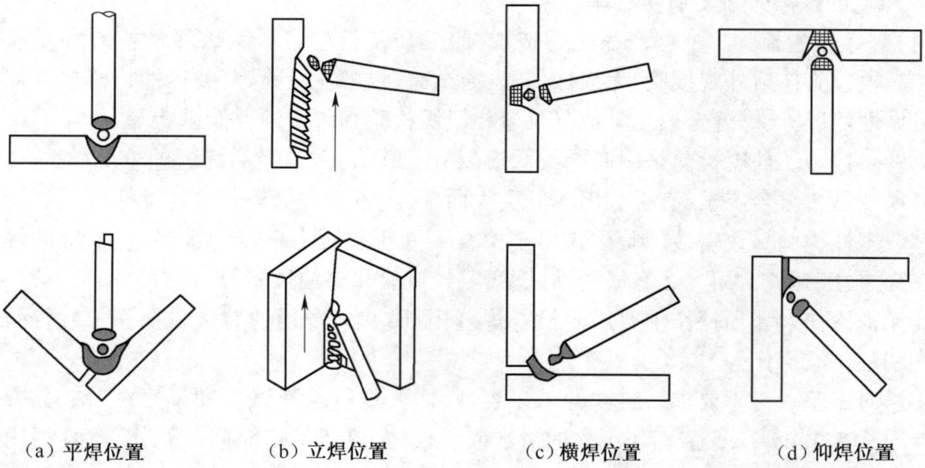

图4-6 焊接位置

6. 焊接参数

焊接参数是指影响焊缝形状、大小、质量和生产率的各项参数的总称，主要包括焊条直径、焊接电流、焊接速度和电弧电压等。

(1)焊条直径。焊条直径主要根据被焊工件的厚度来选择，可参考表4-1。为了提高生产率，可尽量选择直径大的焊条。对开坡口多层焊的第一层及非平焊位置应选用直径较小的焊条。

表4-1 焊条直径的选择

焊件厚度/mm	<2	2~3	4~6	6~10
焊条直径/mm	2	3	3~4	4~6

(2)焊接电流。电流过大则焊条容易被烧红并使药皮失效；电流过小则会焊不透，生产效率低。焊接电流的大小一般可根据焊条的直径来选择，可参考表4-2。此外，还要考虑工件厚度、接头形式、焊条种类、焊接位置等因素，若板厚较大、T形接或搭接时，焊接电流要增大一些；非平焊位置焊接时，焊接电流要减小一些。最后通过试焊来确定焊接电流的大小。

表4-2 焊接电流与焊条直径的关系

焊条直径/mm	1.6	2.0	2.5	3.20	4	5	6
焊条电流/A	25~40	40~65	50~80	100~130	160~210	200~270	260~300

(3)电弧电压。电弧电压由电弧长度来决定，电弧长，电弧电压高，反之则低。弧长是指焊接电弧的长度，即阴极区、弧柱和阳极区长度的总和。弧长过长时，燃烧不稳定，熔深减小，金属飞溅，容易产生气孔等缺陷；电弧太短，容易粘焊条。一般要求弧长不超过焊条直径，取弧长 $L=0.51d$，相应的电弧电压在16~25 V之间，并保持弧长稳定。焊接过程中，为了维持电弧的稳定燃烧，应尽量采用短弧焊接，且碱性焊条比酸性焊条更短些，立焊、横焊、仰焊要更短一些。

(4)焊接速度。焊接速度即单位时间内完成的焊缝长度。焊接速度的快慢一般不作规定,是由操作者凭经验来灵活掌握的。原则上,在保证焊透的前提下,应尽量增加焊速,以提高生产率。初学时,要注意避免速度太快。

7. 焊件的缺陷分析与质量检验

(1)焊接质量检验。根据产品是否造成损伤,质量检验可分为破坏性检验和无损检验两类。无损检验包括外观检验、无损探伤、压力试验、致密性检验等;破坏性检验包括焊接接头的机械性能试验、焊缝金属化学成分及金相组织检验和耐腐蚀性能试验等。

①外观检验。外观检验是用肉眼或低倍(小于20倍)放大镜对焊缝进行检查,主要是检查焊缝尺寸是否符合要求,有否咬肉、焊瘤、表面气孔、表面裂缝等,应用广泛。

②致密性检验。致密性检验主要用于检查不受压或压力很低的容器、管道等的焊缝是否存在穿透性缺陷,常用方法有气密性试验、氨气试验和煤油试验等。

③无损探伤。无损探伤主要用于检查焊缝内部缺陷,常用的有磁粉探伤、渗透探伤、射线探伤和超声波探伤等。

④压力试验。对于要求密封性的承压容器,需要进行水压试验和气压试验。其方法是向容器内注入1.25~1.5倍工作压力的清水或者气体,停留一定时间,然后观察容器内的压力下降情况,并在外部观察有无渗漏现象,以评定焊缝是否合格。

⑤焊缝金属及焊接接头力学性能试验。包括拉伸试验、弯曲试验、冲击试验、硬度试验、断裂韧度试验和疲劳试验等。

⑥焊缝金相检验。包括宏观组织检验和显微组织检验。

⑦断口分析。包括宏观和微观断口分析。

(2)常见的焊接缺陷

①焊接变形。焊件在焊接以后,一般都会发生变形,并且变形的形式较为复杂。常见的焊接变形可归纳为收缩变形、角变形、扭曲变形、波浪变形和弯曲变形。

焊接变形的主要原因是焊件不均匀的局部加热和冷却,内部产生应力。当这些应力超过金属的屈服极限时,将产生焊接变形;当超过金属的强度极限时,则会出现裂缝。

②焊缝的缺陷。焊缝的缺陷主要是内部缺陷和外部缺陷。焊缝的常见缺陷及特征见表4-3。

表4-3 常见焊接缺陷及其原因分析

缺陷种类	特 征	产生原因	预防措施
夹渣		前焊缝除渣不干净; 焊条摆动幅度过大; 焊条前进速度不均匀; 焊条倾角过大	彻底除锈、除渣; 限制焊条摆动的宽度; 采用均匀一致的合理焊速度; 减小焊条倾角
气孔	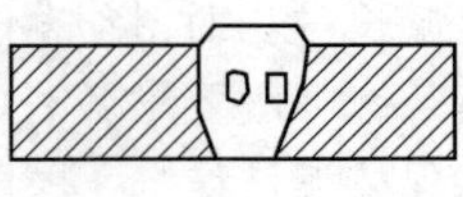	焊件表面受到污染; 焊条药皮中水分过多; 电弧拉的过长; 焊接电流太大; 焊接速度过快	清除焊件表面污物; 焊接前烘干焊条; 采用短电弧; 调整适当的焊接电流; 采用合理的焊接速度

续表

缺陷种类	特　征	产生原因	预防措施
裂纹	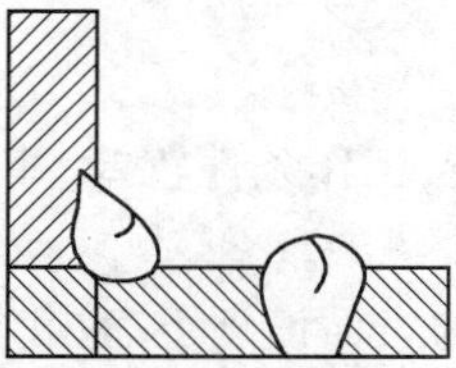	熔池中含有较多的有害元素； 焊件刚性大； 接头冷却速度太快	焊接前进行预热； 限制原料中的有害元素； 采用合理的焊接顺序和方向
未焊透	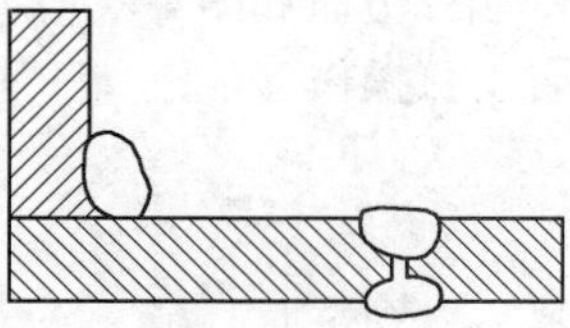	焊接速度太快； 坡口钝边过厚； 装配间隙过小； 焊接电流过小	选择正确的电流和焊接速度； 选择正确的坡口尺寸
烧穿	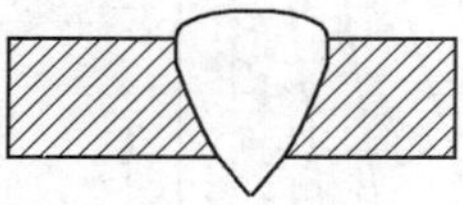	焊接电流过大； 焊接速度过小； 操作不当；	选择合理的焊接工艺规范； 选择正确合理的操作方法
咬边	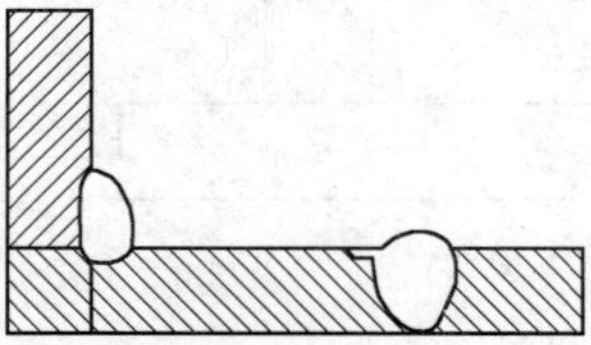	焊接电流过大； 电弧过长； 焊条角度不当； 运条不合理	选择合理的电流； 电弧不要过长； 焊条角度适当； 控制运条速度
未熔合	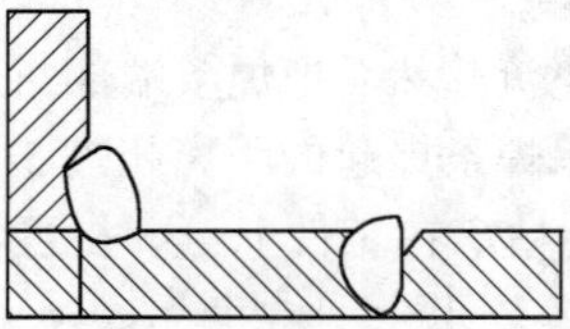	焊接电流过小； 焊接速度过快； 热量不够； 焊缝处有锈蚀	选择合理的电流和焊速； 运条合理； 焊缝清理干净
焊瘤	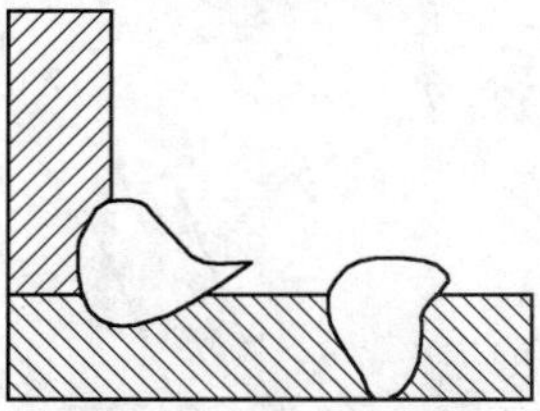	焊接过程中，熔化金属流淌到焊缝之外未熔化的母材上所形成的金属瘤	注意焊接操作方法
塌陷	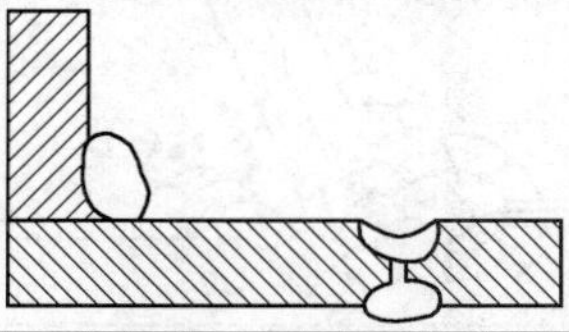	单面熔化焊时，由于焊接工艺不当，造成焊缝金属过量透过背面，而使焊缝正面塌陷，背面凸起的现象	调整焊接工艺和焊接操作方法

焊接缺陷产生的原因可能是多方面的，如焊接材料不合适，焊接规范不合理，焊接前准备不仔细，焊接操作不正确等。焊接缺陷中，裂缝、未焊透和条状夹渣危害最大，尤其是裂缝。对于重要接头，发现缺陷必须修补，否则将造成焊件报废。

8. 手工电弧焊操作过程

(1)备料

按图纸要求对原材料画线，并裁剪成一定形状和尺寸。注意选择合适的接头形式，当工件较厚时，接头处还要加工出一定形状的坡口。

(2)焊接参数的选择

根据被焊工件厚度、焊接位置、接头形式及焊接层数来确定焊条直径、焊接电流、焊接速度和电弧电压等参数。

(3)施焊

焊条电弧焊是在面罩下观察和进行操作的,视野不清,工作条件较差。因此,要保证焊接质量,不仅要求有较为熟练的操作技术,还应注意力高度集中。

①引弧。焊接前,应把工件接头两侧 20 mm 范围内的表面清理干净(消除铁锈、油污、水分),并使焊条芯的端部金属外露,以便进行短路引弧。引弧方法如图 4-7 所示,有敲击法和摩擦法两种。其中摩擦法比较容易掌握,适宜于初学者引弧操作。

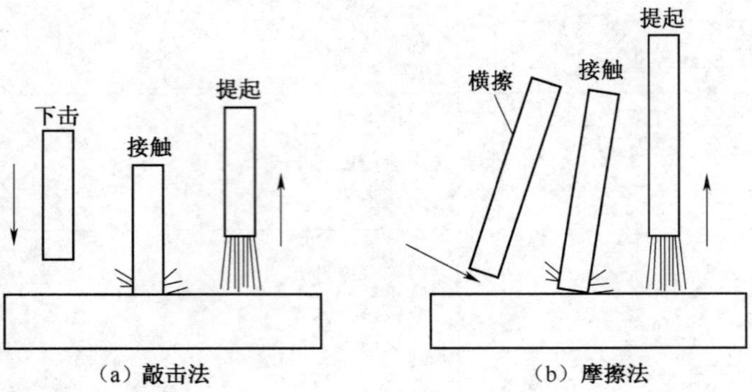

图 4-7 引弧方法

引弧时,应先接通电源,把电焊机调至所需的焊接电流。然后把焊条端部与工件接触短路,并立即提起 2~4 mm 的距离,就能使电弧引燃。如果焊条提起的距离超过 5 mm,电弧就会立即熄灭。如果焊条与工件接触时间太长,焊条就会粘牢在工件上,这时,可将焊条左右摆动,就能与工件拉开,然后重新进行引弧。

②焊条的运动。焊接过程中,焊条有三种运动。

a. 焊条沿着焊缝从左向右运动。焊条的这一运动的速度称为焊接速度。焊接速度应等于焊条的熔化速度,以便保持弧长不变。握持焊条应向前倾斜一定的角度,如图 4-8 所示,以利于气流把熔渣吹向后面,覆盖在已经形成的焊缝表面;同时,使电弧倾向前面待焊接头的表面,能产生一定的预热作用,以利于增加焊接速度。

b. 焊条的轴向送进运动。随着焊条端部的熔化,送进运动应使电弧保持适当的长度,以便电弧稳定燃烧。

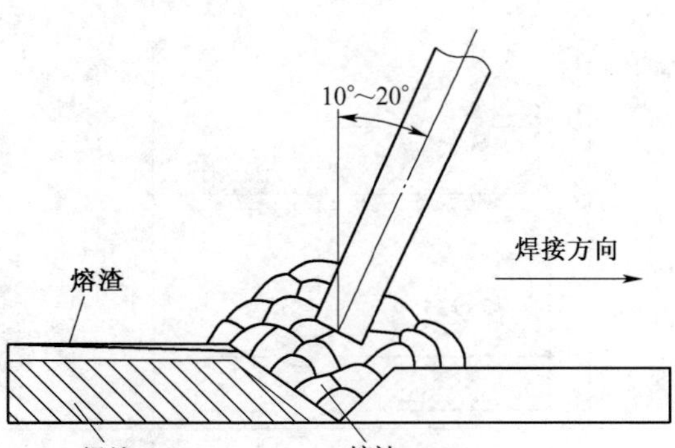

图 4-8 焊条的倾斜角度

c. 焊条的横向摆动(亦称运条)。运条的目的是加宽焊缝,并使接头达到足够的熔深。焊接薄板时不必运条,只要沿焊缝直线运动即可,这时的焊缝宽度为焊条直径的 80% ~ 150% 倍。焊接较厚的工件时,都要进行运条,焊缝宽度可达焊条直径的 3~5 倍。

运条的方法根据焊缝的具体情况而定。常用的运条方法如图 4-9 所示。

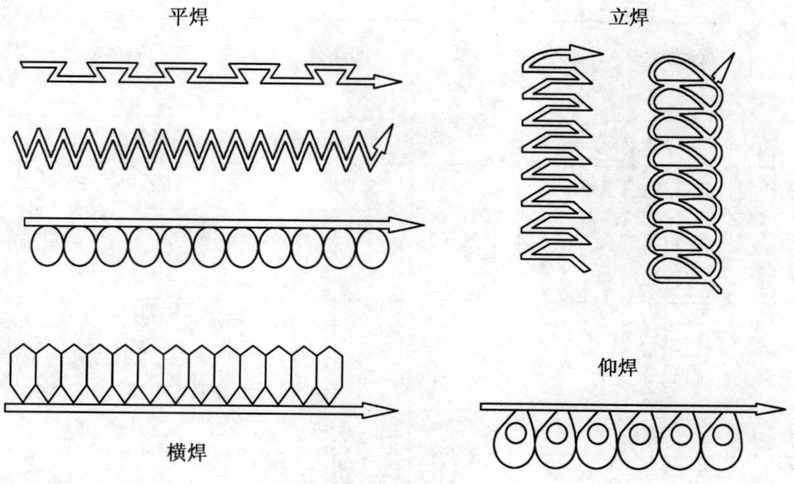

图 4-9　常用的运条方法

③焊缝的收尾。焊缝的收尾指一根焊条焊完后的熄弧方法。焊接结尾时,为了使熔化的焊芯填满弧坑不留层坑(以免造成应力集中);焊条应停止向前移动,而朝一个方向旋转,直到填满弧坑,再自下而上慢慢拉断电弧,以保证结尾处成形良好。

④焊接的点固。为了固定两工件的相对位置,以便于施焊,焊接装配时,每隔一定距离焊上 30~40 mm 的短焊缝,使焊件的相互位置固定,称为点固。

(4)堆焊练习

初学者首先应在平板上练习堆焊,可选用一定直径的焊条,直线移动(不运条)进行焊接。要求达到:

①掌握引弧方法。

②均匀送进,保持焊条角度和一定弧长,做到不灭弧、不粘条、稳定燃烧。

(5)对接平焊练习

对接平焊是实际生产中最常用的一种焊接方法,其操作方法与堆焊基本一样。取两块 4 mm 左右的钢板,不用开坡口,把两块钢板平放、对齐。在两块钢板间留 2 mm 左右的间隙在钢板的两头先焊一段 20 mm 左右的焊缝,以固定两焊件的相对位置,这种焊法称为固定焊。如果焊缝较长,应在待焊工件接头处每隔 300~400 mm 进行一次固定焊。其目的是防止焊接过程中工件变形和接头位置偏移,致使无法进行焊接。

选择适当的工艺参数,按堆焊的操作方法进行焊接。焊后除渣,清理焊缝表面,检查焊缝形状、尺寸及有无焊接缺陷。

4.5　实训及评分标准

焊工实操考核评分标准

项目:手工电弧焊 $\delta=$　　　mm　　　　　　姓名:

考核内容	考核要求	配分	评分标准
安全生产	穿戴好焊接工作服、防砸鞋、焊工手套、焊接面罩、口罩	5	整洁齐全得满分,缺项扣 1 分

续表

考核内容	考核要求	配分	评分标准
安全生产	作业场地不得有易燃易爆物品存在	5	未检查或检查不到位的扣3分
	正确使用打磨机、电缆盘等工具	5	工具使用不正确的扣2分
	焊接结束后电焊机、电缆盘应及时断电并打扫电焊机灰尘	5	未及时断电的扣2分,未清扫电焊机灰尘的扣1分
焊接参数确定	确定手工电弧焊焊接参数	5	按照母材材质、板厚、接头形式和焊接位置等确定焊丝牌号和直径,在此基础上确定电源极性、焊接电流,然后确定电弧电压、焊接速度等焊接参数。确定焊接参数不正确的扣2分
焊接前检查	确定焊机的完好性、各附属设备齐全	5	焊机附属设备包括如下:a. 焊钳;b. 焊罩;c. 焊接电源 d. 连接电缆。未检查电焊机完好性及齐全性的扣5分,检查不到位的扣3分
焊前准备	焊接前应清理工件表面铁锈、水、油污等	5	焊丝、坡口以及坡口周围10~20 mm范围内必须保持清洁,不得有影响焊接质量的铁锈、油污、水等异物。未清理直接进行焊接的扣2分
引弧	手工电弧焊采用碰撞引弧或者摩擦法	5	未按照步骤进行引弧的扣除3分
焊接过程	焊条角度为75°~85°	5	若焊枪角度不在75°~85°内,扣2分
焊缝质量	两面焊缝表面不允许有裂纹、未融合、焊瘤、烧穿等缺陷	12	有任何一种缺陷该项不得分
	焊缝表面应成形美观,焊纹均匀、细密,高低宽窄一致	6	成形美观,焊纹均匀、细密,高低宽窄一致的得满分; 成形尚可,焊缝平直的扣3分; 焊缝弯曲,高低、宽窄明显的该项不得分
	焊接后试件的焊缝余高不应超过3 mm	6	焊缝余高未超过3 mm得满分; 焊缝余高3~4 mm范围内扣2分; 焊缝余高超过4 mm不得分
	焊缝咬边深度≤0.5 mm,累计长度≤36 mm	6	焊缝咬边深度≤0.5 mm,累计长度每增加3 mm扣1分; 焊缝咬边深度>0.5 mm扣5分
	未焊透深度≤0.5 mm,总长度≤24 mm	5	未焊透深度≤1.5 mm,累计长度每2 mm扣1分; 未焊透深度>1.5 mm,扣5分
	背面凹坑深度≤1.5 mm,总长度≤24 mm	5	背面凹坑深度≤1.5 mm,累计长度每2 mm扣1分; 背面凹坑深度>1.5 mm,扣5分
	一次性完成焊接,不得进行二次焊接	5	二次焊接扣3分
时间	操作时间60 min,应按时完成工件焊接	10	未按时完成每超时5 min扣1分
合计		100	

第5章 金属切削加工基础知识

5.1 概　　述

金属切削加工就是利用工件和刀具之间的相对(切削)运动,用刀具上的切削刃切除工件上的多余金属层,从而获得具有一定加工质量零件的过程。由此可见,理解零件加工质量的概念,掌握切削运动和金属切削刀具的基本知识,认识金属切削过程的基本规律是学习金属切削加工的基本内容。

5.2 切削运动、切削用量

5.2.1 切削运动

切削加工时,为了获得各种形状的零件,刀具与工件必须具有一定的相对运动,即切削运动,切削运动按其所起的作用可分为主运动和进给运动 。

1. 主运动

由机床或人力提供的运动,它使刀具与工件之间产生主要的相对运动。主运动的特点是速度最快,消耗功率最大。车削时,主运动是工件的回转运动,如图 5-1 所示;牛头刨床刨削时,主运动是刀具的往复直线运动,如图 5-2 所示。

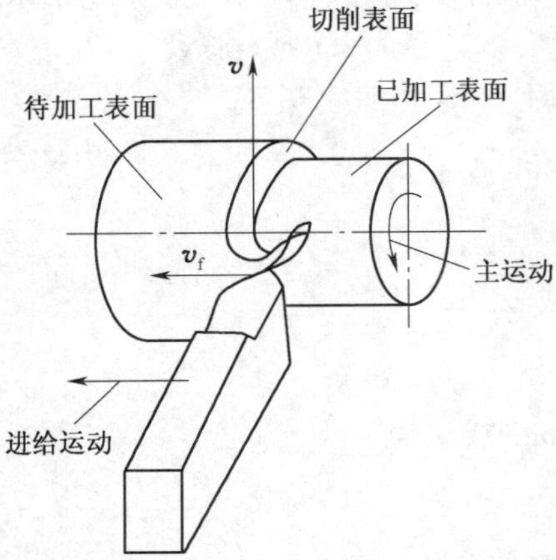

图 5-1　车削运动和工件上的表面

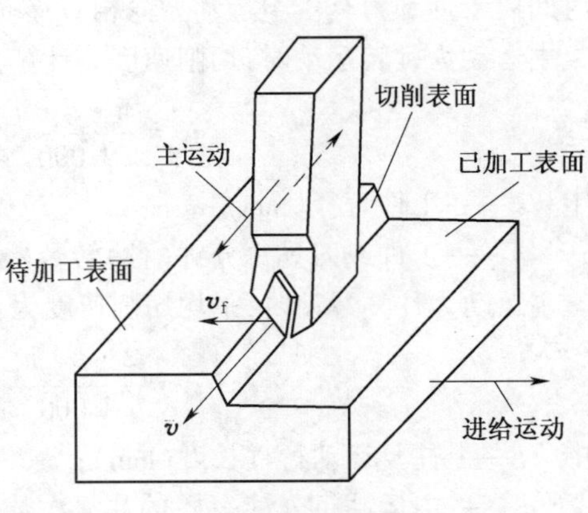

图 5-2　刨削运动和工件上的表面

2. 进给运动

由机床或人力提供的运动,它使刀具与工件间产生附加的相对运动,进给运动将使被切金属层不断地投入切削,以加工出具有所需几何特性的已加工表面。车削外圆时,进给运动是刀具的纵向运动;车削端面时,进给运动是刀具的横向运动。牛头刨床刨削时,进给运动是工作台的移动。

主运动的运动形式可以是旋转运动，也可以是直线运动；主运动可以由工件完成，也可以由刀具完成；主运动和进给运动可以同时进行，也可以间歇进行；主运动通常只有一个，而进给运动的数目可以有一个或几个。

3. 主运动和进给运动的合成

当主运动和进给运动同时进行时，切削刃上某一点相对于工件的运动为合成运动，常用合成速度向量$\boldsymbol{v}_e$来表示，如图 5-3 所示。

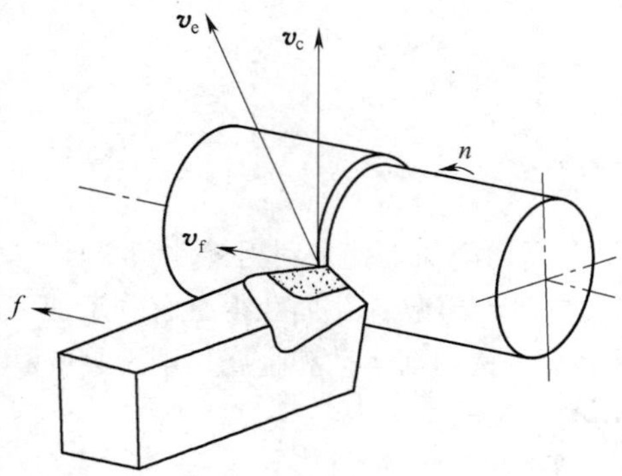

图 5-3 合成速度

5.2.2 工件表面

切削加工过程中，在切削运动的作用下，工件表面一层金属不断地被切下来变为切屑，从而加工出所需要的新的表面，在新表面形成的过程中，工件上有三个依次变化着的表面，它们分别是待加工表面，切削表面和已加工表面，如图 5-1 和图 5-2 所示。其涵义是：

(1) 待加工表面：即将被切去金属层的表面。

(2) 切削表面：切削刃正在切削而形成的表面，切削表面又称加工表面或过渡表面。

(3) 已加工表面：已经切去多余金属层而形成的新表面。

5.2.3 切削用量

切削用量是用来表示切削加工中主运动和进给运动参数的数量。切削用量包括切削速度、进给量、背吃刀量三个要素。

1. 切削速度v_c

在切削加工时，切削刃选定点相对于工件主运动的瞬时速度称为切削速度，它表示在单位时间内工件和刀具沿主运动方向相对移动的距离，单位为 m/min 或 m/s。

主运动为旋转运动时，切削速度 v_c计算公式为：

$$v_c = \frac{\pi \cdot d \cdot n}{1\ 000} \quad (\text{m/min 或 m/s})$$

式中 d——工件直径(mm)；

n——工件或刀具每分钟(秒)转数(r/min 或 r/s)。

主运动为往复运动时，平均切削速度为：

$$v_c = \frac{2 \cdot L \cdot n_r}{1\ 000} \quad (\text{m/min 或 m/s})$$

式中 L——往复运动行程长度(mm)；

n_r——主运动每分钟(秒)的往复次数(往复次数/min)。

2. 进给量f

进给量是刀具在进给运动方向上相对工件的位移量，可用刀具或工件每转或每行程的位移量来表述或度量。车削时进给量的单位是 mm/r，即工件每转一圈，刀具沿进给运动方向移动的距离。刨削等主运动为往复直线运动，其间歇进给的进给量为 mm/双行程，即每个往复行程刀具与工件之间的相对横向移动距离。

单位时间的进给量,称为进给速度,车削时的进给速度 v_f 计算公式为:

$$v_f = n \cdot f (\text{mm/min 或 mm/s})$$

铣削时,由于铣刀是多齿刀具,进给量单位除 mm/r 外,还规定了每齿进给量,用 a_Z 表示,单位是 mm/Z,v_f、f、a_z 三者之间的关系为:

$$v_f = n \cdot f = n \cdot a_z \cdot Z$$

其中,Z 为多齿刀具的齿数。

3. 背吃刀量(切削深度)a_p

背吃刀量 a_p 是指主刀刃工作长度(在基面上的投影)沿垂直于进给运动方向上的投影值。对于外圆车削,背吃刀量 a_p 等于工件已加工表面和待加工表面之间的垂直距离,单位为 mm,即:

$$a_p = \frac{d_w - d_m}{2}$$

式中　d_w——待加工表面直径;

d_m——已加工表面直径。

5.3　刀具与量具

5.3.1　刀具材料应当具备的性能

在切削加工时,刀具切削部分与切屑、工件相互接触的表面上承受了很大的压力和强烈的摩擦,刀具在高温下进行切削的同时,还承受着切削力、冲击和振动,因此要求刀具切削部分的材料应具备以下基本条件:

1. 高硬度

刀具材料必须具有高于工件材料的硬度,常温硬度应在 60HRC 以上。

2. 耐磨性

耐磨性表示刀具抵抗磨损的能力,通常刀具材料硬度越高,耐磨性越好,材料中硬质点的硬度越高,数量越多,颗粒越小,分布越均匀,则耐磨性越好。

3. 强度和韧性

为了承受切削力、冲击和振动,刀具材料应具有足够的强度和韧性。一般用抗弯强度(σ_b)冲击韧性(α_k)值表示。

4. 耐热性

刀具材料应在高温下保持较高的硬度、耐磨性、强度和韧性,并有良好的抗扩散、抗氧化的能力。这就是刀具材料的耐热性。它是衡量刀具材料综合切削性能的主要指标。

5. 工艺性

为了便于刀具制造,要求刀具材料有较好的可加工性,包括锻、轧、焊接、切削加工、可磨削性和热处理特性等。

此外,在选用刀具材料时,还要考虑经济性。经济性差的刀具材料难以推广使用。

刀具材料种类很多,常用的有碳素工具钢、合金工具钢、高速钢、硬质合金、陶瓷、金刚石(天然和人造)和立方氮化硼等。碳素工具钢(如 T10A、T12A)和合金工具钢(9SiCr、CrWMn),因其耐热性较差,仅用于手工工具。陶瓷、金刚石和立方氮化硼则由于性质脆、工艺性差及价格昂贵等原因,目前只在较小的范围内使用。当今,用得最多的刀具材料为高速钢和硬质合金。

5.3.2 高速钢

高速钢是一种加入了钨(W)、钼(Mo)、铬(Cr)、钒(V)等合金元素的高合金工具钢。它的耐热性较碳素工具钢和一般合金工具钢显著提高,允许的切削速度比碳素工具钢和合金工具钢高两倍以上。高速钢具有较高的强度、韧性和耐磨性,耐热性为540~600℃。虽然高速钢的硬度和耐热性不如硬质合金,但由于用这种材料制作的刀具的刃口强度和韧性比硬质合金高,能承受较大的冲击载荷,能用于刚性较差的机床,而且这种刀具材料的工艺性能较好,容易磨出锋利的刃口,因此到目前为止,高速钢仍是应用较广泛的刀具材料,尤其是结构复杂的刀具,如成形车刀、铣刀、钻头、铰刀、拉刀、齿轮刀具、螺纹刀具等。

高速钢按其用途和性能可分为通用高速钢,高性能高速钢两类。

1. 通用高速钢

通用高速钢是指加工一般金属材料用的高速钢。按其化学成分有钨系高速钢和钼系高速钢。

W18Cr4V 属于钨系高速钢,其淬火后的硬度为63~66 HRC,耐热性可达620℃,抗弯强度 σ_b=3 430 MPa。磨削性能好,热处理工艺控制方便,是我国高速钢中用得比较多的一个牌号。

W6Mo5Cr4V2 属于钼系高速钢,与 W18Cr4V 相比,它的抗弯强度、冲击韧度和高温塑性较高,故可制造热轧刀具,如麻花钻等。

2. 高性能高速钢

高性能高速钢是在通用高速钢中再加入一些合金元素,以进一步提高它的耐热性和耐磨性。这种高速钢的切削速度可达50~100 m/min,具有比通用高速钢更高的生产率与刀具使用寿命;同时还能切削不锈钢,耐热钢、高强度钢等难加工的材料。

高钒高速钢(W12Cr4V4Mo),这种高速钢由于含钒(V)、碳(C)量的增加,提高了耐磨性,刀具寿命比通用高速钢可提高2~4倍,但是,随着钒质量分数的提高,使磨削性能变差,刃磨困难。

高钴高速钢和高铝高速钢是近年来为了加工高温合金、钛合金、难熔合金、超高强度钢、奥氏体不锈钢等难加工材料而发展起来的。它们的常温硬度、高温硬度、耐热性和耐磨性都比通用高速钢 W18Cr4V 高,虽然它的抗弯强度和冲击韧度比较低,但仍是一种综合性能较好的材料,可以制作各种刀具。其牌号有 W2Mo9Cr4VCo8、W6Mo5Cr4V2Al 等。

5.3.3 硬质合金

硬质合金是用粉末冶金法制造的合金材料,它是由硬度和熔点很高的碳化物(称为硬质相)和金属(称黏结相)组成。

硬质合金的硬度较高,常温下可达74~81HRC,它的耐磨性较好,耐热性较高,能耐800~1 000 ℃的高温,因此能采用比高速钢高几倍甚至十几倍的切削速度;它的不足之处是抗弯强度和冲击韧度比高速钢低,刃口不能磨得同高速钢刀具一样锋利。

常用硬质合金按其化学成分和使用特性可分为四类:钨钴类(YG),钨钛钴类(YT),钨钛钽钴类(YW)和碳化钛基类(YN)。

1. 钨钴类硬质合金(GB/T 2075—2007 标准中 K 类)

它是由硬质相碳化钨 WC 和黏结剂钴 Co 组成的,其韧性、磨削性能和导热性好。主要适用于加工脆性材料如铸铁、有色金属及非金属材料。这类硬质合金常用牌号和应用范围见表 5-1，代号 YG 后的数值表示钴 Co 的含量，合金中含钴量越高，其韧性越好，适用于粗加工；含钴量少的，适用于精加工。

2. 钨钛钴类硬质合金（GB/T 2075—2007 标准中 P 类）

它是由硬质相 WC、碳化钛 TiC 和黏结剂 Co 组成的，由于在合金中加入了碳化钛（TiC），从而提高了合金的硬度和耐磨性，但是抗弯强度、耐磨削性能和热导率有所下降，低温脆性较大，不耐冲击，因此，这类合金适用于高速切削一般钢材。钨钛钴类硬质合金常用牌号和应用范围见表 5-1。代号 YT 后的数值表示碳化钛 TiC 的含量，当刀具在切削过程中承受冲击、振动而容易引起崩刃时，有应选用 TiC 含量少的刀具牌号，而当切削条件比较平稳，要求强度和耐磨性高时，应选用 TiC 含量多的刀具牌号。

3. 钨钛钽钴类硬质合金（GB/T 2075—2007 标准中 M 类）

在钨钛钴类硬质合金中加入适量的碳化钽（TaC）或碳化铌（NbC）稀有难熔金属碳化物，可提高合金的高温硬度、强度、耐磨性、黏结温度和抗氧化性，同时，韧性也有所增加，具有较好的综合切削性能，所以人们常称它为“万能合金”。但是，这类合金的价格比较贵，主要用于加工难切削材料。

4. 碳化钛基类硬质合金（GB/T 2075—2007 标准中 P01 类）

它是由碳化钛作为硬质相，镍、钼作为黏结剂而组成的，所以硬度高达 90～95 HRA。这类合金有高的耐磨性，在 1 000°C 以上的高温下，它仍能进行切削加工，适合对较高硬度的合金钢、工具钢、淬硬钢等进行切削加工。

随着科学技术的发展，新的工程材料不断出现，对刀具材料的要求也不断提高，在进行切削加工时，我们必须根据具体情况综合考虑，合理的选择刀具材料，既要充分发挥刀具材料的特性，又要较经济地满足切削加工的要求。值得一提的是，在加工一般材料时，仍以使用通用高速钢与硬质合金为宜，当加工难切削材料时，才有必要选用新牌号硬质合金或高性能高速钢。

表 5-1　硬质合金常用牌号和应用范围

牌号	应用范围	
YG3X	↑硬度、耐磨性、切削速度　抗弯强度、韧性、进给量↓	铸铁，有色金属及其合金的精加工、半精加工，不能承受冲击载荷
YG3		铸铁、有色金属及其合金的精加工、半精加工，不能承受冲击载荷
YG6X		普通铸铁、冷硬铸铁、高温合金的精加工、半精加工
YG6		铸铁、有色金属及其合金的半精加工和粗加工
YG8		铸铁、有色金属及其合金、非金属材料的粗加工，也可用于断续切削
YG6A		冷硬铸铁、有色金属及其合金的半精加工，亦可用于高锰钢、淬硬钢的半精加工和精加工

续表

<table>
<tr><th>牌号</th><th colspan="2">应 用 范 围</th></tr>
<tr><td>YT30</td><td rowspan="6">↑ 硬度、耐磨性、切削速度
↓ 抗弯强度、韧性、进给量</td><td>碳素钢、合金钢的精加工</td></tr>
<tr><td>YT15</td><td>碳素钢、合金钢在连续切削时的粗加工、半精加工,亦可用于断续切削时精加工</td></tr>
<tr><td>YT14</td><td>同 YT15</td></tr>
<tr><td>YT5</td><td>碳素钢、合金钢的粗加工,可用于断续切削</td></tr>
<tr><td>YW1</td><td>高温合金、高锰钢、不锈钢等难加工材料及普通钢料、铸铁、有色金属及其合金的半精加工和精加工</td></tr>
<tr><td>YW2</td><td>高温合金、不锈钢、高锰钢等难加工材料及普通钢料、铸铁、有色金属的粗加工和半精加工</td></tr>
</table>

第6章 钳　工

6.1 概　述

钳工

钳工主要运用手持工具对金属进行加工,以手工为主,利用各种工具和常用机械设备对金属进行加工。钳工是切削加工的重要工种之一,应用范围较广,能完成划线、锯削、锉削、錾削、孔加工、攻螺纹、套螺纹、刮削、装配及拆卸等工作内容。在实际工作中,有些机械加工不太适宜或某些不能解决的工作,可由钳工完成,比如:设备的组装、调试及维修等。

钳工大部分工作为手工操作,要求有较高的动手能力,但劳动强度高,生产效率低,因此,随着制造业的发展,将不断提高机械化程度,来减少了劳动负荷,提高生产效率。

钳工使用的操作工具简单,常用到虎钳和各种手动工具,虎钳主要分为台虎钳和手虎钳,常用到的为台虎钳(图 6-1),台虎钳安装放置在钳工工作台(图 6-2)的边缘上。台虎钳的规格以钳口宽度表示,有 75 mm、100 mm、125 mm、150 mm 等多种。台虎钳在使用过程中应注意:

(1)工件应夹在钳口中部,以使钳口受力均匀。

(2)夹紧工件时,不准用锤敲击手柄或者套上管子加长力臂,以免损坏台虎钳丝杆和螺母。

(3)锤击工件只能在砧面上进行。

图 6-1　台虎钳

图 6-2　钳工工作台

6.2　钳工安全及注意事项

(1)进行划线、钻孔、攻螺纹、测量、装配等钳工操作时,严禁带手套。

(2)工件夹紧在钳口内要牢固,夹紧小而薄的零件时,应避免夹到手指。

(3)一切工具应安放稳妥,不要伸出钳工工作台外以免碰掉后跌落或造成其他事故。

(4)錾子、冲头等尾部不准淬火或有裂纹、卷边、毛刺等情况。錾子尾部断面不能有油污。

(5)錾切工件时,不能对着人,快到尽头时,锤击力要轻,以免铁屑飞出伤人或錾子划脱碰伤自己的手。

(6)锉刀、刮刀应装上锉刀柄和金属箍。不能使用无手柄或手柄松动的锉刀。

(7)锉刀不得叠放,更不准把锉刀当手锤或撬棒使用。以免折断的碎屑伤害自己或他人。

(8)清除锉刀和工作物上的铁屑时,严禁用嘴吹、手捏,或在台虎钳上敲打,以免铁屑飞入眼内或刺伤手,必须用金属刷子扫除。

(9)锤头柄应选用光滑无结疤、无裂痕的坚韧木材,锤头柄安装必须牢固可靠,并加装斜锲,以确保不脱落。锤面不应有卷边和油污。

(10)用手锯锯割工件时,工件要夹紧,用力要均匀,并呈直线锯割,切勿重压或强扭,以免锯条折断刺伤手。零件快锯断时,用力要小而慢。

(11)攻螺纹和铰孔时,用力要均匀,大小要适当,以免损坏丝锥和绞刀。

(12)装配时,质量大的零件的搬动应量力而行,搬不动的同学,可请其他同学帮忙。

(13)装配清洗零件时,注意不要接近火种,用油加温轴承,温度不得超过 200 ℃,以防止火灾。

(14)装配中所用扳手、起子等均要符合规定要求,用力不能过猛,以防打滑造成事故。

6.3　钳工实习要求及内容

(1)了解钳工工作在机械制造及维修中的作用。

(2)掌握钳工常用的工具、量具的使用方法,能独立完成钳工作业。

(3)掌握划线、锯割、锉削、钻孔、攻螺纹和套螺纹的方法和应用。

(4)了解刮研的方法和应用。

(5)了解钻床的组成、运动和用途,了解扩孔、铰孔和锪孔的方法。

(6)了解机械部件装配的基本知识。

(7)具有装拆简单部件的技能。

(8)了解钳工生产安全知识。

6.4　划　　线

根据图纸要求,在毛坯或者半成品上划出加工界限或加工图形的操作称为划线。

6.4.1　划线的作用

(1)确定加工工件的加工余量,使机械加工有明确的尺寸界限。对精度不高的工件,可以按线加工到最后尺寸。但因为划线为手工控制,精度一般控制在 0.25~0.5 mm,所以对于要求较高的工件不能靠划线来确定加工时的最后尺寸,必须通过精确的测量来保证尺寸的精确度。

(2)在机床上安装复杂工件,常常按划线找正定位。

(3)通过划线能及时发现和处理不合格的毛坯,避免加工后造成损失。

(4)通过划线能进行找正和借料,做到合理分配各加工表面的余量,使偏差不大的毛坯得到补救。

因此,虽然划线是一种技术要求高、生产率很低的工序,但仍然广泛应用于单件和小批量生产中。划线要求线条清晰均匀,尺寸准确无误。

6.4.2　划线用的工具

(1)基准工具

划线平板(图 6-3)是划线的基准工具,工作面平整且光洁,工作面要保持水平。工作时,应均匀使用整个表面,避免局部磨损凹陷。

图 6-3　划线平板

(2)度量工具

度量工具包括钢直尺、90°角尺、游标卡尺、游标高度尺、组合分度规等。

游标卡尺是一种比较精密的量具,在测量中用得最多。通常用来测量精度较高的工件,它可测量工件的直线尺寸、宽度和高度,有的还可用来测量槽的深度。如果按游标的刻度值来分,游标卡尺又分 0.1、0.05、0.02 mm 三种。

(3)划线工具

划线工具包括划针、划规、划卡、划线盘和样冲等。划线时,划针沿角尺等导向工具的底边移动,使线条清晰、正确,一次划出,如图 6-4 所示。划规是划圆或弧线、等分线段及量取尺寸等用的工具。它的使用方法类似圆规。

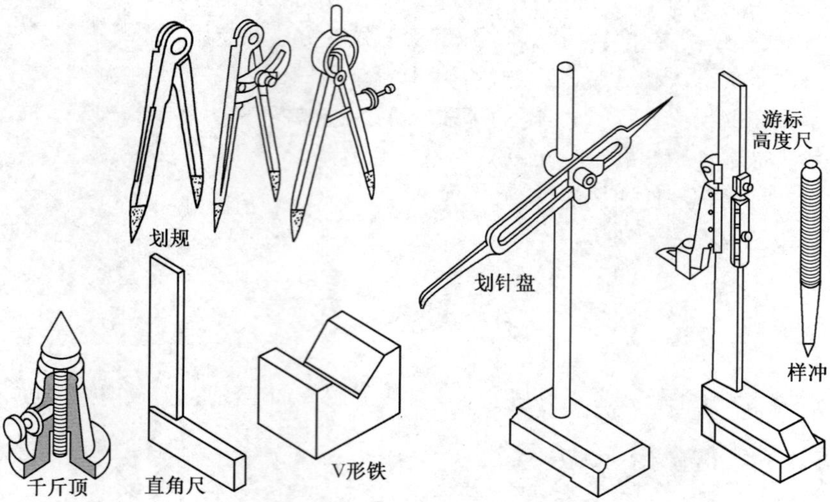

图 6-4　划线工具

划线盘(又称划针盘)主要以划线平板工作面为基准进行立体划线和校正工件位置,可分为普通划线盘、可调划线盘两种,如图 6-5 所示。

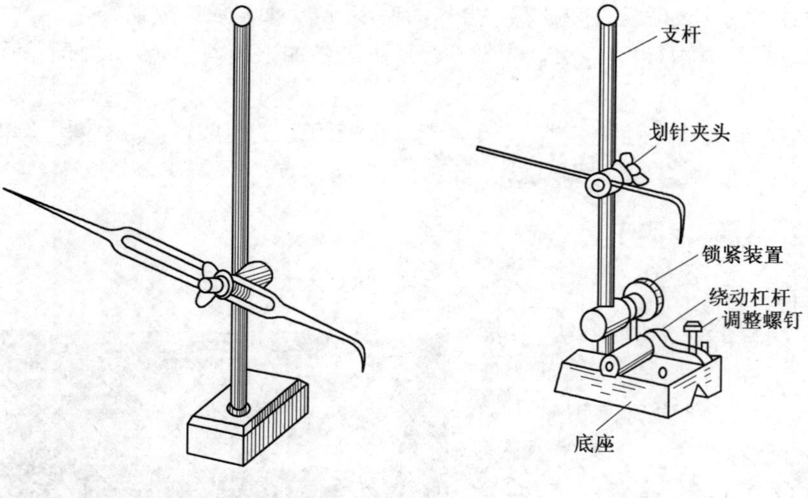

(a) 普通划线盘　(b) 可调划线盘

图 6-5　划线盘

样冲用于在工件划线点上打出样冲眼,以备所划线模糊后仍能找到原划线的位置;在划圆和钻孔前应在其中心打样冲眼,以便定心。

千斤顶是在平板上支承较大及不规则工件时使用,其高度可以调整。通常用三个千斤顶支承工件。

V 形铁用于支承圆柱形工件,使工件轴线与底板平行。

(4)划线方法

划线有平面划线和立体划线,如图 6-6 和图 6-7 两种。平面划线是在工件的一个表面上进行划线。立体划线则是在工件上几个不同表面上划线。

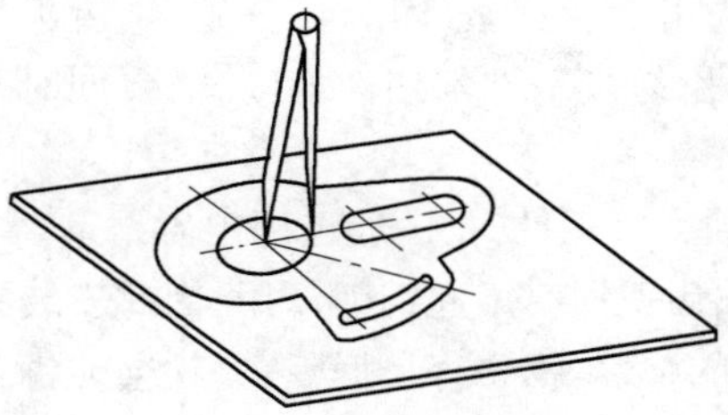
图 6-6 平面划线

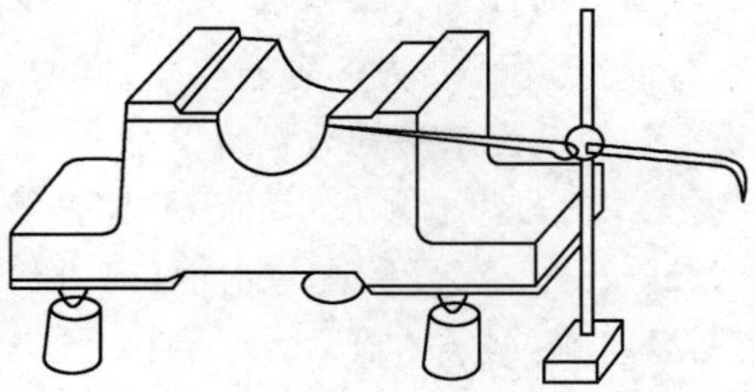
图 6-7 立体划线

平面划线和画工程图类似，不同的是它用钢皮尺、角尺、划针和圆规等工具在金属工件上作图。在小批生产中，为了提高效率，也常用划线板来划线。

6.5 锯 削

利用锯条锯断金属材料(工件)或在工件上进行切槽的操作称为锯割。虽然当前各种自动化、机械化的切割设备已广泛地使用，但手锯切割还是常见的，它具有方便、简单和灵活的特点，在单件小批生产、临时工地以及切割异形工件、开槽、修整等场合应用较广。因此手工锯割是钳工需要掌握的基本操作之一。

锯割工作范围包括：

①分割各种材料及半成品。

②锯掉工件上多余部分。

③在工件上锯槽。

6.5.1 锯削工具

锯削工具为手锯，手锯由锯弓和锯条两部分组成。

(1)锯条

①锯条的材料与结构。锯条(图 6-8)是用碳素工具钢(如 T10 或 T12)或合金工具钢，并经热处理制成。

锯条的规格以锯条两端安装孔间的距离来表示(长度有 150~400 mm)。常用的锯条是长 300 mm、宽 12 mm、厚 0.8 mm。

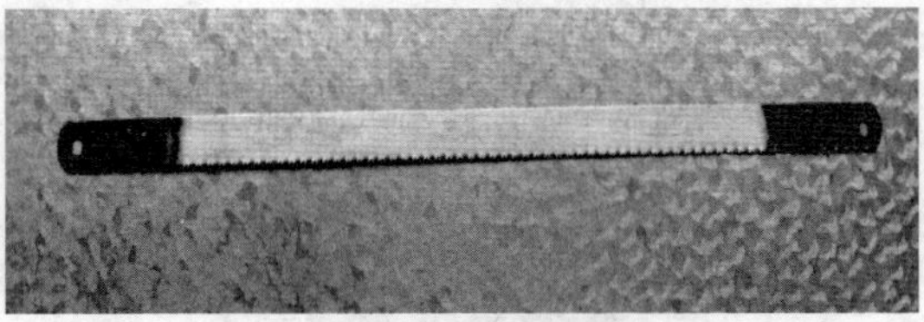
图 6-8 锯条

锯条的切削部分由许多锯齿组成，每个齿相当于一把錾子起切割作用。常用锯条的前角 γ 为 0、后角 α 为 40°~50°、楔角 β 为 45°~50°。锯条的锯齿按一定形状左右错开，排列成的形状称为锯路。锯路有交叉 、波浪等不同排列形状。锯路的作用是使锯缝宽度大于锯条背部的厚度，防止锯割时锯条卡在锯缝中，并减少锯条与锯缝的摩擦阻力，使排屑顺利，锯割省力。

锯齿的粗细是按锯条上每 25 mm 长度内的齿数表示的。14~18 齿为粗齿，19~23 齿为中齿 24~32 齿为细齿。锯齿的粗细也可按齿距 t 的大小来划分：粗齿的齿距 t=1.6 mm，中齿的齿距 t=1.2 mm，细齿的齿距 t=0.8 mm。

②锯齿粗细的选择。锯齿的粗细应根据加工材料的硬度、厚薄来选择。

锯割软的材料(如铜、铝合金等)或厚材料时，应选用粗齿锯条，因为锯屑较多，要求较大的容屑空间。

锯割硬材料(如合金钢等)或薄板、薄管时,应选用细齿锯条,因为材料硬,锯齿不易切入,锯屑量少,不需要大的容屑空间;锯薄材料时,锯齿易被工件勾住而崩断,需要同时工作的齿数多,使锯齿承受的力量减少。

锯割中等硬度材料(如普通钢、铸铁等)和中等硬度的工件时,一般选用中齿锯条。

③锯条的安装。手锯是向前推时进行切割,在向后返回时不起切削作用,因此安装锯条时应锯齿向前;锯条的松紧要适当,太紧失去了应有的弹性,锯条容易崩断;太松会使锯条扭曲,锯缝歪斜,锯条也容易崩断。

(2)锯弓

锯弓(图 6-9)是用来夹持和拉紧锯条的工具。有固定式和可调式两种。固定式锯弓的弓架是整体的,只能装一种长度规格的锯条。可调式锯弓的弓架分成前后前段 ,由于前段在后段套内可以伸宿,因此可以安装几种长度规格的锯条,故目前广泛使用的是可调式锯弓。

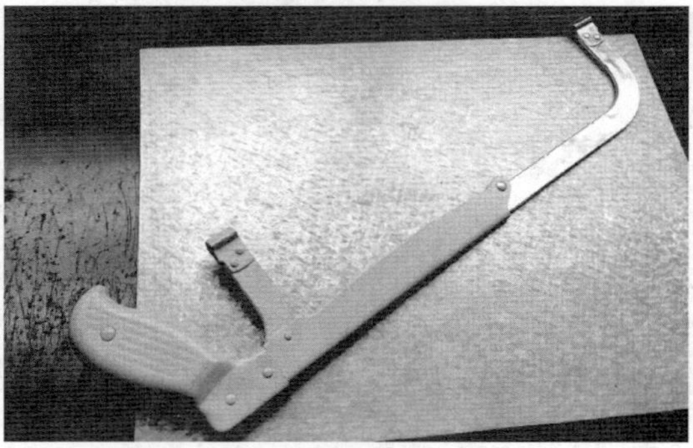

图 6-9 锯弓

6.5.2 锯削操作

(1)工件的夹持

工件夹持(图 6-10)要牢固,不可有抖动,以防锯割时工件移动而使锯条折断。同时也要防止夹坏已加工表面和使工件变形。工件尽可能夹持在台虎钳的左面,以方便操作;锯割线应与钳口垂直,以防锯斜;锯割线离钳口不应太远,以防锯割时产生抖动。

(2)起锯

起锯(图 6-11)的方式有远边起锯和近边起锯两种,一般情况采用远边起锯。因为此时锯齿是逐步切入材料,不易卡住,起锯比较方便。起锯角 α 以 15°左右为宜。为了起锯的位置正确和平稳,可用左手大拇指挡住锯条来定位。起锯时压力要小 ,往返行程要短,速度要慢,这样可使起锯平稳。

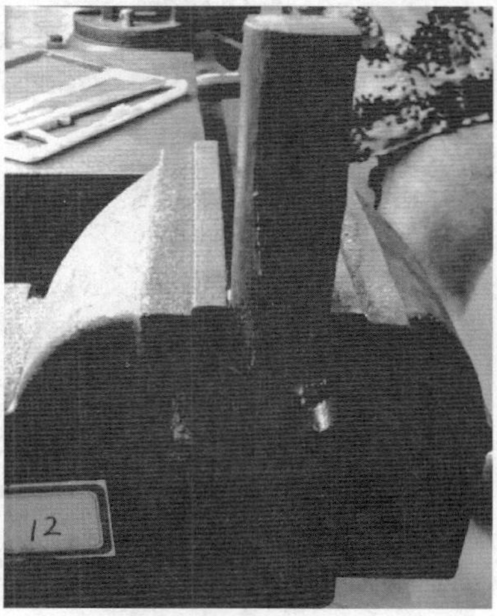

图 6-10 工件夹持

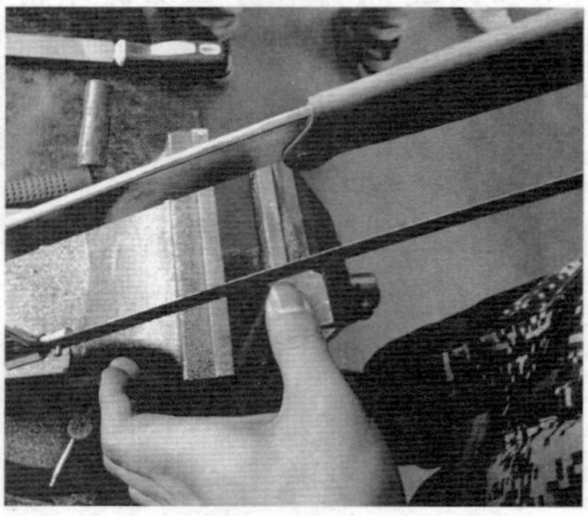

图 6-11 起锯

(3)正常锯割

锯割时,手握锯弓要舒展自然,右手握住手柄向前施加压力,左手轻扶在弓架前端,稍加压力。人体重量均布在两腿上。锯割时速度不宜过快,以30~60次/min为宜,并应用锯条全长的三分之二工作,以免锯条中间部分迅速磨钝。

推锯时锯弓运动方式有两种:一种是直线运动,适用于锯缝底面要求平直的槽和薄壁工件的锯割;另一种锯弓上下摆动,这样操作自然,两手不易疲劳。锯割到材料快断时,用力要轻,以防碰伤手臂或拆断锯条。

(4)锯割示例

锯割圆钢时,为了得到整齐的锯缝,应从起锯开始以一个方向锯至结束。如果对断面要求不高,可逐渐变更起锯方向,以减少抗力,便于切入。

锯割圆管时,一般把圆管水平地夹持在台虎钳内,对于薄管或精加工过的管子 ,应夹在木垫之间。锯割管子不宜从一个方向锯到底,应该锯到管子内壁时停止 ,然后把管子向推锯方向旋转一些,仍按原有锯缝锯下去,这样不断转锯,到锯断为止。

锯割薄板时,为了防止工件产生振动和变形,可用木板夹住薄板两侧进行锯割。

6.5.3 锯削注意事项

①锯割前要检查锯条的装夹方向和松紧程度。

②锯割时压力不可过大,速度不宜过快,以免锯条折断伤人。

③锯割将完成时,用力不可太大,并需用左手扶住被锯下的部分,以免该部分落下时砸脚。

6.6 锉 削

锉削是用锉刀对工件表面进行切削加工的操作,它是钳工的主要操作技能之一,加工后的表面粗糙度 Ra 值可达0.8~1.6 μm。可用于成形样板、模具型腔以及部件,机器装配时的工件修整。

(1)锉刀的材料及构造

锉刀常用碳素工具钢T10、T12制成,并经热处理淬硬到62~67HRC。

锉刀由锉刀面、锉刀边、锉刀舌、锉刀尾、木柄等部分组成。锉刀的大小以锉刀面的工作长度来表示。锉刀的锉齿是在剁锉机上剁出来的。

(2)锉刀的种类

锉刀按用途不同分为:普通锉(或称钳工锉)、特种锉和整形锉(或称什锦锉)三类。其中普通锉使用最多。

普通锉按截面形状不同分为:平锉、方锉、圆锉、半圆锉和三角锉五种(图6-12);按其长度可分为:100 mm、200 mm、250 mm、600 mm、650 mm和400 mm等七种;按其齿纹可分为:单齿纹、双齿纹(大多用双齿纹);按其齿纹疏密可分为:粗齿、细齿和油光锉

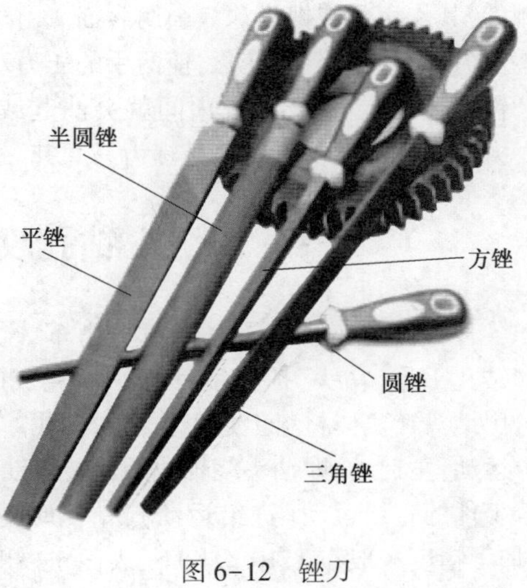

图6-12 锉刀

等(锉刀的粗细以每 10mm 长的齿面上锉齿齿数来表示,粗齿为 4~12 齿,细齿为 16~24 齿,油光锉为 60~66 齿)。

(3)锉刀的选用

合理选用锉刀,对保证加工质量,提高工作效率和延长锉刀使用寿命有很大的影响。一般选择锉刀的原则是:

①根据工件形状和加工面的大小选择锉刀的形状和规格。

②根据加工材料软硬、加工余量、精度和表面粗糙度的要求选择锉刀的粗细。粗锉刀的齿距大,不易堵塞,适宜于粗加工(即加工余量大、精度等级和表面质量要求低)及铜、铝等软金属的锉削;细锉刀适宜于钢、铸铁以及表面质量要求高的工件的锉削;油光锉只用来修光已加工表面,锉刀愈细,锉出的工件表面越光,但生产率越低。

(4)锉削操作

①装夹工件。工件必须牢固地夹在台虎钳钳口的中部,需锉削的表面略高于钳口,不能高得太多,夹持已加工表面时,应在钳口与工件之间垫铜片或铝片。

②锉刀的握法。正确握持锉刀有助于提高锉削质量。

大锉刀的握法:右手心抵着锉刀木柄的端头,大拇指放在锉刀木柄的上面,其余四指弯在木柄的下面,配合大拇指捏住锉刀木柄,左手则根据锉刀的大小和用力的轻重,可有多种姿势。

中锉刀的握法:右手握法大致和大锉刀握法相同,左手用大拇指和食指捏住锉刀的前端。

小锉刀的握法:右手食指伸直,拇指放在锉刀木柄上面,食指靠在锉刀的刀边,左手几个手指压在锉刀中部。

更小锉刀(什锦锉)的握法:一般只用右手拿着锉刀,食指放在锉刀上面,拇指放在锉刀的左侧。

③锉削的姿势。正确的锉削姿势能够减轻疲劳,提高锉削质量和效率,人的站立姿势为:左腿在前弯曲,右腿伸直在后,身体向前倾余约 10°,重心落在左腿上。

锉削时,两腿站稳不动,靠左膝的屈伸使身体做往复运动,手臂和身体的运动要相互配合,并要充分利用锉刀的全长。

④锉刀的运用。锉削时锉刀的平直运动是锉削的关键。锉削的力有水平推力和垂直压力两种。推动主要由右手控制,其大小必须大于锉削阻力才能锉去切屑。压力是由两个手控制的,其作用是使锉齿深入金属表面。由于锉刀两端伸出工件的长度随时都在变化,因此两手压力大小必须随着变化,使两手的压力对工件的力矩相等,这是保证锉刀平直运动的关键。锉刀运动不平直,工件中间就会凸起或产生鼓形面。锉削速度一般为每分钟 30~60 次。太快,操作者容易疲劳,且锉齿易磨钝 ;太慢,切削效率低。

6.7　钻孔攻螺纹与套螺纹

各种零件的孔加工,除去一部分由车、镗、铣等机床完成外,很大一部分是由钳工利用钻床和钻孔工具(钻头、扩孔钻、铰刀等)完成的。钳工加工孔的方法一般指钻孔、扩孔和铰孔。用钻头在实体材料上加工孔称为钻孔。在钻床上钻孔时,一般情况下,钻头应同时完成两个运动:主运动,即钻头绕轴线的旋转运动(切削运动);辅助运动 ,即钻头沿着轴线方向对着工件的直线运动(进给运动),钻孔时,主要由于钻头结构上存在的缺点,影响加工质量,加工精度一般在 IT10 级以下,表面粗糙度为 $Ra12.5\ \mu m$ 左右属粗加工。

6.7.1　钻床

常用的钻床有台式钻床、立式钻床和摇臂钻床三种，手电钻也是常用的钻孔工具。

(1) 台式钻床

台式钻床简称台钻(图 6-13)，是一种在工作台上工作的小型钻床，其钻孔直径一般在 12 mm 以下。

由于加工的孔径较小，故台钻的主轴转速一般较高，最高转速可高达近万转/分，最低转速亦在 400 转/分左右。主轴的转速可通过改变三角胶带在带轮上的位置来调节。台钻的主轴进给由转动进给手柄实现。在进行钻孔前，需要根据工件高低调整好工作台与主轴架间的距离，并锁紧固定(结合挂图与实物讲解示范)。台钻小巧灵活，使用方便，结构简单，主要用于加工小型工件上的各种小孔。它在仪表制造、钳工和装配中用得较多。

(2) 立式钻床

立式钻床简称立钻(图 6-14)。这类钻床安装在地下较大的基础，其规格用最大钻孔直径表示。与台钻相比，立钻刚性好 、功率大，因而允许钻削较大的孔，生产率较高，加工精度也较高。立钻适用于单件、小批量生产中加工中、小型零件。

(3) 摇臂钻床

摇臂钻床(图 6-15)安装在地下较大的基础上。它有一个能绕立柱旋转的摇臂，摇臂带着主轴箱可沿立柱垂直移动，同时主轴箱还能在摇臂上作横向移动。因此操作时能很方便地调整刀具的位置，以对准被加工孔的中心，而不需移动工件来进行加工。摇臂钻床适用于一些笨重的大工件以及多孔工件的加工。

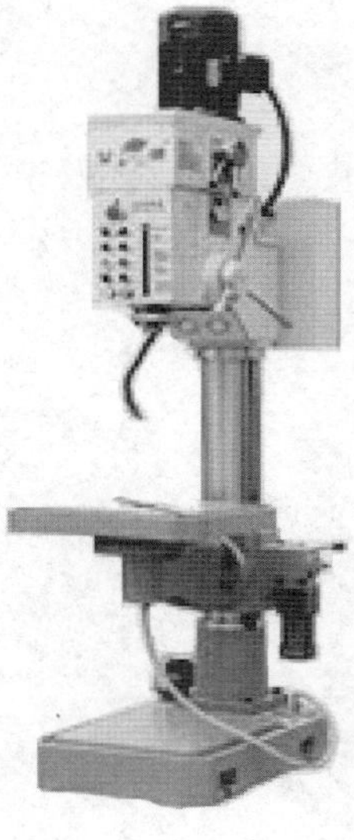

图 6-13　台式钻床

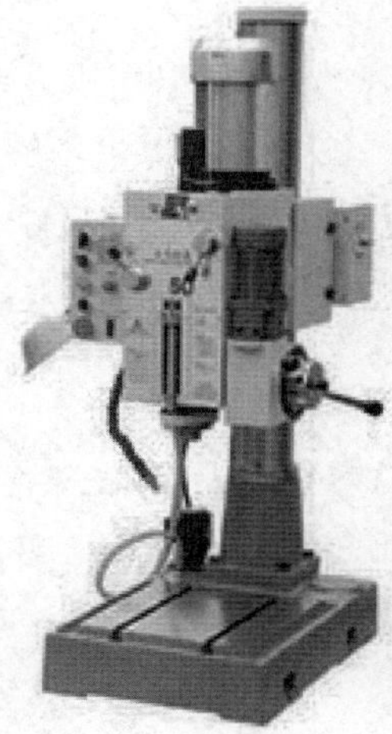

图 6-14　立式钻床

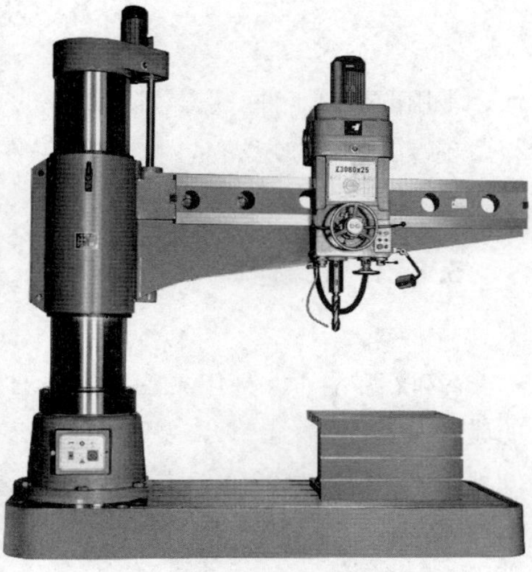

图 6-15　摇臂钻床

6.7.2　钻孔的方法

在钻床上钻孔时，工件固定不动，钻头旋转并做轴向移动。由于钻头结构存在着刚度差等缺点，因而影响了加工质量。钻孔精度一般为 IT12 左右，表面粗糙度 *Ra* 值为 12.5 μm 左右。

钻孔常用的刀具是麻花钻(图 6-16)。钻孔的方法为：

图 6-16 麻花钻

(1) 钻头的装夹

直柄钻头直径小,切削时扭矩较小,可用钻夹头装夹。钻夹头用固紧扳手拧紧,再和钻床主轴配合,由主轴带动钻头旋转。这种方法简单,但夹紧力小,容易产生跳动。

(2) 工件的装夹

单件生产时,小件安装在平口钳上,较大零件可用压板、螺栓紧固在工作台上,应注意安装时要保证工件的钻孔平面与钻头轴线垂直。成批或大量生产时,可使用专用夹具来安装工件。

(3) 钻孔方法

首先,钻孔前一般先划线,确定孔的中心,在孔中心先用冲头打出较大中心眼;其次,钻孔时应先钻一个浅坑,以判断是否对中;然后,在钻削过程中,特别钻深孔时,要经常退出钻头以排出切屑和进行冷却 ,否则可能使切屑堵塞或钻头过热磨损甚至折断,并影响加工质量;最后,钻通孔时,当孔将被钻透时,进刀量要减小,避免钻头在钻穿的瞬间抖动,出现“啃刀”现象,影响加工质量,损伤钻头,甚至发生事故。钻削大于 ϕ60 mm 的孔应分两次钻,第一次先钻一个直径较小的孔[为加工孔径的(0.5~0.7)d];第二次用钻头将孔扩大到所要求的直径。钻削时的冷却润滑根据工件材料不同分为:钻削钢件时常用机油或乳化液;钻削铝件时常用乳化液或煤油;钻削铸铁时则用煤油。

6.8 攻螺纹和套螺纹

常用的螺纹工件,其螺纹除采用机械加工外,还可以用钳工中的攻螺纹和套螺纹来获得。攻螺纹(亦称攻丝)是用丝锥在工件内圆柱面上加工出内螺纹;套螺纹(或称套丝、套扣)是用板牙在圆柱杆上加工外螺纹。

6.8.1 攻螺纹

(1)丝锥

丝锥(图 6-17)是用来加工较小直径内螺纹的成形刀具,一般选用合金工具钢 9SiGr,并经热处理制成。通常 M6~M24 的丝锥一套为两支,称头锥、二锥;M6 以下及 M24 以上一套有三支,即头锥、二锥和三锥。

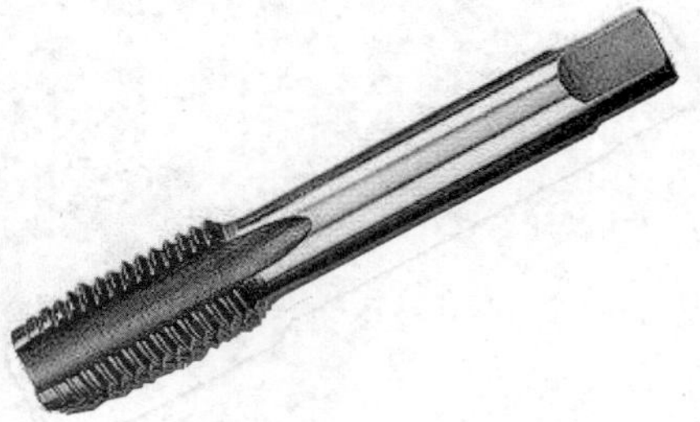
图 6-17 丝锥

每个丝锥都由工作部分和柄部组成。工作部分是由切削部分和校准部分组成。轴向有几条(一般是三条或四条)容屑槽,相应地形成几瓣刀刃(切削刃)和前角。切削部分(即不完整的牙齿部分)是切削螺纹的重要部分,常磨成圆锥形,以便使切削负荷分配在几个刀齿上。头锥的锥角小些,有 5~7 个牙;二锥的锥角大些,有 4~6 个牙。校准部分具有完整的牙齿,用于修光螺纹和引导丝锥沿轴向运动。柄部有方头,其作用是与铰杠相配合并传递扭矩。

(2) 铰扛

铰扛(图 6-18)是用来夹持丝锥的工具,常用的是可调式铰扛。旋转手柄即可调节方孔的大小,以便夹持不同尺寸的丝锥。铰扛长度应根据丝锥尺寸大小进行选择,以便控制攻螺纹时的扭矩,防止丝锥因施力不当而扭断。

图 6-18　铰扛

(3) 攻螺纹前钻底孔直径和深度的确定以及孔口的倒角

首先,确定底孔直径。丝锥在攻螺纹的过程中,切削刃主要是切削金属,但还有挤压金属的作用,因而造成金属凸起并向牙尖流动的现象,所以攻螺纹前,钻削的孔径(即底孔)应大于螺纹小径。底孔的直径可查手册或按下面的经验公式计算。

脆性材料(铸铁、青铜等):钻孔直径 $d_0 = d$(螺纹大径)$-1.1p$(螺距)

塑性材料(钢、紫铜等):钻孔直径 $d_0 = d$(螺纹大径)$-p$(螺距)

其次,确定钻孔深度。攻盲孔(不通孔)的螺纹时,因丝锥不能攻到底,所以孔的深度要大于螺纹的长度,盲孔的深度可按下面的公式计算:

孔的深度=所需螺纹的深度$+0.7d$

最后,孔口倒角。攻螺纹前要在钻孔的孔口进行倒角,以利于丝锥的定位和切入。倒角的深度大于螺纹的螺距。

(4) 攻螺纹(图 6-19)的操作要点及注意事项

第一,根据工件上螺纹孔的规格,正确选择丝锥,先头锥后二锥,不可颠倒使用。

第二,工件装夹时,要使孔中心垂直于钳口,防止攻歪螺纹。

第三,用头锥攻螺纹时,先旋入 1~2 圈后,要检查丝锥是否与孔端面垂直(可目测或用直角尺在互相垂直的两个方向检查)。当切削部分已切入工件后,每转 1~2 圈应反转 1/4 圈,以便切屑断落;同时不能再施加压力(即只转动不加压),以免丝锥崩牙或攻出的螺纹齿较瘦。

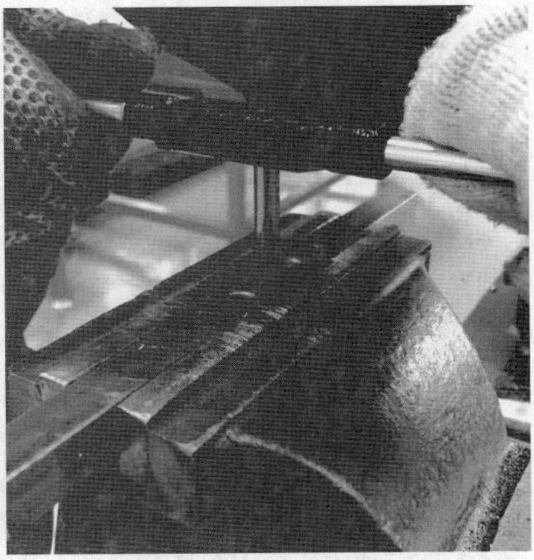

图 6-19　攻螺纹

攻钢件上的内螺纹,要加润滑油润滑,可使螺纹光洁、省力和延长丝锥使用寿命;攻铸铁上的内螺纹可不加润滑剂;攻铝及铝合金、紫铜上的内螺纹,可加乳化液。

不要用嘴直接吹切屑,以防切屑飞入眼内。

6.8.2 套螺纹

1. 板牙和板牙架

(1)板牙

板牙(图 6-21)是加工外螺纹的刀具,用合金工具钢 9SiGr 制成,并经热处理淬硬。其外形像一个圆螺母,只是上面钻有 4~6 个排屑孔,并形成刀刃。

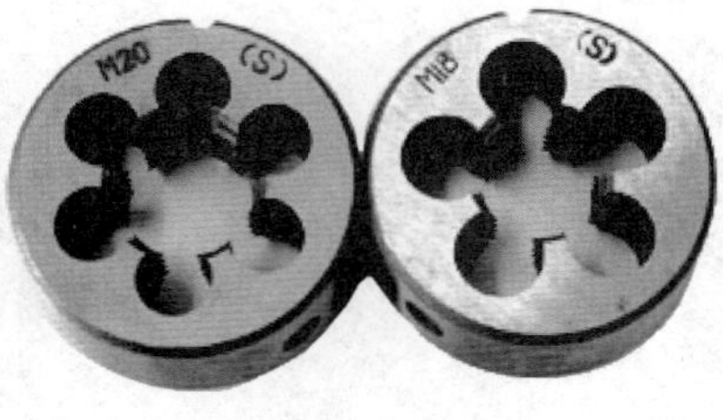

图 6-20 板牙

板牙由切屑部分、定位部分和排屑孔组成。圆板牙螺孔的两端有 40°的锥度部分,是板牙的切削部分。定位部分起修光作用。板牙的外圆有一条深槽和四个锥坑,锥坑用于定位和紧固板牙。

(2)板牙架

板牙架(图 6-21)是用来夹持板牙、传递扭矩的工具。不同外径的板牙应选用不同的板牙架。

图 6-21 板牙架

2. 套螺纹前圆杆直径的确定和倒角

(1)圆杆直径的确定

与攻螺纹相同,套螺纹时有切削作用,也有挤压金属的作用。故套螺纹前必须检查圆杆直径。圆杆直径应稍小于螺纹的公称尺寸,圆杆直径可查表或按经验公式计算。

经验公式:圆杆直径=螺纹大径 $d-(0.16\sim0.2)p$ 螺距。

(2)圆杆端部的倒角

套螺纹前圆杆端部应倒角,使板牙容易对准工件中心,同时也容易切入。倒角长度应大于一个螺距,斜角为 15°~60°。

(3)套螺纹的操作要点和注意事项

第一,每次套螺纹前应将板牙排屑槽内及螺纹内的切屑清除干净;

第二,套螺纹前要检查圆杆直径大小和端部倒角;

第三,套螺纹时切削扭矩很大,易损坏圆杆的已加工面,所以应使用硬木制的 V 形槽衬垫或用厚铜板作保护片来夹持工件。工件伸出钳口的长度,在不影响螺纹要求长度的前提下,应尽量短。

第四,套螺纹时,板牙端面应与圆杆垂直,操作时用力要均匀。开始转动板牙时,要稍加压力,套入 4~6 牙后,可只转动而不加压,并经常反转,以便断屑。

第五,在钢制圆杆上套螺纹时要加机油润滑。

6.9　实训及评分标准

6.9.1　机械类实训

机械类实训图纸如图 6-22 所示。

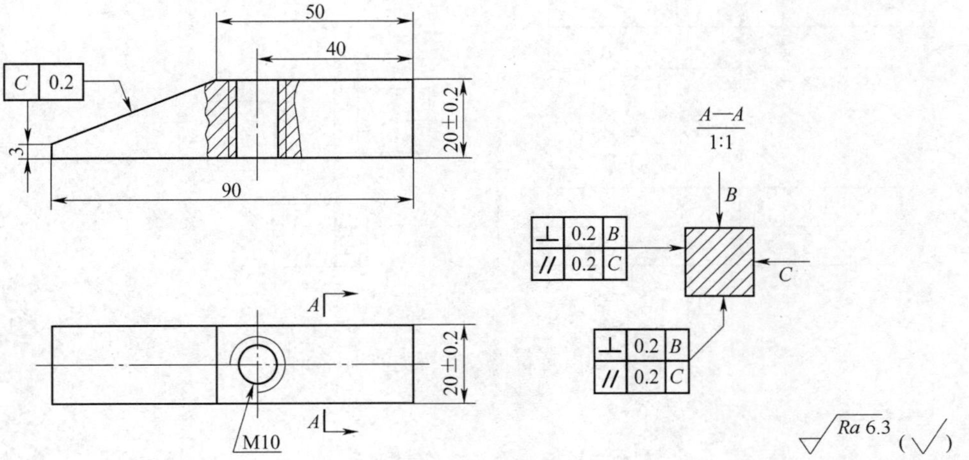

图 6-22　机械类实训图纸

机械类评分标准见表 6-1。

表 6-1　机械类评分标准

序号	考核要求	所占%	扣分依据
1	划线	15	多或少一条线扣 1 分，尺寸误差 0.1 扣 1 分，位置偏差扣 2 分
2	锯割	15	长度超差 1 mm 扣 1 分，斜面超差 0.2 mm 扣 1 分
3	M10 钻孔，攻螺纹	15	螺纹孔高度超差 1 mm 扣 1 分，对称度超差 0.5 mm 扣 2 分，丝锥折断无分
4	锉削两垂直面垂直度 0.2 mm	5	每超差 0.1 mm 扣 0.5 分
5	两平面平行度 0.2 mm	5	每超差 0.1 mm 扣 0.5 分
6	各平面平行度 0.2 mm	5	每超差 0.1 mm 扣 0.5 分
7	52，100　±0.6 长度	5	每超差 0.5 mm 扣 0.5 分
8	*R*100 锤头圆弧	5	每超差 1 mm 扣 0.5 分
9	*C*4 倒角，20 长度	5	视倒角相应质量评分
10	刮削平面	5	点长超 2 扣 0.5 分 点数少 2 扣 0.5 分
11	装配减速箱	15	装配工具损坏无分，零件少或多扣 5 分，性能差，精度低扣 5 分
12	文明生产	5	酌情扣分

6.9.2 近机类及非机类实训

近机类及非机类实训图纸如图 6-23 所示。

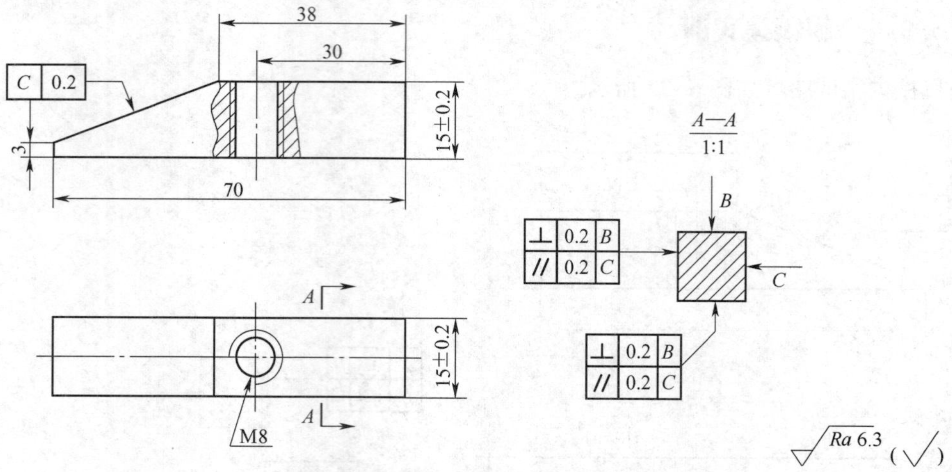

图 6-23　近机类及非机类实训图纸

近机类评分标准见表 6-2。

表 6-2　近机类及非机类评分标准

序号	考核要求	所占%	扣分依据
1	划线	15	多或少一条线扣 1 分,尺寸误差 0.1 mm 扣 1 分,位置偏差扣 2 分
2	锯割	15	长度超差 1 mm 扣 1 分,斜面超差 0.2 mm 扣 1 分
3	M8 钻孔,攻螺纹	15	螺纹孔高度超差 1 mm 扣 1 分,对称度超差 0.5 mm 扣 2 分,丝锥折断无分
4	锉削两垂直面垂直度 0.2	10	每超差 0.1 mm 扣 1 分
5	两平面平行度 0.2	10	每超差 0.1 mm 扣 1 分
6	各平面平行度 0.2	10	每超差 0.1 mm 扣 1 分
7	*R*50 锤头圆弧	10	每超差 1 mm 扣 1 分
8	*C*4 倒角,20 长度	10	视倒角相应质量评分
9	文明生产	5	酌情扣分

第7章 管 工

7.1 概 述

管工

管工的作用:把管子连成管线,把可流动的液体或气体输送到需要的位置。

7.1.1 管材的分类

工业管道所用管材的种类很多,分类方式也各有不同。常用的分类方式有以下几种:

(1)根据生产工艺分类

管材可分为冷拔管(冷拉管)、热轧管(热挤压管),焊接管、铸造管、渡锌管和钢筋混凝土浇注管等。

(2)根据化学成分分类

管材可分为碳素结构钢钢管、低合金结构钢钢管、合金结构钢钢管、不锈钢管、铸铁铁管、铝管、铝合金管、纯铜管、黄铜管和钢筋混凝土管等。

(3)根据工作情况分类

管材可分为热力管道,燃气管道,工业动力管道,工业管道。它们均可分为高、中、低压。

7.1.2 常用管材

(1)碳素结构钢管

碳素结构钢管的材料主要是低碳钢,可分为普通碳素结构钢和优质碳素结构钢。

(2)合金钢钢管

合金钢钢管在管道工程中包括低合金结构钢钢管和合金结构钢钢管两种。其多采用热轧和冷轧或冷拔的方法加工成无缝钢管。它主要用于除强腐蚀介质以外的低、中、高压工业管道工程,如热力管道、制冷管道、压缩空气管道、氧气管道,以及除强腐蚀性介质以外的各种化工管道等。

(3)不锈钢钢管

不锈钢钢管具有较高的耐腐蚀性能,而且塑性和韧性也很好;因此不锈钢钢管在工业生产中得到了广泛的应用。不锈钢钢管一般是用冷拔或热轧成型的无缝钢管。

(4)铸铁管

铸铁管是以铸铁为材质用浇铸方法制成的。铸铁管对泥土、碱液、浓硫酸等的耐蚀性较好,所以它主要用于埋在地下的给水总管、煤气总管、污水管和料液管。但是由于铸铁的强度低、脆性大、紧密性较差,因此不能用在较高的压力下输送爆炸性、有毒性的介质,更不可作蒸汽管路。

(5)铜管

管道工程中常用的铜管为紫铜管和黄铜管。铜管是以拉制、轧制或挤制而成的无缝管。铜管主要用于制造换热设备、制冷系统、化工管路,以及仪表的测压管线或传送液体的管线上。

(6)铝管

铝管是通过轧制而成的无缝管。它主要用来输送浓硫酸、醋酸以及其他介质,但不能用于输送碱性介质,不宜在压力下使用铝管。

(7)非金属管

非金属管在管路系统中占有特别重要的地位,它有逐渐代替金属管的趋势,非金属管材主要有混凝土管、耐酸陶瓷管、玻璃管和塑料管等。

7.1.3 管材的选用

管材应按输送介质的温度和压力不同来选用。还要根据管子的使用寿命、耐腐蚀性能、密封性能、价格等方面选择。例:供水、供暖管线,工作压力较低,在选材时常用价格较低的有缝钢管。锅炉、压力容器、氧气管线,工作压力较高,常用无缝钢管。输送有腐蚀的液体时,常用价格较贵的不锈钢管。排污管道工作压力低,常安装在地下使用,不方便维修,一般选用寿命比较长的铸铁管。

7.2 管工安全及注意事项

(1)用克子切断铸铁管,应戴防护眼镜,克子顶部不得有裂纹。

(2)用锯床、锯弓、切断器、砂轮切管机切割管子,要垫平卡牢,用力不得过猛,临近切断时,用手或支架托住。砂轮切管机砂轮片应完好,操作时,应站侧面。

(3)管子煨弯,砂子必须烘干,装砂架子应搭设牢固,并设栏杆。用机械敲打时,下面不得有人。

(4)套丝工作要支平夹紧,工作台要平稳,两人以上操作,动作应一致,防止柄把打人。

(5)管子窜动和对口,动作要协调,手不得放在管口和法兰接合处。

(6)火焰煨弯机的气压表、水压表、减压阀,应灵敏可靠,水封回火器必须保持安全水位。乙炔压力控制在 $5\sim15N/cm^2$,氧气压力控制在 $40\sim60N/cm^2$ 之间。工作完毕,应断电、断水。

(7)翻动工件时,防止滑动及倾倒伤人。

(8)手提砂轮机应有防护罩,操作时,站在砂轮片径向侧面,并戴绝缘手套或站在绝缘板上。

(9)用风枪、电钻或錾子打透眼时,板下、墙后不得有人靠近。

7.3 管工的基本操作

管工的基本操作包括常用机具的使用方法,钢管调直、切割、套丝、煨弯、放样加工、连接,铸铁管承插安装,卫生器具安装,塑料管安装,支架制作安装,管道绝热等工艺操作。

7.3.1 管道调直

(1)基本操作

管子自出厂经多次运输、装卸,容易发生弯曲变形。所以必须选用合适的工艺和工具,对管子进行调直。

管子调直常用工具:管子台虎钳(图 7-1)、丝杠式手动压力机、手锤、大锤等。

一般采用目测和滚动的方法来检测管子是否弯曲。管子的调直按是否加热分为冷调直和热调直。

冷调直可以在平台上进行也可以用锤子敲打的办法来进行,还可以用专用工具来进行调直。

管子热调直是将管子的弯曲部位在加热状态下进行调直的方法,一般适用于调直管径较大、弯曲较大的管子。管子热调直可采用将管子弯曲部位,放在烘炉上加热,一边转动,待加热到呈火红色(600~800 ℃)时,将管子抬放在由四根以上管子组成的水平支承架上滚动,利用管子自重自行调直,如图7-2所示。

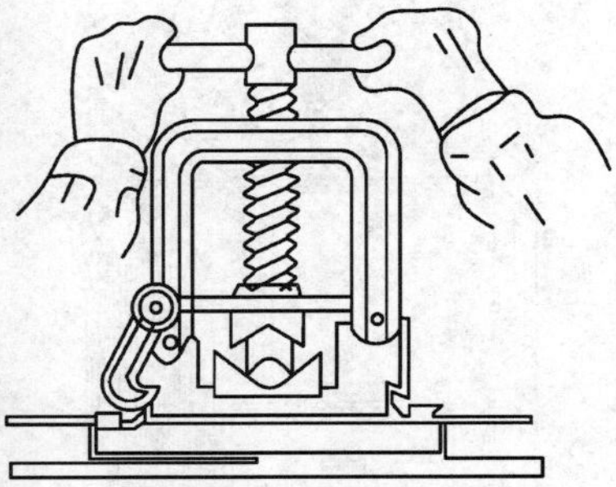

图7-1　管子台虎钳

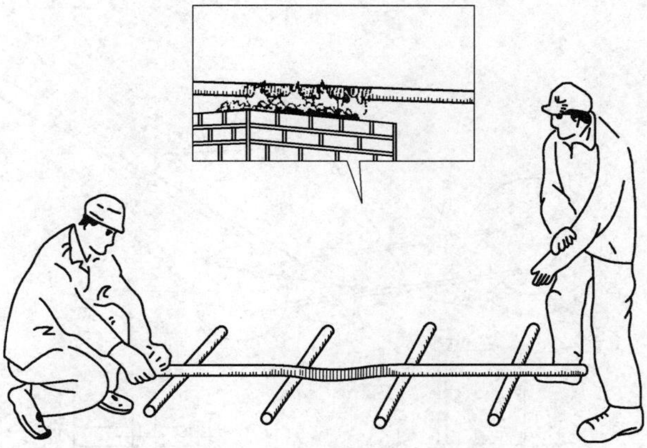

图7-2　管子热调直

(2)注意事项

①使用锤击法冷调直管子,握锤不许戴手套,用力要均匀。

②在平台上转动管子,防止管道轧伤手指。

③目测检查和调直转动管子时,注意手不要紧握管头防止手被管口划伤。

④进行管子加热调直找正操作时,应防止烫伤。

(3)管子调直质量验收标准

①能正确使用管子调直工具,管子调直能正确操作。

②管子冷调直锤击均匀,无明显锤痕。

7.3.2　断管

根据施工现场条件、管材规格和要求,可采用手锯断管,手动割管器断管,砂轮锯机械断管,氧-乙炔焰气割断管等。

1. 断管常用工具和机具

(1)手动割管器。

手动割管器,也称管子割刀,是常用的人工切割管道的工具,有DN15~50、DN25~80 、DN50~100三种规格,如图7-3所示。

(2)型材切割机。

型材切割机(图7-4)是利用砂轮片在高速旋转时将管子割断,切管的最大管道规格为ϕ133×6。

(3)无齿锯床切管器。

无齿锯床切管器由电动机、减速器、锯片、支座等构成,如图7-5所示。

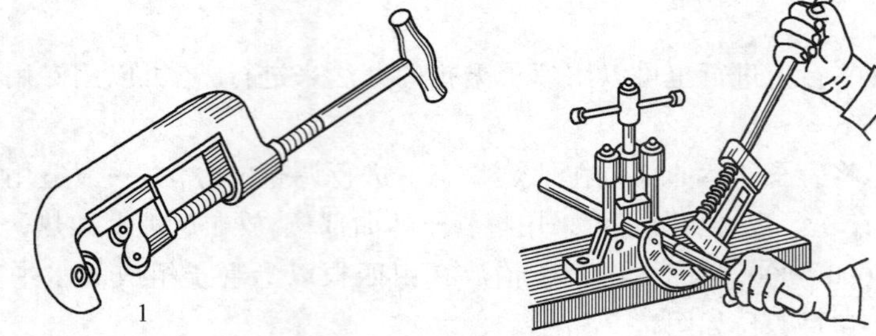

图 7-3　手工割管器

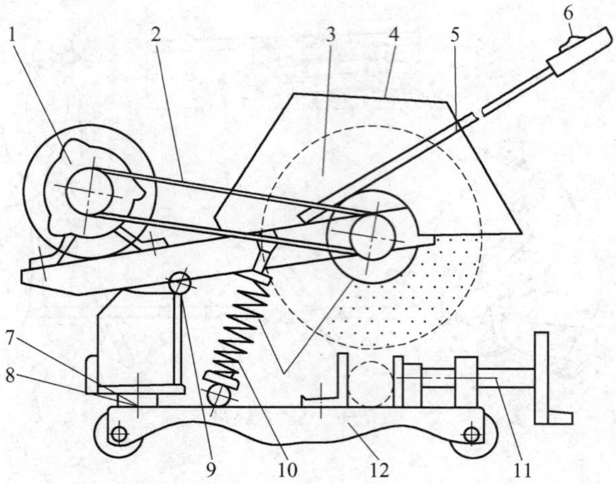

图 7-4　型材切割机

1—电动机;2—三角传动带;3—砂轮片;4—护罩;5—操纵杆;6—带开关的手柄;
7—配电盒;8—扭转轴;9—中心轴;10—弹簧;11—夹钳;12—四轮底座

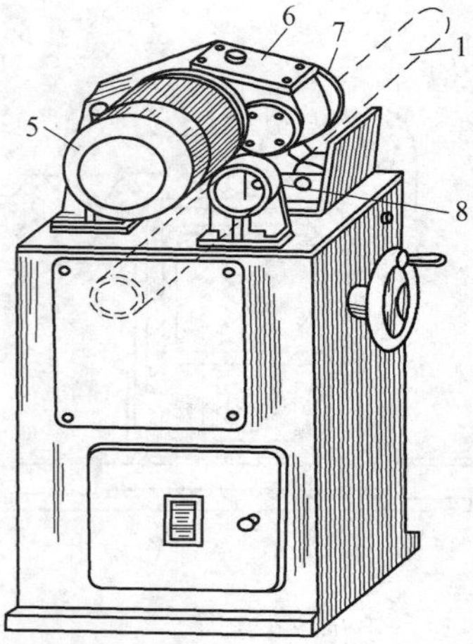

图 7-5　无齿锯床切管器

2. 断管安全操作规程

①正确使用机械进行断管操作,熟悉机械性能和操作标准。

②使用型材切割机断管时,由于砂轮片易损坏,在切割操作时,切割机要有砂轮片防护罩,管子要卡牢,人不应正对旋转的砂轮片,以免碎片飞出伤人,型材切割机应加设防护罩。

③开机操作时,禁止清理操作现场。

④修理维护和排除机械故障时,要确认人离开后再告知开机。

3. 断管质量验收标准

①能正确使用断管机具。

②能正确进行断管操作,管端切口垂直。

7.3.3　管螺纹加工与连接

管道螺纹连接是指将管端加工成螺纹,然后拧上带螺纹的管子配件和附件,连接起来构成管路系统。管子螺纹加工,根据加工条件,可采用手工或机械加工。

(1)管螺纹概述

套制管道螺纹过程中吃刀不宜过深,管子套螺纹时不要一板套成,套一遍后,调整一下标盘,增加进刀量,再套一遍。一般 DN32 mm 以内的钢管套两板,DN40 mm 至 DN50 mm 套三板,DN70 mm 以上套四板为宜。所套的螺纹应有 1 : 16 的锥度(拔稍)。在套最后一板之前,要用管件试一试松紧程度再套最后一板。套完再用管件试一试。一般 DN40 mm 以内的管子,用手能将管件旋进 3~4 扣;DN50 mm 至 DN70 mm 能旋进 4~5 扣;DN80 mm 和 DN100 mm 的能旋进 6~7 扣。在该状况下,管件端面约小于或等于所套螺纹的基面。圆锥管螺纹规格及参数如图 7-6 和表 7-1 所示。其极限公差值见表 7-2。

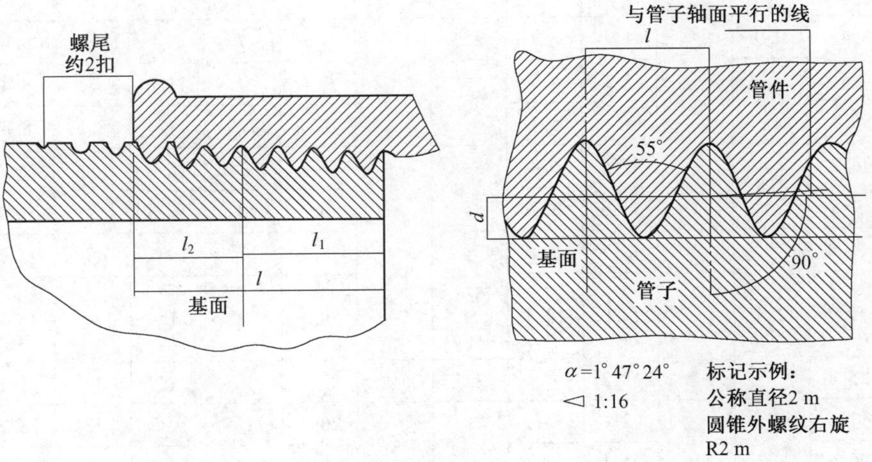

图 7-6　圆锥管螺纹规格

当同一直径的管子与管件内螺纹旋合而过盈时,螺纹接合的长度等于螺纹有效长度(l),有效长度减基准距离等于装配余量(l_2),而装配余量必须是过盈配合,即管子螺纹直径大于管件内螺纹的直径,在基面上的管螺纹直径与管件内螺纹直径相等。由管子端面至螺纹基面的管螺纹直径小于管件内螺纹直径,在机械工业里称为间隙配合。不论实际上 l_1 值为多少,$l-l_1$ 之差不得小于表 7-2 中的 l_2 值。螺纹的分类和代号如图 7-7 所示。

表 7-1　圆锥管螺纹参数(GB/T 7306.2—2000)

公称直径(in)	每英寸扣数	螺距(mm)	螺纹长度[1](mm)						基本面螺纹直径(mm)	
			装配余量		有效长度		基准距离		外径	内径
	n	t	l_2	n	l	n	l_1	n	d	d_1
1/8	28	0.907	2.5	2.5	6.5	7	4	4.5	7.729	8.567
1/4	19	1.337	3.7	2.8	9.7	7	6	4.5	13.158 8	11.44
3/8					10.1	7.5	6.4	5	16.668	14.951
1/2	14	1.814	5	2.8	13.2	7	8.2	4.5	20.956	18.632
3/4					14.5	8	9.5	5	26.442	24.119
1	11	2.309	6.4	2.8	16.8	7	10.4	4.5	33.250	30.294
5/4					19.1	8	12.7	5.5	41.912	38.954
3/2					19.1	8	12.7	5.5	47.805	44.847
2			7.5	3	23.4	10	15.9	7	59.616	56.659
5/2			9.2	4	26.7	11.5	17.5	7.5	75.187	72.230
3			9.2	4	29.8	13	20.6	9	87.887	84.930
4			10.4	4.5	35.8	15.5	25.4	11	113.034	110.077

注:装配余量不得小于表中所列数字。

表 7-2 圆锥管螺纹旋合尺寸与公差

公称直径(in)	基准距离(l_1) 基本尺寸(mm)	极限 ≈(mm)	极限 扣数 n	最长(mm)	最短(mm)	装配余量(l_2)(mm)	装配余量 扣数 n	有效长度不小于[2] 基本长度(mm)	基本长度 扣数 n	最大长度(mm)	最大长度 扣数 n	最小长度(mm)	最小长度 扣数 n
1/8	4	0.9	1	4.9	3.1	2.5	2¾	6.5	7	7.4	8	5.6	6
1/4	6	1.3		7.3	4.7	3.7		9.7	7	11.0	8	8.4	6
3/8	6.4			7.7	5.1			10.1	7.5	11.4	8.5	8.8	6.5
1/2	8.2	1.8		10.0	6.4	5.0		13.2	7	15.0	8	11.4	6
3/4	9.5			11.3	7.7			14.5	8	16.3	9	12.7	7
1	10.4	2.3		12.7	8.1	6.4		16.8	7	19.1	8	14.5	6
1¼	12.7			15.0	10.4			19.1	8	21.4	9	16.8	7
1½													
2	15.8			18.2		7.5	3¼	23.4	10	25.7	11	21.1	9
2½	17.5	3.5	1½	21		9.2	4	26.7	11.5	30.2	13	23.2	10
3	20.6			24.1				29.8	13	33.3	14.5	26.3	11.5
4	25.4			28.9		10.4	$4^1/_2$	35.4	15.5	39.3	17	32.3	14

注:为了容纳外螺纹,内螺纹的有效长度不小于外螺纹的有效长度。

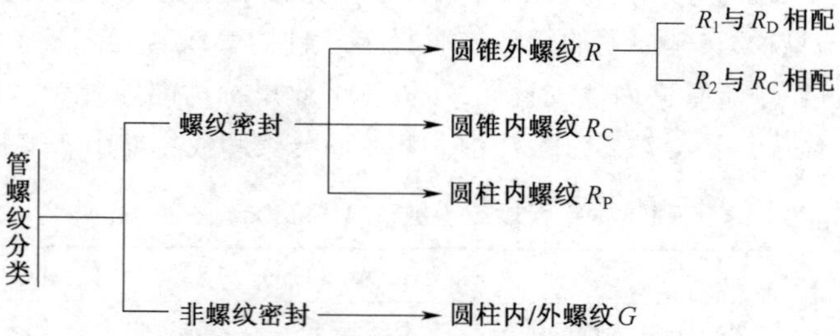

图 7-7 螺纹的分类和代号

标注管螺纹尺寸时,应从大(外)径用引出线引出标注,不得采用尺寸线的形式标注,如图 7-8 所示。

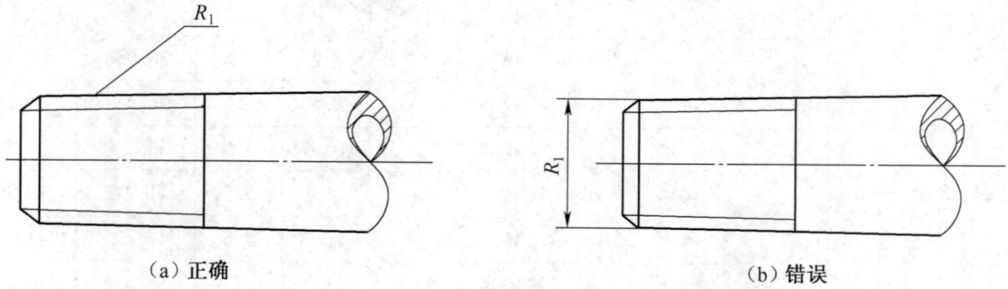

图 7-8 管螺纹尺寸代号标注正误比例

(2)管螺纹加工工具与操作工艺

管钳子在使用中,用力要均匀,一般不宜在钳柄上套加力杆,防止损坏连接件和管钳子。表 7-3 给出了管钳的适用范围。

链钳用于安装或拆卸直径较大螺纹连接的管道与管件，在狭窄处无法使用管钳操作或临时固定时常用。轻便式（小型）铰扳结构如图 7-9 所示。

表 7-3　管钳的适用范围

管钳规格	适用范围	
	直径（mm）	英寸（in）
12”	15～20	1/2～3/4
14”	20～25	3/4～1
18”	32～50	11/4～2
24”	50～80	2～3
36”	80～100	3～4

加工管螺纹时，根据管径选用相应的铰扳和扳牙。将活动标盘的刻度线对准固定扳盘“0”的位置，扳牙上的字母与铰板的字符按相对应的顺序插入牙槽内，再转动活动标盘，将扳牙固定在铰扳内。用铰扳加工管螺纹如图 7-10 所示。

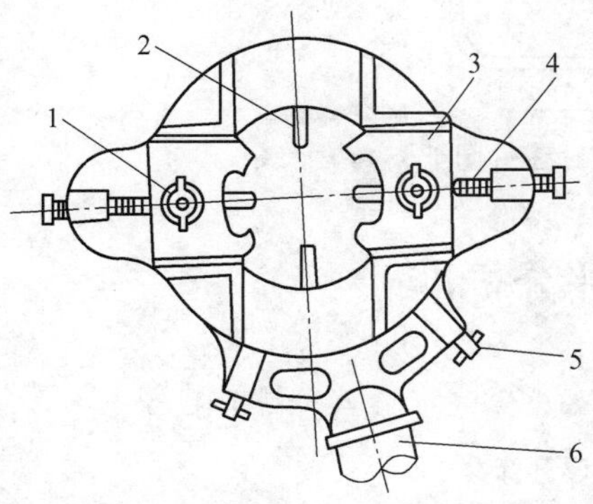

图 7-9　轻便式（小型）铰扳结构

1—螺母；2—顶杆；3—扳牙；4—定位螺钉；5—调位销；6—扳手

图 7-10　用铰扳加工管螺纹

管子和内螺纹阀门连接拧劲不可过大，否则极易将其撑裂。

（3）管螺纹的连接

外螺纹和内螺纹连接方式主要有：长丝连接、活接连接、锁母连接和卡箍连接等。

（4）管螺纹加工安全操作规程

①正确使用机械进行管螺纹加工操作，熟悉机械性能和操作标准。

②机械进行管螺纹加工操作时，管子要卡牢，禁止清理铁屑。

③操作机电设备，严禁带手套，袖口扎紧。机械运转中不得进行维修保养。

④修理维护和排除机械故障时，要确认人离开后再告知开机。

⑤压力案上不得放重物和立放丝板，手工套螺纹时应防止扳机滑落。

⑥用小推车运管道时，应清理好道路，管道放在车上必须捆绑牢固。

（5）管螺纹加工质量验收标准

①管螺纹加工时，应清洁、规整、无断丝；

②管道螺纹连接时应牢固，管段连接后平直，无弯曲现象，管螺纹外露 2～3 扣，外露丝

扣清理干净。

③焊接钢管安装前均应进行认真除锈、防腐处理。

④管螺纹加工均匀,达到规定长度,螺纹末端套出锥度。

7.4 管工操作

按照图纸(图 7-11)要求,完成管路的连接。

(1)材料,四分镀锌管 4 m,90°弯头 4 个,生料带 1 卷。

(2)按照图纸尺寸要求,对给定的管材进行截断下料。

(3)对截下的管材制作相应的管螺纹。

(4)完成管路连接。

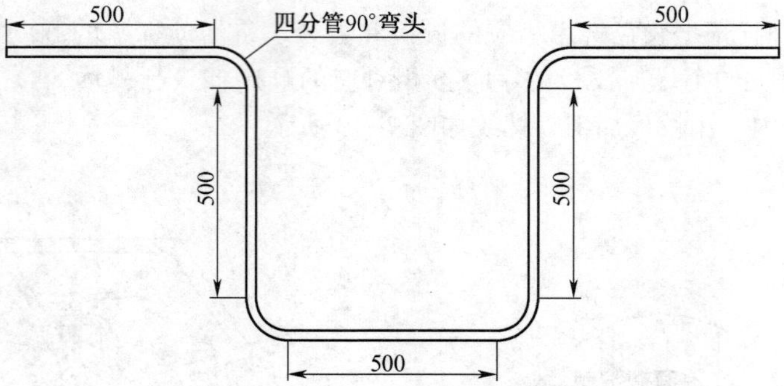

图 7-11 管工实践零件图纸

7.5 管工评分标准

管工评分标准见表 7-4。

表 7-4 管工评分标准

评分要素	配分	评分标准	检测结果	扣分	得分	备注
线条平直	20	每处不平直扣 2 分				
各段尺寸±3 mm	10	每超差 1 mm 扣 5 分				
管路总尺寸±3 mm	10	每超差 2 mm 扣 2 分				
管路连接密封性	20	漏水扣 2 分				
按国家或企业颁布有关安全规定执行操作	20	每违反一项规定从总分中扣 5 分;严重违规取消考核				
在规定时间内完成	20	到时停止操作考核				

第8章 车削加工

8.1 概　　述

车工

车床加工是机械加工中的主要工种,常用于加工零件上的回转表面及内外螺纹面、蜗杆等。使用的刀具主要是车刀,还可用钻头、绞刀、丝锥、板牙、滚花刀等。

8.1.1 车削特点

在车床上,工件旋转为主运动(图 8-1),车刀相对的纵横向移动为进给运动(图 8-2)。

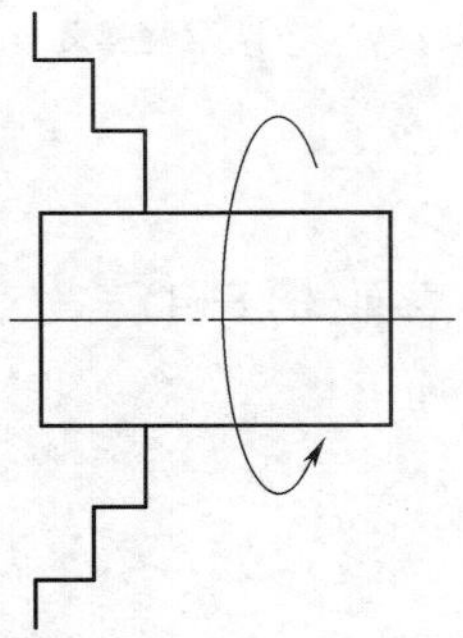

图 8-1　主运动

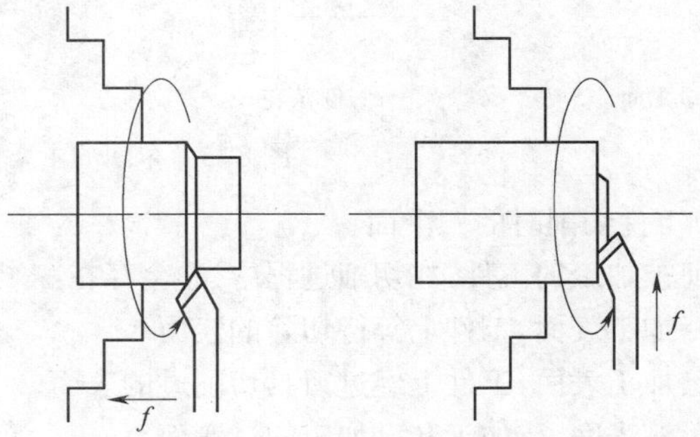

(a) 纵　(b) 横

图 8-2　进给运动

(1)主运动:切削工件表面多余金属,形成机床切削速度或消耗主要动力的运动。切削时主运动只能有一个,就是工件旋转。

(2)进给运动:使工件多余表面不断被去除,从而加工出符合要求的表面。车削时刀具的纵横向移动为进给运动。切削加工时的进给运动可能不只是一个。

8.1.2 车削加工范围

有回转件表面的工件,都可以在车床上用车削方法进行加工,此外车削加工还可以用于绕制弹簧等。

车削的主要用途如图 8-3 所示。

车削的加工范围可归成四大类:盘类、轴类、套类、螺纹类。

车削的尺寸精度一般可达 IT7~IT8,表面粗糙度 Ra 值为 0.8~3.2 μm。尤其对一些不可磨削的金属进行精车可获得较高的尺寸精度和表面粗糙度 Ra 值。

8.1.3 切削用量

切削用量是切削速度 v_c、进给量 f 和背吃刀量 a_p 三个切削要素的总称。它们对加工质量、生产效率以及加工成本有很大影响。现以车外圆为例。

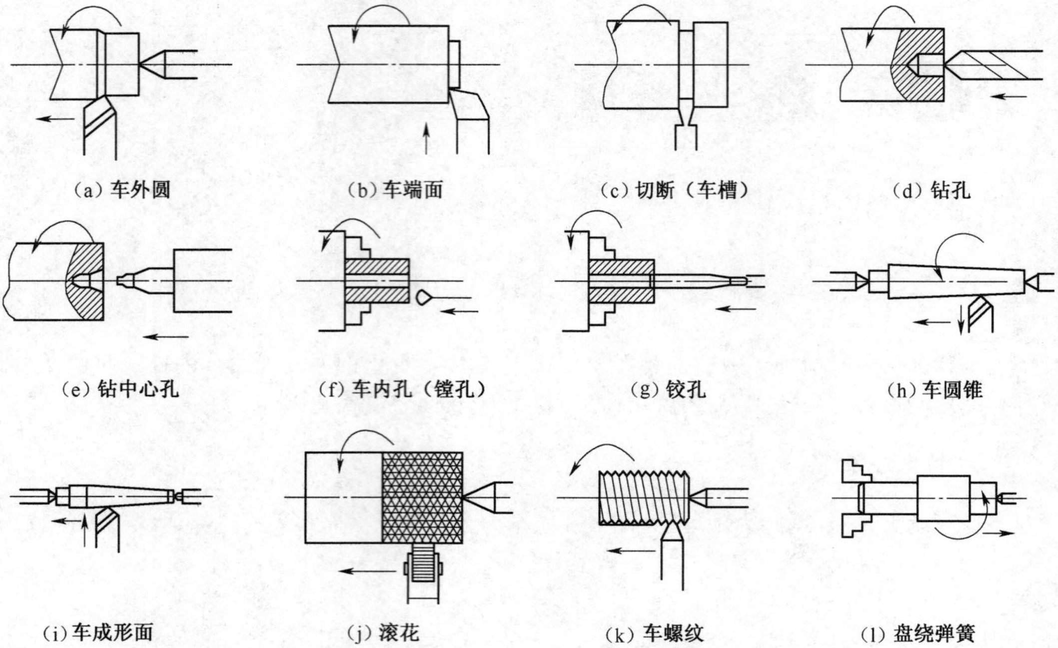

图 8-3　车削的主要用途

(1)工件切削时的三个面

任何被加工的工件,在切削过程中,总会存在三个不断变化着的表面(图 8-4)。

①待加工表面:工件上等待切除的表面。

②已加工表面:工件上经过刀具切削过的表面。

③过渡表面:待加工和已加工的过渡面。

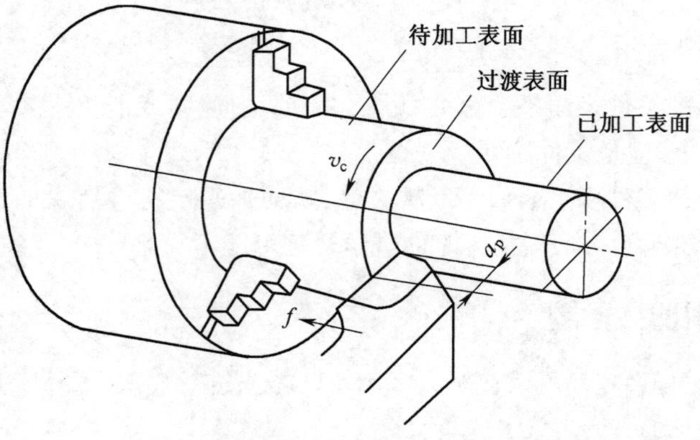

图 8-4　车削加工的三个表面及车削用量

(2)切削用量(切削三要素)

切削三个要素,是切削加工前调整机床运动的依据。

①切削速度 v_c:工件加工表面最大直径(待加工表面)的线速度。

计算公式: $v_c = \dfrac{\pi \cdot D \cdot n}{1\ 000}$

式中　v_c——切削速度(m/min)或(m/s);

D——切削部位工件最大直径(待加工直径)；

n——主运动的转速(工件的转速)。

②进给量 f：切削时工件转一周刀具相对工件移动的量,又称走刀量,其单位为 mm/r。

③背吃刀量 a_p：又称切削深度,是指待加工表面和已加工表面的垂直距离,单位为 mm。

计算公式：$a_p = \dfrac{D - d}{2}$

(3)车削用量的选择步骤

切削用量三要素是影响加工质量、刀具寿命、生产率及生产成本的重要参数。在加工时切除工件大部分余量,留较小的余量,称为粗加工,它的目的是尽快切除余量,提高劳动生产率。在加工时切除少量的余量,达到图纸要求,称为精加工,它的目的是提高工件的精度。

车削工件时三要素中对刀具耐用度影响最大的是切削速度,其次是进给量,然后是背吃刀量。所以在粗加工时应首先考虑用较大的背吃刀量,其次考虑较大的进给量,然后选择合理(较小)的切削速度。半精加工、精加工应首先考虑选用较小的背吃刀量和进给量,然后选择合理(较大)的切削速度。

①背吃刀量的选择。

背吃刀量 a_p 的选择要根据零件的余量大小来定,在中小型功率车床上,粗加工一般可取 2~5 mm,在保留精加余量的前提下,尽可能一次走刀完成。粗加工应给精加工留 1 mm 左右的余量,以保证精加工的加工要求。

②进给量的选择。

在进行粗加工时,要在车刀强度、机床功率和转矩许可的前提下,尽量选较大值。精加工时在满意的粗糙度的前提下选一个较大值。粗加工 f 可取 0.20~0.80 mm/r,精加工 f 可取 0.05~0.20 mm/r。

③切削速度的选择。

在背吃刀量和进给量确定的基础上,再按选定的耐用度值来确定切削速度(一般查手册确定)。如使用硬质合金刀具切削速度可控制在 55~130 m/min 之间,粗加工选较低切削速度 55 m/min,精加工选较高切削速度近 130 m/min。

8.1.4　车削工件的装夹及车床附件

工件的形状、大小和加工批量不同,装夹工件的方法及所用的附件也不同。在加工装夹工件时,要注意做到工件表面回转中心和主轴的中心线重合,即定位准确,装夹牢固,保证加工质量和生产效率。

(1)三爪自定心卡盘

三爪自定心卡盘是车床最常用的夹具,由专业厂家生产,配套附件供应,如图 8-5 所示,三爪自定心卡盘的特点是夹紧或松开工件时三爪同时紧同时松,三爪自定心卡盘能自动定心夹持工件,定位和夹持同时完成,使用方便,三爪自定心卡盘夹紧力较小,仅适用于夹持表面较光滑的圆柱形和六面体工件,反三爪用于夹持直径较大的工件,定心精度0.05~0.15 mm。

(2)四爪单动卡盘

四爪单动卡盘是车床通用夹具,由专业厂家生产,如图 8-6 所示,四爪单动卡盘的特点是卡紧力大,用途广泛。用四爪单动卡盘夹持工件,应分别调整每个爪子,通过校正后,安装精度高。找正精度可达 0.01 mm。

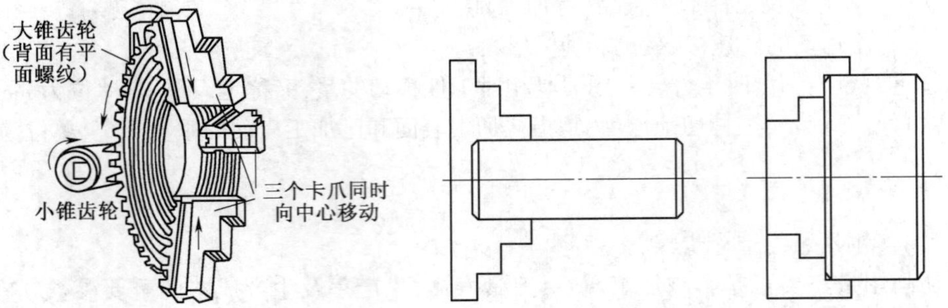

(a) 结构　(b) 夹持棒料　(c) 反爪夹持特大棒料

图 8-5　三爪自定心卡盘装夹工件

四爪单动卡盘适合夹持圆形、方形、椭圆形及外形不规则的较大工件。使用四爪单动卡盘夹持工件调整时间较长,技术要求较高,所以四爪单动卡盘一般适用于单件或小批量生产。

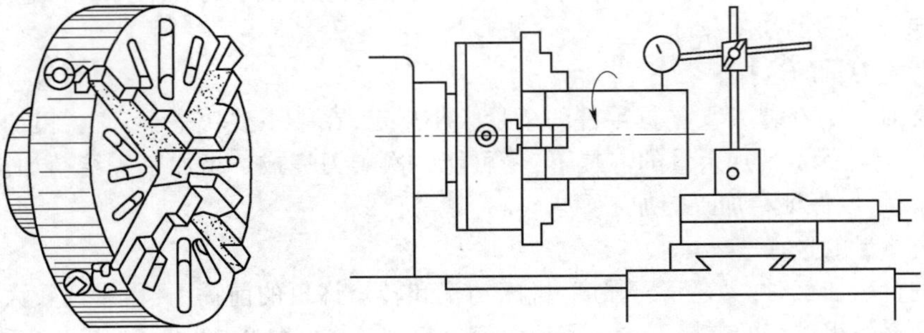

(a) 四爪单动卡盘　(b) 用百分表找正

图 8-6　四爪单动卡盘装夹工件

(3)花盘和角铁

图 8-7 所示为花盘夹持外形不规则较复杂形状工件的情况。可利用螺钉、压板、角铁等把工件固定夹紧在所需要的位置上,由于工件重心偏置,可在对应的部位加平衡件进行平衡,以防加工时工件的重心偏离旋转中心而引起振动和冲击。

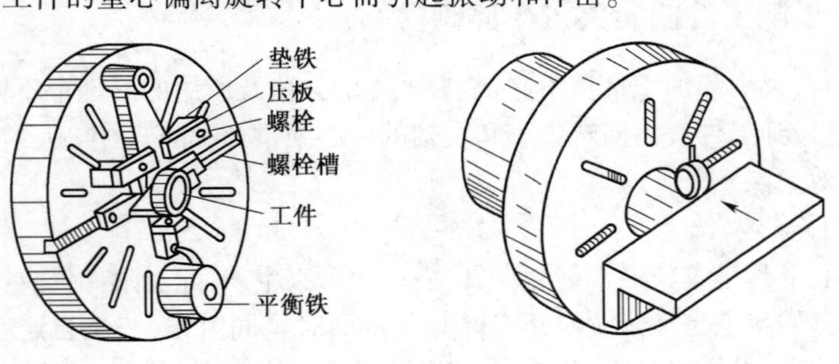

(a) 在花盘上装夹　(b) 角铁的安装方法

图 8-7　花盘夹持工件

(4)顶尖安装

顶尖一般分死顶尖和活顶尖两种,活顶尖结构复杂,旋转精度较低,多用于粗加工及半精加工。

加工较长的轴类工件时,为了减少工件变形和振动,可采用双顶尖夹持工件(见图 8-8),

如轴精度不高,进行粗加工及半精加工时,也可采用主轴端用三爪卡盘,尾架用活顶夹装夹。

(5)中心架和跟刀架

车削细长轴(长度与直径之比大于 15)时,由于工件较长,刚性不足,为了避免因工件在车削时振动和弯曲变形而影响精度,一般可采用跟刀架或中心刀架,辅助支承,以增加工件的刚性。

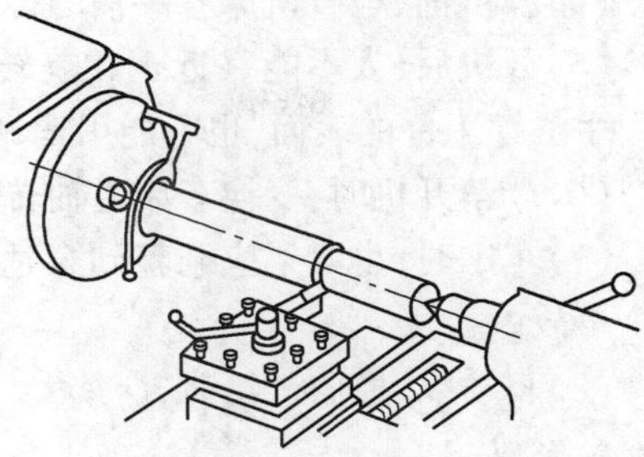

图 8-8　双顶尖夹持工件

跟刀架是固定在车床的大拖板上使用的。它与车刀一起移动,使用时车刀在前跟刀架紧靠车刀在后移动,跟刀架主要用于车削细长的光轴,如图 8-9 所示。

中心刀架固定在车床导轨上,在车削时溜板箱不越过它。中心架上的三个支撑点必须在预先车好的外圆上,一般车削此类工件时应先车削一端再反身车削另一端,以便中心架支撑,如图 8-10 所示。

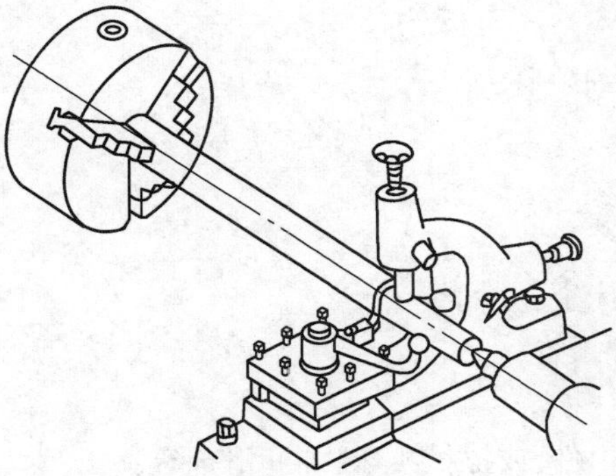

图 8-9　用跟刀架车削工件

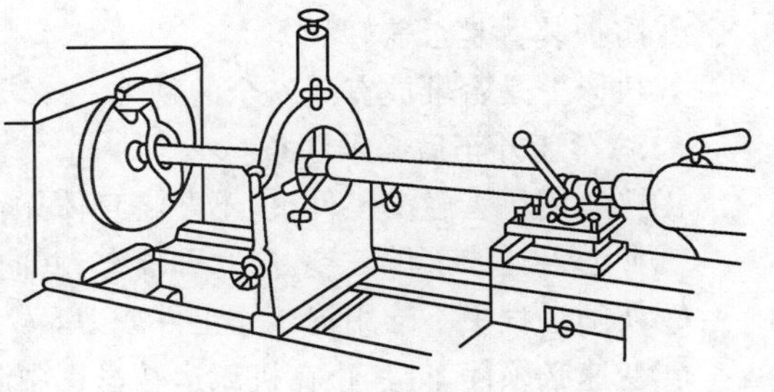

图 8-10　用中心架车削工件

(6)心轴装夹

心轴主要用于孔,套类零件的装夹。加工时先将孔加工完成,然后根据孔长和孔径之比来选择采用何种心轴,当长度大于孔径时可选圆锥心轴装夹,当长度小于孔径时,可选圆柱心轴装夹,如图 8-11 所示。

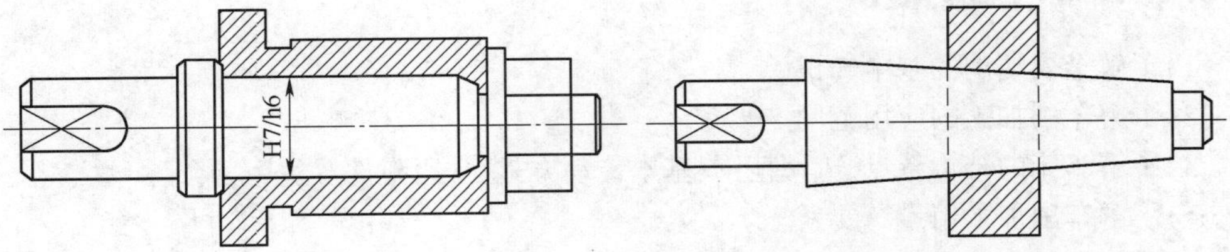

图 8-11　心轴装夹工件

8.2　车工安全及注意事项

(1)穿戴合适的工作服,长发要压入帽内,不戴手套操作。工作服的领口和袖口要扎紧,不要穿拖鞋和凉鞋、短裤、背心上机床。切削时要戴好防护眼镜。

(2)两人合用一台机床时,只能一人操作,并注意他人的安全。

(3)卡盘扳手使用完毕后,必须及时取下,否则不能启动机床。

(4)开机前,检查机床各手柄的位置是否到位,确认正常才准许开机。

(5)开机后,人不能靠近正在旋转的工件,头、手和身体应偏离正在旋转的工件。更不能用手触摸工件的表面,也不能用量具量测工件的尺寸,防止人身安全事故的发生。

(6)严禁开机时,变换车床主轴转速,以免因损坏车床而发生设备安全事故。

(7)车削时,小刀架应调整到合适位置,以防小刀架导轨碰撞卡盘,从而发生人身设备安全事故。

(8)自动纵、横向进给时,严禁大、中拖板超过极限位置,以防拖板脱落或碰撞卡盘而发生安全事故。

(9)发生事故时,应立即停机切断电源。

(10)装拆工件时,卡盘扳手及时取下,以避免开机飞出伤人,造成安全事故。

(11)工作结束后,关闭电源,清除铁屑,细擦机床,加油润滑,保持良好的工作环境。

(12)车床开车前必须检查:

①各手柄位置是否正确;

②各转动部分是否正常,润滑情况是否良好;

③主轴、刀架工作台在运转和移动时是否会受到阻碍;

④防护装置是否盖好;

⑤机床上是否堆放有碍安全的物件。

(13)车床开车后必须注意:

①严禁用手去触摸工件,也不要将身体靠在车床上;

②如遇刀具或工件破裂,应立即停车,并向老师报告;

③切削过程中不准用棉纱擦工件或刀具;

④变速必须停车,禁止在机床运转过程中测量工件,或擦拭机床,加润滑剂等;

⑤如遇机床电动机发热,噪声等不正常现象应立即停机;

⑥切断工件时,不准用手去抓将要断下的工件。

8.3 车工实习要求及内容

8.3.1 车工实习要求

(1)了解金属切削的基本知识。

(2)了解车削加工的应用范围。

(3)了解车床的结构特点、应用范围、基本传动方式、常用附件及适用场合。

(4)了解车削加工用量三要素。

(5)了解车刀的种类和用途。

(6)了解常用车刀的材料。

(7)了解车削加工的安全技术操作规程。

(8)掌握正确的安装方法。

(9)掌握常用量具的正确使用和读数方法,如游标卡尺和螺旋测微器。

(10)掌握外圆、端面和倒角车削的基本方法。

(11)掌握孔的基本加工方法。

(12)掌握锥度车削的基本方法。

(13)掌握普通螺纹车削的基本方法。

8.3.2　车工实习内容

车工实习具体内容见表 8-1。

表 8-1　车削实习教学内容安排

序号	项目名称	教学内容	时　数	
			讲课时数	实训时数
1	普通车削基础知识及安全操作规范	(1)车削特点及加工范围； (2)车床型号、组成及作用； (3)常用车床附件的使用场合及工作原理； (4)切削用量三要素与三要素的选择； (5)常用车刀的材料及车刀的种类和用途； (6)车削安全操作技术规范	2	0
2	外圆车削	(1)游标卡尺和螺旋测微器的读数原理和读数方法； (2)工件及刀具的安装方法； (3)卧式车床手柄的调整与操作； (4)车削外圆、台阶、端面及倒角的基本操作要领； (5)加工中的常见问题与分析	2	8
3	孔与锥度车削	(1)车床尾座的操作方法； (2)中心钻与钻头的安装、折卸方法； (3)常用孔的加工方法及钻孔、扩孔、铰孔和镗孔的选择和操作要领； (4)莫氏套筒的规格； (5)塞规的原理和使用方法； (6)常用锥度塞规及锥度环规的使用的方法； (7)锥度的检验方法、角度尺及塞规和环规的使用	1	5
4	普通螺纹车削	(1)螺纹的种类、作用及基本参数； (2)外螺纹刀具的安装及对刀的方法； (3)螺纹加工时与普通外圆端面加工在机械传动方面的区别； (4)车削外螺纹的加工方法； (5)车削螺纹时的注意事项； (6)外螺纹的精度检验方法	1.5	8.5
5	综合零件齿轮坯车削	讲解加工工艺	2	8
6	综合零件(锤柄)	讲解加工工艺	1	5

8.4　车　床

车床的类型有很多,型号代表的是车床的类别、通用性能、结构特性和主要技术规格。我国车床型号命名规则:车床型号是按照 GB/T 15375-2008 的标准规定的。例如 C6132A 的含义为:

C6132A
- 重大改进序号（第一次改进）
- 机床的主参数代号表示最大车削直径的十分之一（最大车削直径320 mm）
- 机床的系别代号（卧式车床）
- 机床的组别代号（普通卧式车床）
- 机床的类别代号（车床类）

8.4.1 卧式车床的组成及传动

车床的种类很多,其中普通卧式车床是应用最多的机床,它可加工各种轴类、盘类、套类、螺纹类的零件上的回转表面。

(1) 卧式车床的组成

图 8-12 为 C6132A 型卧式车床,由主轴箱、进给箱、交换齿轮箱、变速箱、溜板箱、光杠、丝杠、刀架、尾架等组成。

图 8-12 卧式车床的组成

图 8-12 车床的主要组成部分:

a. 主轴箱,用于安装主轴及主轴的变速机构,以形成主运动。

b. 进给箱,用于安装进给运动的变速机构,以传递进给运动。

c. 溜板箱:是进给运动的操作箱,用于安装纵横向运动的传动元件,并连接拖板和刀架。

d. 变速箱:用于安装变速机构,增加主轴的转速(现多数车床已省略)。

e. 刀架:用于安装刀具,刀架能够带动刀具做多个方向的进给运动。

f. 尾架:用于安装顶尖夹持轴类工件,安装钻头或绞刀时可用来钻孔或绞孔。其底面与床身导轨面接触,可调整固定在导轨面上的任意位置。

g. 床身:是车床上一切固定件的支撑件,也是移动件的承载体。

h. 床腿:支承床身,并与地面接触。

i. 丝杠:将进给运动传给溜板箱。丝杠用于螺纹的车削。

j. 光杠:将进给运动传给溜板箱。光杠用于回转表面的机动进给车削。

(2)机床典型机械传动机构

一般机床要完成某切削加工任务,必须由旋转运动和直线运动来完成。如车床主轴带动工件旋转,拖板带动刀具做直线运动,再如铣床主轴带动刀具作旋转运动,拖板带动工件做直线运动。以上这些运动都由一些传动机械来完成。

电动机一般为单速旋转运动,并通过一定的传动件把运动传递到主轴和刀架。常用的传动件有传动带轮、齿轮、蜗轮蜗杆、齿轮齿条、丝杠等，如图 8-13 所示。

①传动带轮传动：带传动是利用胶带与带轮之间的摩擦作用，将主动轮的传动传给从动轮。一般常用三角传动带传动。目前机床上应用较多，如车床电动机与主轴连接，铣床电动机与头架连接。

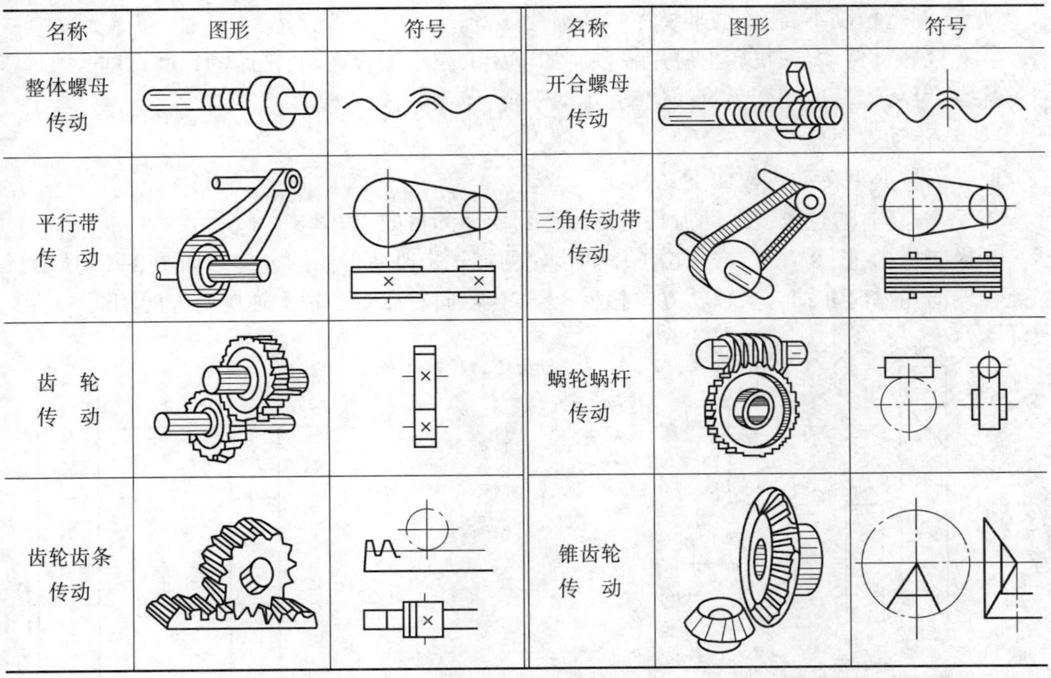

图 8-13　常用传动元件及其符号

优点：传动平稳，轴间距离大，可调整间距，过载时打滑保护机器防止损坏，结构简单，制造维修方便。

缺点：不能保证准确的传动比，摩擦损失大，传动效率低。

传动比：$i=\dfrac{N_2}{N_1}=\dfrac{D_1}{D_2}$。若考虑胶带打滑影响，应乘以滑动系数 0.98。

②齿轮传动：齿轮传动是目前机床上应用最多的传动方式，其种类很多，如直齿、斜齿、人字齿、圆弧齿。其中直齿齿轮传动应用最多。目前在机床的变速系统中应用较广，如车床、铣床等变速箱内多为齿轮传动。

优点：结构紧凑，传动比准确，传动功率大，效率高。

缺点：制造比较复杂，当制造精度不高时，传动不平稳，有噪声。

传动比：$i=\dfrac{N_2}{N_1}=\dfrac{Z_1}{Z_2}$。

③蜗轮蜗杆传动：在机床上应用较广，如铣床的分度头，车床光杠传动（蜗杆）直角交错地传入溜板箱，同时减速。

优点：降速较大，传动平稳，噪声小，易自锁（蜗杆为主动件，蜗轮为从动件），可改变传动方向。

缺点：传动效率低，而且要有良好的润滑条件。

传动比：$i=\dfrac{N_2}{N_1}=\dfrac{K}{Z}$

式中 K——蜗杆头数;

　　Z——涡轮齿轮。

④齿轮齿条传动:在机床上应用较多。如车床大拖板的直线运动,钻床主轴上下直线运动。

优点:传动效率高,可将直线运动和旋转运动交换。

缺点:制造精度不高,传动平稳性和准确性较差。

⑤丝杠螺母传动:在机床上应用较多。如车床的中小拖板运动,铣床的台面运动等。

优点:可将旋转运动变为直线运动,传动平稳,无噪音,传动精度高。

缺点:传动效率低。

此外三种典型传动机构如下。

①变速机构:通过改变滑动齿轮齿数比达到变速的目的,如图 8-14 所示。

②换向机构(图 8-15):常用增加中间齿轮的方式来改变传动的方向。如图 8-15 所示,当离合器向左靠时Ⅱ轴与Ⅰ轴转方向相反;当离合器向右靠时Ⅱ轴Ⅰ轴旋转方向相同。

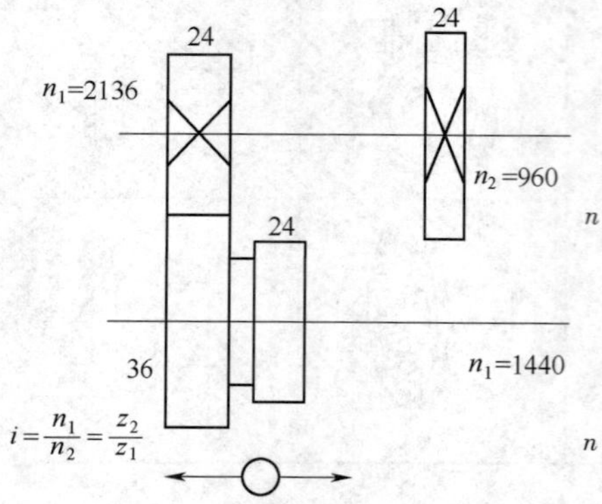

a:滑动齿轮向左:

$$\frac{n_2}{1\,440}=\frac{36}{24}$$

$$n=\frac{1\,440\times 36}{24}=2\,160\ \text{r/min}$$

b:滑动齿轮向右:

$$\frac{n_2}{1\,440}=\frac{24}{36}$$

$$n=\frac{1\,440\times 24}{36}=960\ \text{r/min}$$

图 8-14　变速机构

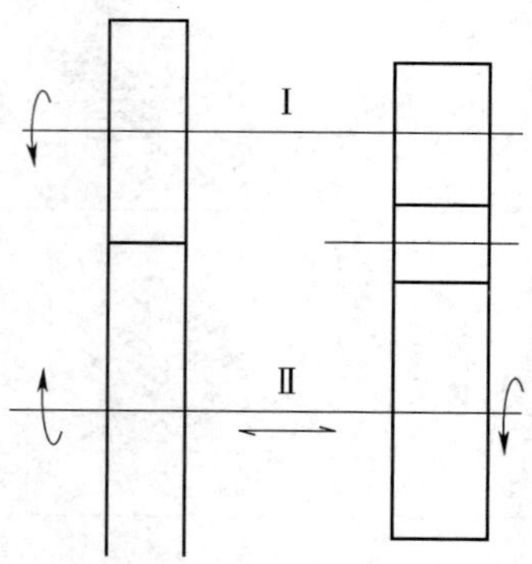

图 8-15　换向机构

③变运动类型机构:这类机构主要任务是将旋转运动改变成直线运动,如车床上的齿轮齿条和丝杠螺母传动。

(3)卧式车床传动路线(图 8-16)

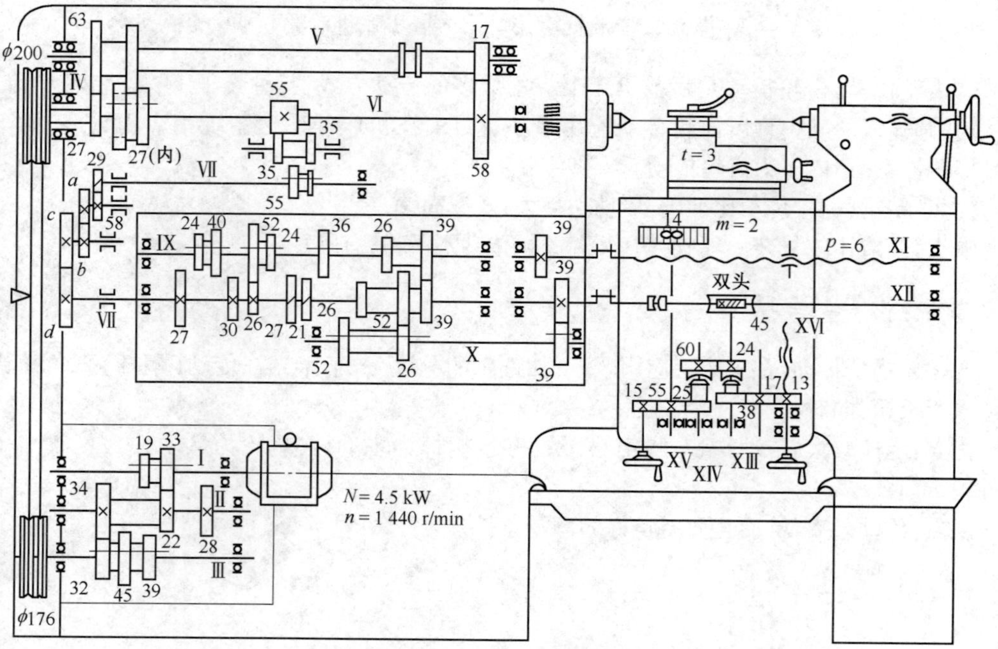

图 8-16　C6132 车床传动路线

C6132 型车床的传动系统图，如图 8-17 所示，其传动系统由主运动和进给运动两个系统组成。

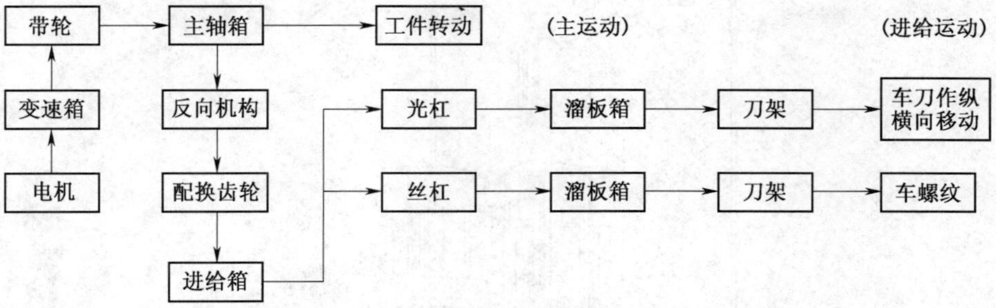

图 8-17　C6132 型车床的传动系统图

①主运动：电动机动力输出，通过带轮传入主轴箱，经过变速机构使主轴得到相应的转速，主轴前端安装夹盘来带动工件旋转。

②进给运动：刀具相对于工件的移动。主轴旋转运动通过反向机构及配换齿轮传到进给箱，通过光杠或丝杠传入溜板箱使刀架带动刀具做纵横向移动或加工螺纹。

8.4.2　其他车床简介

在生产上，除了使用卧式车床外，常用的车床还有转塔车床、立式车床、自动车床等，以满足不同零件的加工需求。

转塔车床常用于加工外形复杂或者具有孔的零件，如图 8-18 所示。转塔车床由主轴箱、前刀架、转塔刀架、滑板箱、进给箱和床身组成。转塔车床有一个可旋转换位的转塔六角刀架，该刀架可同时安装钻头、铰刀、板牙及装在特殊刀架中的各种车刀。在加工一个工件的过程中，只要依次使刀架转位，就能迅速变换刀具，并且能与四方刀架上的刀具同时进行加工。

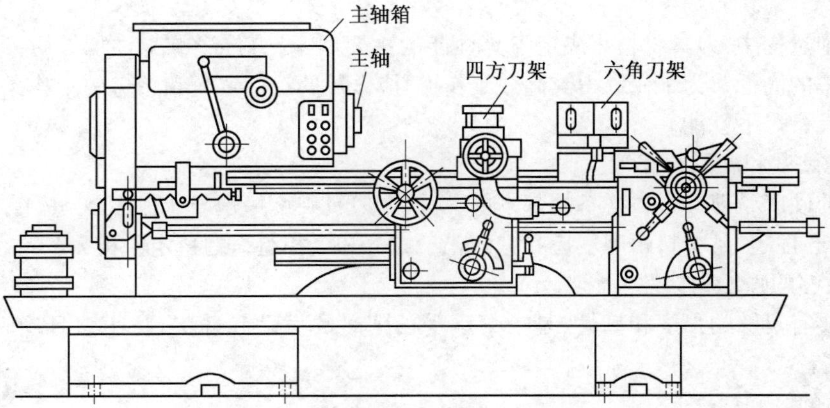

图 8-18　转塔车床

立式车床属于大型机械设备，如图 8-19 所示，主要用于加工径向尺寸大而轴向尺寸相对较小，形状复杂的大型和重型工件，如各种盘，轮和套类工件的圆柱面、端面、圆锥面、圆柱孔、圆锥孔等。也可借助附加装置进行车螺纹、车球面、仿形、铣削和磨削等加工。与卧式车床相比，立式车床主轴轴线为垂直布局，工作台台面处于水平平面内，因此工件的夹装与找正比较方便。这种布局减轻了主轴及轴承的荷载，故立式车床能够较长期的保持工作精度。立式车床结构的主要特点是工作台由导轨支撑，刚性好，切削平稳，有多个刀架，并能快速换刀。立式车床的加工精度可达到 IT8~IT9,表面粗糙度 *Ra* 值可达 1.6~3.2 μm。

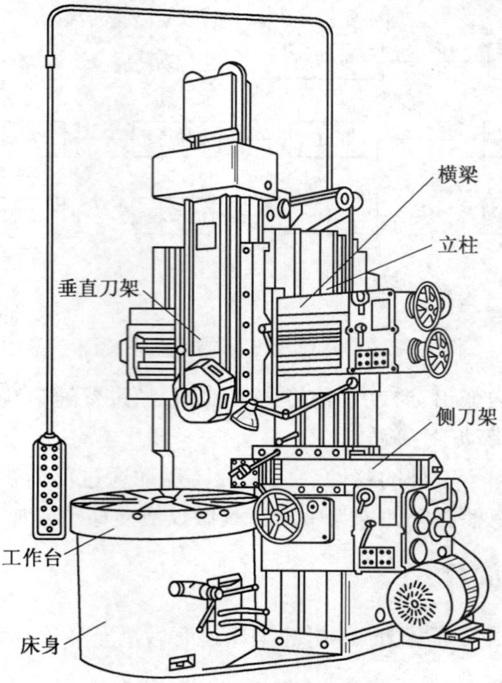

图 8-19 单柱立式车床

8.5 常用车刀的选用

8.5.1 车刀材料的必备性能

在切削过程中,刀具材料是决定刀具性能的主要因素,直接影响工件加工质量、生产成本和生存率的高低。为了保证刀具高效工作,适应繁重的切削负荷和恶劣的工作条件,刀具材料必须具备以下性能。

(1)高硬度和高耐磨性

材料的硬度是刀具材料必备的基本要求,现在刀具硬度一般要求 60HRC 以上。刀具材料越硬,耐磨性越好,材料耐磨性还和它的化学成分和金相组织的稳定性相关。

(2)足够的强度和韧性

刀具要有足够的强度和韧性,是为了承受切削时的振动和冲击,防止刀具崩刀和脆性断裂。

(3)高的红硬性

红硬性又称耐热性,耐热性是指刀具在高温条件下仍然保持高硬性、耐磨性、强度和韧性的性能。它是衡量刀具切削性能的主要指标。

(4)良好的工艺性和经济性

为了便于刀具的加工制造,刀具材料要有良好的工艺性,如锻造、热处理和机械加工等性能。材料的选择应注意经济效果,力求价格低廉。当前有些超硬材料和涂层刀片材料费用较贵,但其使用寿命较长,如在批量大生产中单件成本反而有所下降,所以,在选择材料时要综合考虑。

8.5.2 常用刀具的材料及特点

刀具材料分为工具钢、高速钢、硬质合金、陶瓷和超硬材料。其中高速钢和硬质合金是两种常用的车刀材料。

(1)高速钢。在优质高碳钢中加入较多的钨、铬、钒、钼等合金元素的高合金工具钢,其强度和韧性在刀具中较高。热处理后硬度可达62~65HRC,当切削温度达到500~650 ℃时,仍能保持其高硬度,切削速度一般采用(25~60) m/min,主要用于各种复杂的刀具,其磨削性能较好,在复杂零件加工应用较多。常用牌号为W18Gr8V。

(2)硬质合金。硬质合金是由硬度和熔点很高的碳化物[WC(钨碳化物)、TiC(钛碳化物)]和金属黏结剂Co(钴)等粉末,经高温烧结而成的粉末冶金制品。由于碳化物含量超过高速钢,因此它具有比高速钢更高的硬度和耐磨性。但硬质合金车刀韧性较差,不耐冲击。一般制成各种形状的刀片,以焊接或机械夹固在刀杆体上。常用硬质合金有钨钴类和钨钴钛类两种。

①钨钴类。它是由碳化钨(WC)和钴(Co)经高温烧结而成的粉末冶制品。代号YG,Y和G分别是“硬”和“钴”的汉语拼音第一个字母。钴在车刀中起到增加强度的作用。常用牌号有YG3、YG6、YG8,牌号中的数子代表含钴量的百分数,含量越高,强度越大,承受冲击的能力就越好。所以YG数值较大用于粗加工,较小用于精加工。

②钨钴钛类。它是由碳化钨(WC)、碳化钛(TiC)和钴(Co)经高温烧结而成的粉末冶金制品。代号YT,Y和T分别是“硬”和“钛”的汉语拼音的第一个字母。加入钛,可增加车刀的耐热性和硬度,但由于增加钛相应减少了钴的含量,使韧性减少,脆性增加,常用牌号YT5、YT15、YT30,牌号中的数字代表含钛量的百比数,含量越高,钴的含量下降越多,因此耐热性提高,承载冲击能力下降。所以YT数值较小用于粗加工,较大用于精加工。

③钨钴类和钨钴钛相比较,结果如下。

钨钴类(YG)耐热性较差、韧性较好,常用于加工脆性材料(如铸铁)。钨钴钛(YT)耐热性好、韧性较差,常用于加工塑性材料(如钢)。

8.5.3 车刀的种类

(1)按结构形式分

①整体式车刀:车刀切削部分和夹持部分是用一种材料组成,常用高速钢车刀即属于此类。

②焊接式车刀:将切削部分的材料以刀片形式焊在刀杆上。

③机械夹固式车刀:这类刀具目前应用较广,可分为机械夹固式重磨和不重磨两种。前者用钝后重磨,类似焊接式车刀,但刀杆可继续使用,以节约材料;后者用钝后不需要重磨,一刃用钝后转另一刃可重用,故又称可转位刀具。

车刀的三种结构形式,如图8-20所示。

(2)按使用场合分

由于加工内容不同,所以加工时必须采用不同种类的车刀。按使用场合分,常用车刀有90°车刀(可分左右)、85°车刀、切断切槽刀、螺纹刀、成形刀、镗孔刀,如图8-21所示:

90°车刀:用于车外圆、台阶、端面等。

85°车刀:用于车外圆、端面、倒角。

切断切槽刀:用于切断工件,或在工件上切槽。

螺纹刀:用于车螺纹。

成形刀:用于车成形面。

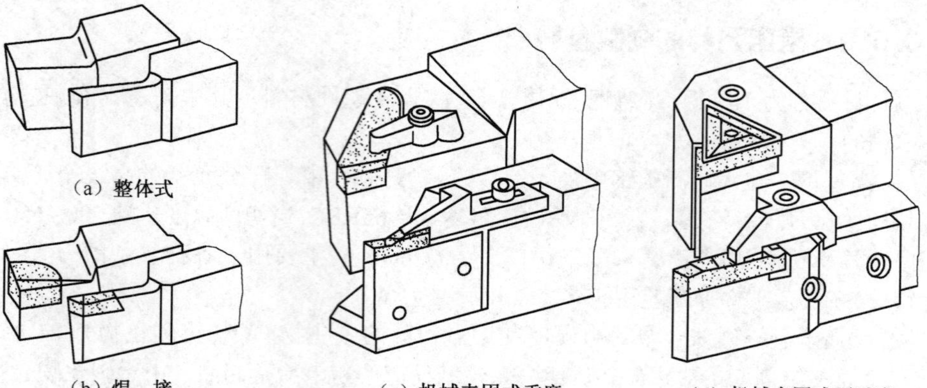

（a）整体式

（b）焊、接

（c）机械夹固式重磨

（d）机械夹固式不重磨

图 8-20　车刀的结构形式

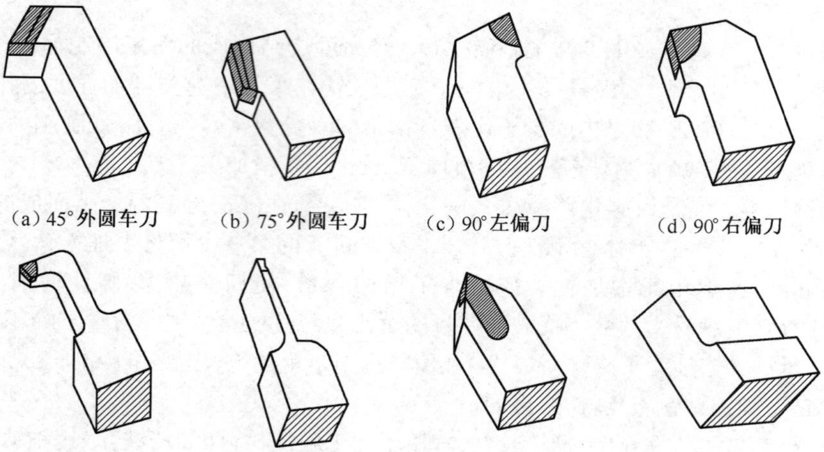

（a）45°外圆车刀　（b）75°外圆车刀　（c）90°左偏刀　（d）90°右偏刀

（e）镗孔刀　（f）切断刀　（g）螺纹车刀　（h）成形车刀

图 8-21　常用车刀

8.5.4　车刀的组成

(1)切削部分的结构要素(组成)

外圆车刀一般由三面二刃一尖组成，如图 8-22所示。

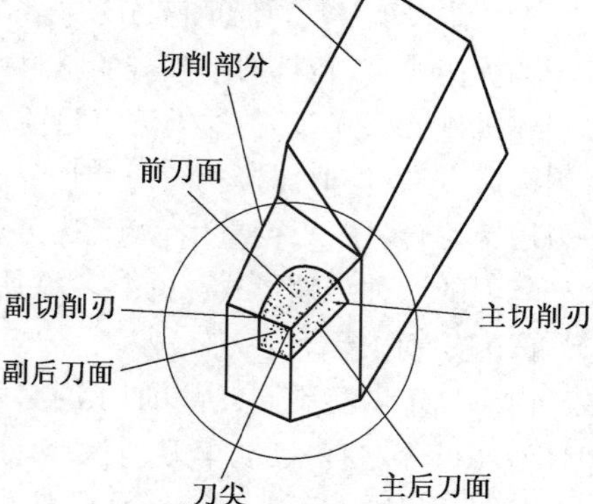

图 8-22　车刀的组成

①前刀面(前面)：切削流动的表面，也就是车刀的上面。

②主后刀面(主后面)：与工件过渡表面相对应的表面。

③副后刀面(副后面)：与工件已加工表面相对应的表面。

④主切削刃：前刀面与主后刀面相交形成主切削刃，担负了主要的切削工作。

⑤副切削刃：前刀面与副后刀面相交形成副切削刃，担负了少量的切削工作。

⑥刀尖：主切削刃与副切削刃相连部分，一般是一个过渡圆弧。

(2)确定几何角度的基准面

为了确定车刀的角度,必须确定三个辅助平面:基面、切削平面和正交平面,如图 8-23 所示。

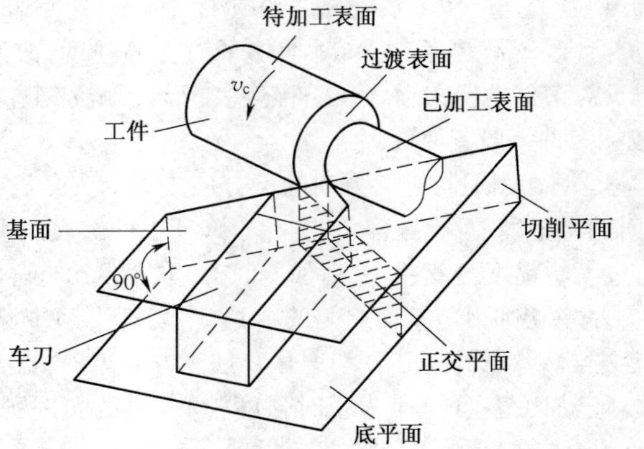

图 8-23　车刀的几何角度的基准面

①基面 P_r。过主切削刃上选一个点,且垂直于点切削速度方向的平面,对普通车刀,基面平行于车刀的底面,即水平面。

②切削平面 P_s。过主切削刃上选一个点与主切削刃相切并与基面垂直的平面,对普通车刀,切削平面就是竖直面。

③正交平面 P_o。过主切削刃上选一个点并且垂直于基面和切削平面。

(3)车刀的主要角度及选择(图 8-24)

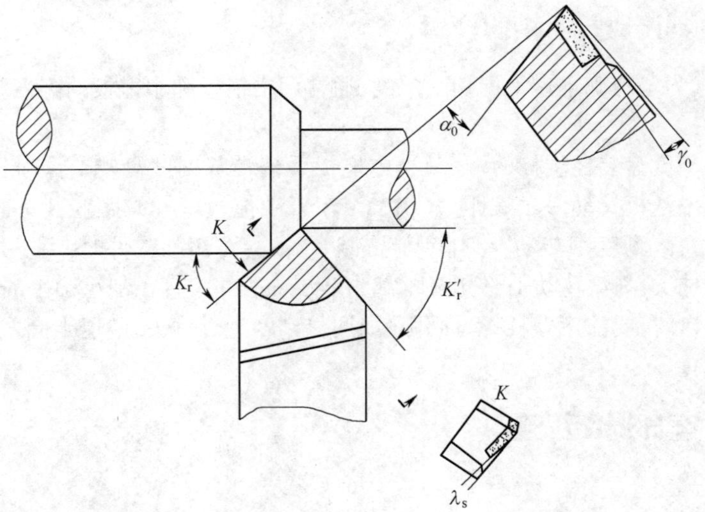

图 8-24　车刀的主要角度

①前角 γ_0。它是前刀面与基面的夹角,在正交平面中测量。它的作用是影响刀刃锋利程度及强度。前角增大,刀刃锋利程度增加,切削力减少,但前角增大,会削弱刀刃的强度,造成刃口崩坏。前角数值大小应与刀具材料、被加工材料、工作条件等相关。加工脆性工件 γ_0 一般取 0°~10°,加工塑性工件 γ_0 一般取 5°~10°,粗加工应选较小 γ_0,精加工可选较大。

②后角 α_0。它是主后面与切削平面的夹角,在正交平面中测量。它的作用是减少主后

刀面与工件之间的摩擦,其他作用与前角作用相同,影响刃口的强度和锋利程度。加工时 α_0 一般为 6°~8°。

③主偏角 K_r。它是主切削刃与进给方向之间的夹角,在基面中测量。它的作用影响切削工件长度、吃刀抗力、刀尖强度和散热条件。如减少主偏角,能使切削的截面变薄变宽,有利于分散刀刃上的负荷,改善散热条件,同时增加了刀尖的强度,故能延长刀具使用寿命。但是主偏角减少,刀具对工件的径向增大,工件容易变形,影响加工精度。加工较粗工件时可取较大 K_r,加工较细工件一般宜取较大 K_r。

④副偏角 K_r'。它是副切削刃与进给方向的反方向之间的夹角,在基面中测量。它的作用是影响已加工表面的粗糙度,减小副偏角,有利于降低工件的表面粗糙度值。副偏角过小切削时会引起振动,过大粗糙度会变差,故精加工时 K_r' 取 5°~10°较合理。

⑤刃倾角 λ_s。它是主切削刃与基面之间的夹角,在切削平面中测量。它的作用是影响刀尖强度和切削流动方向。λ_s 为正值时,切屑从待加工方向流出,当 λ_s 为负值时,切屑从已加工方向流出,易损坏已加工表面。λ_s 为正时强度较低,λ_s 为负时强度较强。故加工时 λ_s 一般取±5°,精加工 λ_s 取正值。

(4)车刃的刃磨

当车刀用钝以后,必须刃磨,恢复原来的形状。一般在砂轮机上刃磨。磨硬质合金刀具一般用绿色碳化硅砂轮,磨高速钢刀具一般用白色氧化铝砂轮。刀具各刃面顺序一般为磨主后刀面、磨副后刀面、磨前刀面、磨刀尖圆弧、油石精磨各面。

8.6 车床操作要点

8.6.1 刻度盘及手柄的使用

在切削时,为了准确迅速掌握切削深度,通常用中拖板和小拖板的刻度盘作为进刀的参考依据。

中拖板的刻度盘装在丝杠的端部,当中拖板手柄带着刻度盘转一周时,丝杠也转一周,这时螺母带着中拖板移动一个螺距。C6132A 车床中拖板丝杠螺距为 8 mm,中拖板的刻度盘等分成 80 格,故刻度每转动一刻度距离=0.05 mm,在切削工件时,由于外圆切削的量是 a_p的二倍,如中拖板刻盘转动 10 刻度,即 a_p为 0.5 mm,外圆直径却小了 1 mm。

使用刻度盘时,要注意丝杠螺母间隙,如调整刻度盘时过头,应退半圈左右,消除间隙重新回到所需位置。

8.6.2 车床操作步骤

(1)选择合适车刀安装

车刀安装按有以下要求:①车刀刀尖应与主轴线等高。一般可根据尾架顶尖高度来确定,也可根据工件回转中心来确定。②刀柄应与主轴线垂直。③车刀伸出长度是一般刀柄高度的 1.5~2 倍为宜,若伸出过长影响车刀的刚性。④垫片应平整、叠齐,垫片不宜过多。过多会降低刀杆与刀架的接触刚性。

(2)安装工件

根据工件的外形选择合适的车床夹具、安装方法,稳固夹紧工件。

(3)车削步骤

以车外圆为例。

①试切。为了保证正确的尺寸精度,防止产生废品,开始车削时,应先进行试切。试切按如下步骤进行。

首先,开车对刀。操作杆主轴旋转,转动中拖板手柄慢慢将刀尖对准工件外圆的表面,记下刻度上的数值,纵向退出工件。接着,调整尺寸。按工件直径要求计算出 a_p 值,转动中拖板刻度盘。再接着,切削(2 mm 左右)。纵向切削 1~3 mm,然后手动纵向退出。

其次,关机。车刀纵向退出将主轴停下。然后,测量。测量结果合要求,可按原刻度继续纵向车削。

最后,调整尺寸。如尺寸不合格,可按要求调整

②切削。在试切基础上获得了合格的尺寸,就可进行切削,注意车刀至末端 2 mm 左右时,手动进刀,以免发生走刀尺寸过长。车至相应位置后退出车刀,最后关机。

③检验。每个零件完工要进行检验,以确保产品质量。

8.7 车削操作

8.7.1 车外圆

将工件表面车成圆柱形状的方法,称为车外圆(图 8-25)。常用 85°车刀,90°偏刀,有台阶的外圆,可分低台阶和高台阶。高台阶,即相邻两直径差大于或等于 5 mm。

外圆车削步骤:

①试切(开车对刀—切削 2 mm 长—关机—进行测试—调整尺寸)。

②切削。

③检验。台阶外圆的加工应大于 90°的偏刀,两台阶外圆直径差小于 5 mm 的可一次车削完成,大于 5 mm 的应分层切削,最后一刀走到相应位置,应沿径向由内向外走刀车出。

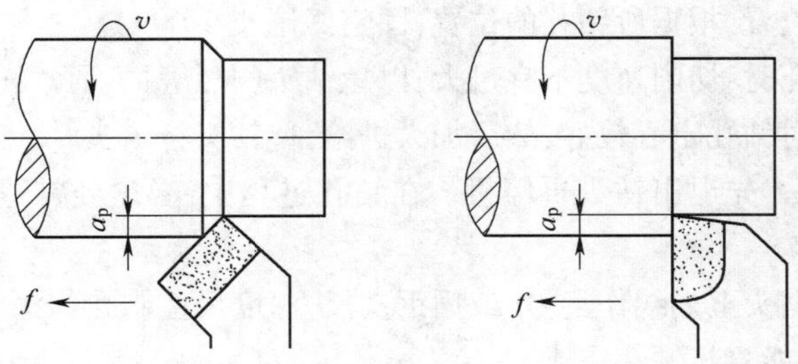

图 8-25　车削外圆

外圆台阶的测量:粗车可用外径千分尺、钢尺,一般常用游标卡尺测量。精车可用外径螺旋测微器测量。

8.7.2 车端面

端面一般作为轴类、盘套类零件的轴向基准,车削时应先车端面。端面车削常用 85°车刀,90°偏刀,如图 8-26 所示。

车削步骤:首先,开车对刀。对刀后横向退出工件;其次,调整尺寸控制 a_p,转动小拖板刻度盘;接着,切削,切到工件回转中心,纵退,横退;然后,关机;最后,测量。如有要求调整尺寸再重复切削。

车削端面,注意以下几点:

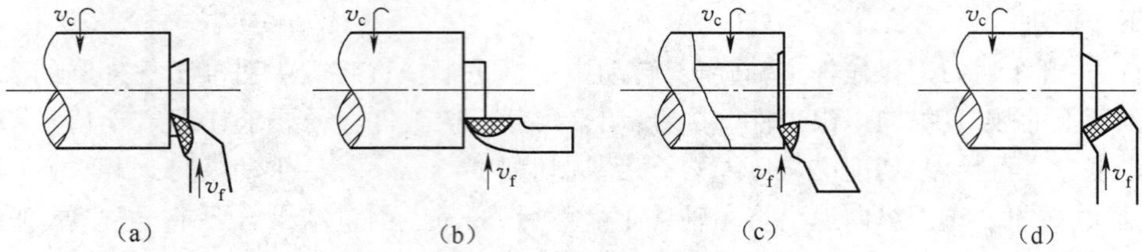

图 8-26　车端面

①安装车刀,刀尖对准工件的回转中心,否则车出的端面会留下凸台。

②安装工件时,要对其外圆进行找正。

③车削时由于被切的面直径不断变化,从而使切削速度不断变小,会影响端面粗糙度,因此车削时切削速度应选大一些。

8.7.3　孔加工

在车床上可使用钻头、扩孔钻、铰刀、镗刀进行钻孔、扩孔、铰孔、镗孔。

(1)钻孔

钻头在实体材料上加工出孔的方法,称为钻孔。对精度要求不高的孔,可采用钻头直接钻出后,不作其他加工。加工精度为 IT10,表面粗糙度 *Ra* 值为 6.3 μm,钻头根据其构造以及用途不同,可分为麻花钻、扁钻、中心钻、扩孔钻、深孔钻。一般材料:高速钢。

在车床钻孔的步骤:

首先,车端面,方便钻头定心,如要求较高先钻中心孔定位。

其次,装夹钻头,直柄可加在钻夹头上,锥柄装在尾架套筒的锥孔中。装夹钻头时应注意直柄或锥柄一定要套紧。

然后,调整尾架位置,根据所钻孔的位置,固定好尾架。

最后,钻削。钻孔时,切削速度不宜过大,以免钻头剧烈磨损,通常 $v_c = 18 \sim 36$ m/min。

钻孔起步宜慢,对钻孔定心较好,然后加大进给,待钻头将出头时一定放慢速度,否则钻头易断,钻孔通了以后,先退出钻头再停机。在钻孔过程中,必须经常退出钻头进行排屑和冷却。

如钻盲孔:可在钻头上划线作记号,或用钢皮尺、深度尺控制孔的深度。

孔要求较高时不能直接钻孔完成。

原因:

①钻头以手工磨为主,因此会造成两刃不对称,从而使孔径偏大。

②手动钻孔,速度不均匀,造成粗糙度较差。

③钻头棱边较窄,造成导向性较差,直线度不理想。

④钻孔时,因散热和排屑均困难易刮伤已加工表面。

(2)扩孔

扩孔就是将已加工的孔用扩孔钻(或麻花钻)进行半精加工、精加工,具体方法同钻孔。加工精度 IT9~IT10,表面粗糙度 *Ra* 值为 3.2~6.3 μm。

(3)铰孔

用铰刀对已钻出的孔进行加工。一般用于加工较小的孔。加工精度 IT7~IT8,表面粗糙度 *Ra* 值为 0.8~1.6 μm,铰孔方法与钻孔大致相似。

(4) 镗孔

镗孔(图 8-27)是对铸孔、锻孔或钻孔精度达不到要求,进行再加工的加工工艺,加工范围很广,镗孔精度可达 IT7~IT8,表面粗糙度 Ra 值为 0.8~1.6 μm。

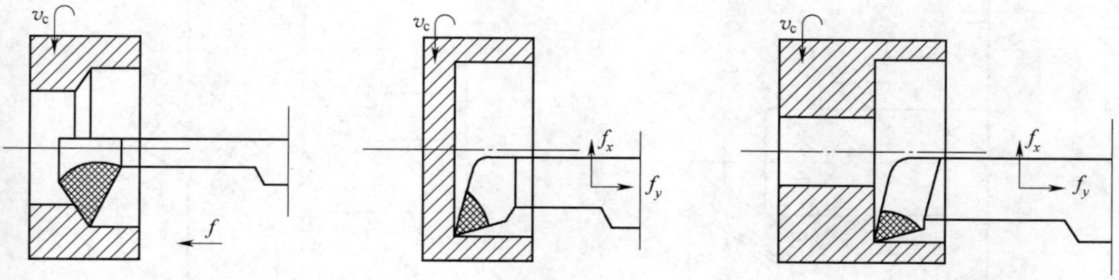

(a) 镗通孔　(b) 镗盲孔　(c) 镗台阶孔

图 8-27　镗孔工作

镗孔的方法:

①小镗刀的几何角度:通孔一般选主偏角 75°~85°,台阶孔和盲孔一般选主偏角大于 90°。

②镗孔刀的安装:a. 刀杆与主轴线平行。b. 伸出长度尽量短,以免刚性不足产生振动。c. 刀尖中心略高于主轴中心,镗盲孔刀尖不要等高。

③镗刀的切削用量选择:因为刀杆细,刀头散热条件差,排屑比较困难,易产生振动。所以切削用量选择较小。

④切削方向:注意与外圆(a_p)正好相反,试切及进刀方向都要方向相反。

镗孔的测量方法:粗加工,可用内径千分尺,钢尺,一般可用游标卡尺。精加工:可用内径螺旋微测器,内径量表以及塞规。孔深:一般可用游标卡尺。

8.7.4　车圆锥

圆锥结构的优点有:配合紧密、装拆方便、定心准确、同轴度高,小锥度配合表面传递扭矩大。

圆锥各部分名称如图 8-28 所示。

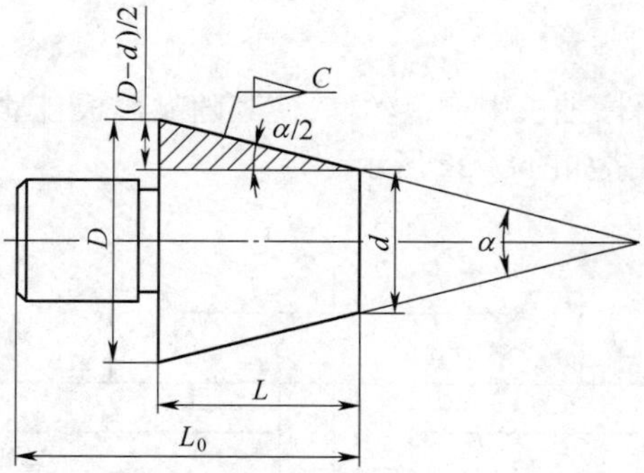

α——圆锥角;

$\alpha/2$——圆锥半角;　$\tan\dfrac{\alpha}{2}=\dfrac{D-d}{2l}$

L——锥体长度;

D——大端直径;　$\tan\alpha=\dfrac{D-d}{l}$

d——小端直径

图 8-28　圆锥各部分名称

车削锥体方法有宽刀法、转动小刀架法、偏移尾架法、靠模法四种。

(1) 宽刀法(图 8-29)。这种方法适用于车削较短的锥体。

优点:加工速度快,能加工任意角度的圆锥面。

缺点:加工面不能太长,并要求机床刚性好。

(2) 转动小刀架法(图 8-30)。松开螺钉,将小拖板绕轴转动一定角度,然后固定螺钉。

加工时转动小拖板手柄,使车刀沿着锥体的母线移动,从而达到所需的圆锥尺寸。转动小刀架法是较常用的锥体车削方法。

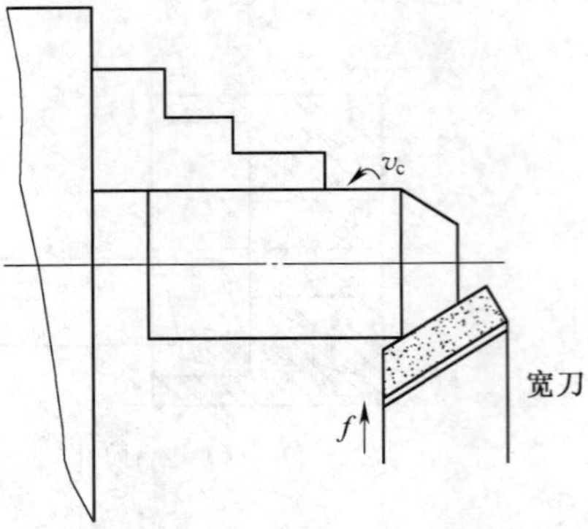

图 8-29　宽刀法

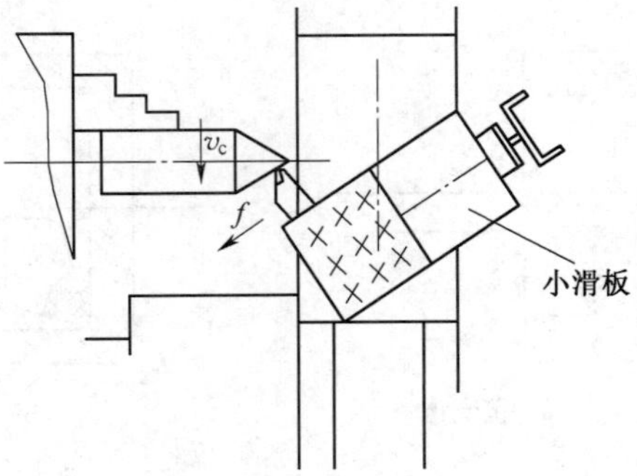

图 8-30　转动小刀架法

优点:①能车整锥体和圆锥孔;②能车削圆锥很大的工件;③调整角度方便,操作简单。

缺点:①手动操作,劳动强度大,表面粗糙度较难控制;②由于受拖板行程限制,长度较长的锥体不能加工,否则质量难以保证。

(3)偏移尾架法(图 8-31)。把尾架顶尖偏移一个距离 S,使工件的旋转轴心线与主轴线相交一个 α 角,利用纵向进给运动,车出所需的锥度。

优点:可自动走刀,表面粗糙度较好,车出锥体较长。

缺点:①偏移量大,中心孔与顶尖配合接触较差,装夹不牢固;②锥角不能太大;③不能车锥孔。所以:一般使用锥度较小工件。

尾架偏移量计算:

$$S \approx \frac{L(D-\mathrm{d})}{2l}$$

式中　S——尾座偏移量;

l——工件锥体部分长度;

L——工件总长度;

D、d——锥体大头直径和锥体小头直径。

(4)靠模法(图 8-32):在车床装上一定的附件,抽去中拖板丝杠,使其随靠模板自动进给。对某些要求高,批量又大的工件,常采用此方法如图 8-32 所示。

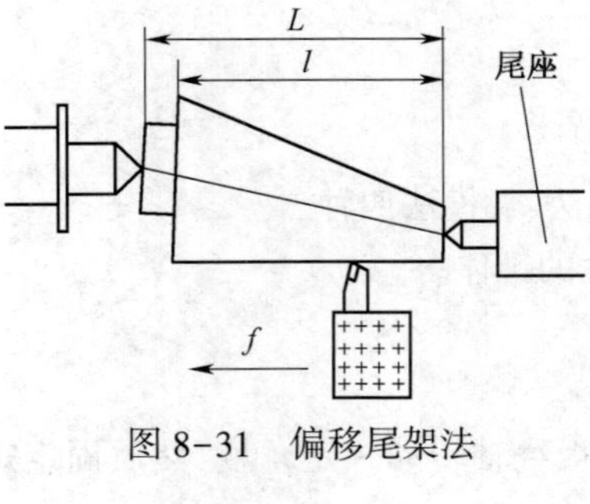

图 8-31　偏移尾架法

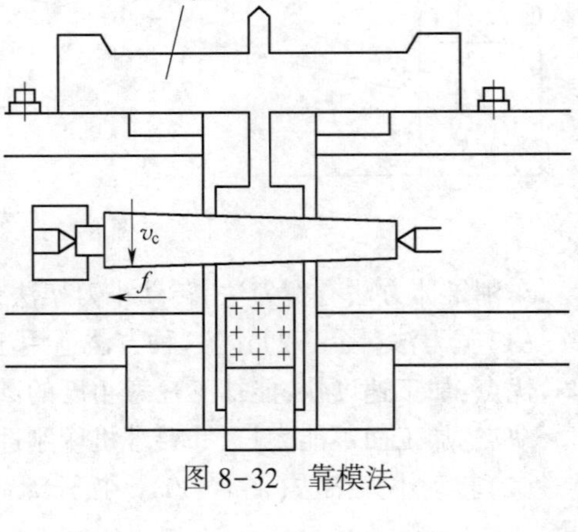

图 8-32　靠模法

优点:精度高;中心孔接触良好;自动车削锥体。

缺点:角度调整范围较小,一般小于 12°,目前此法已逐渐被数控车床替代,在数控车床上用编程的方法,可加工出所要的锥度。

常用圆锥工件的测量:

(1)锥角的测量:①用套规和塞规测量(涂色法);②用万能量角器测量(透光法),这种方法范围较大,测量精度为 2′~5′;③用样板(透光法)测量。

(2)锥面尺寸的测量。常用套规和塞规测量外锥和内锥尺寸,还可以用卡尺测量锥面的大小端尺寸。

8.7.5　切槽和切断

在回转体表面上车沟槽的方法称切槽。将坯料或加工好的零件从夹持端上分离下来的方法称切断。

1. 切槽

车床上槽的形式有外槽、内槽、端面槽,如图 8-33 所示。轴上的内、外槽可作为车螺纹的退刀槽和磨削的越程槽。

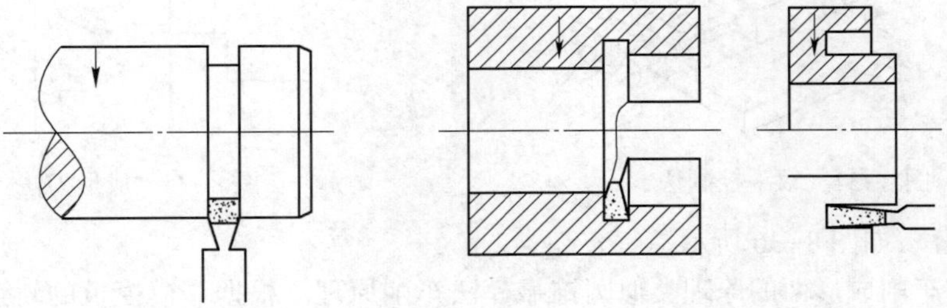

图 8-33　切槽及切槽刀

(1)切槽刀的角度和安装。

①角度:前角 10°~15°,后角 5°~8°。

②安装:a. 刀尖对准主轴线,b. 主切削刃平行于主轴线;c. 两边副偏角对称;d. 两侧副后角对称。

(2)切槽的方法。

①槽较小时(5 mm 以下),可采用主切削刃相等的刀一次切出,在横向进给中车出。

②大于 5 mm 的槽,可采用多次横向进给,最后一次横向后再纵向车出(前几刀 a_p 留一定余量)。

(3)尺寸测量。一般可采用卡尺和钢皮尺配合使用,也可用游标卡尺测量。

2. 切断

①刀具角度和安装同切槽刀基本相同,安装时应特别注意主切削刃一定要与主轴线等高。

②切削时进给量不宜过快,要均匀,须加冷却液。

8.7.6　成形面及滚花

(1)车成形面,具有曲线形状的母线的回转表面为成形面。如手柄手轮等,这些表面为成形面。加工方法一般有双手控制法,成形刀法,靠模法。

①双手控制法，如图 8-34 所示。

这种方法是普通车刀靠双手同时摇动纵、横向进给手柄，使刀尖运动轨迹符合工件面的要求，用样板反复测量。

优点：简单易行。

缺点：生产效率低，要有较高的操作技能。

②成形刀法，如图 8-35 所示

这种方法是用轴向剖面形状相同的车刀车出所需的成形面。适用于对尺寸要求不高，且尺寸较小的成形面。

优点：操作方便，生产率高，且能车出较准确的表面形状。

缺点：刀具制造及刃磨较困难。

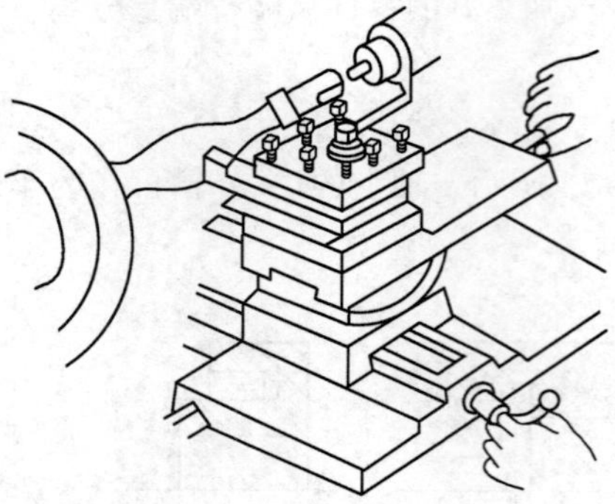

图 8-34　双手控制法

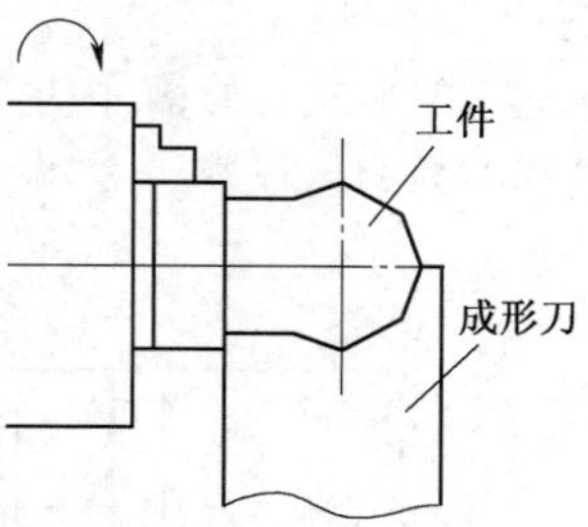

图 8-35　成形刀法

③靠模法，如图 8-36 所示。

靠模法车削成形面的原理类似圆锥靠模法车削原理。根据靠模模板的轨迹，车出成型面生产效率高，质量稳定，适用于批量生产。

(2)滚花

滚花是在车床上用特质滚花刀挤压工件表面，使其生产塑性变形而形成的花纹，如图 8-37所示。

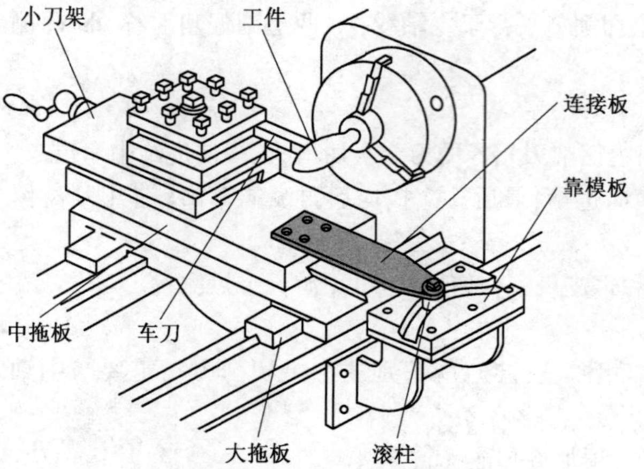

图 8-36　靠模法

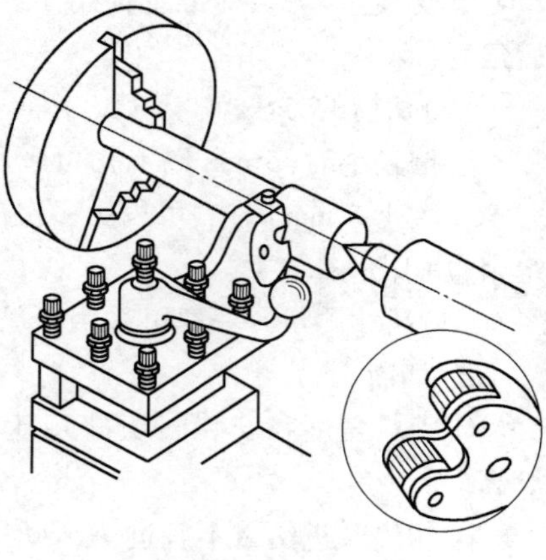

图 8-37　滚花

①用途：各种工具和机械零件的手握部分，可增加摩擦和零件美观。

②加工方法：开始滚压时，必须使用较大的压力进刀，使工件刻出较深的花纹，否则易产生乱纹。

③滚花刀的种类:按花纹的式样分直纹和网纹两种。

8.7.7　车螺纹

在圆柱表面上沿着螺旋线形成的,具有相同剖面的连续凸起和沟槽称为螺纹。在外圆上的螺纹称为外螺纹,内孔上的螺纹称为内螺纹。

(1)螺纹的种类很多,按牙型分有三角(普通)螺纹、梯形螺纹、锯齿形螺纹和矩形螺纹。按标准分有公制和英制螺纹两种,前者三角螺纹牙型角为 60°,用螺距或导程来表示其主要规格,后者三角螺纹的牙型角为 55°,用每英寸牙数作为主要规格。各种螺纹有右旋、左旋及单线、多线之分。其中公制三角形螺纹应用最广,称为普通螺纹,如图 8-38 所示。

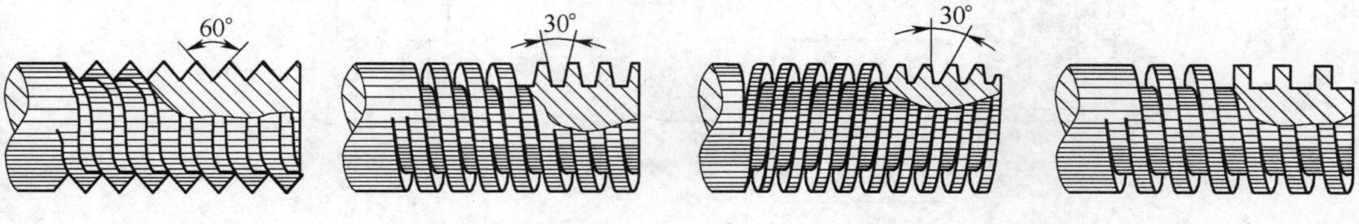

(a) 普通螺纹　(b) 梯形螺纹　(c) 锯齿形螺纹　(d) 矩形螺纹

图 8-38　螺纹的种类

①普通螺纹(55°、60°):常用连接螺纹,自锁性较好。

②梯形螺纹:又称爱克姆螺纹。传动效率较锯齿形螺纹稍小,但磨损后可用螺帽调整。常用作传动螺纹,双向受力好。

③锯齿形螺纹:适用于单向承载的螺旋传动。螺纹牙强度高,用于单向受力的传力螺旋;如螺旋压力机、千斤顶等。

④矩形螺纹:牙型为正方形因此又称方牙螺纹。传动效率大,仅次于滚珠螺纹。其缺点为磨损后无法用螺帽调整,一般用于虎钳螺杆及起重机的螺纹。

(2)普通螺纹(60°)各部分的名称以及尺寸,如图 8-39 所示。

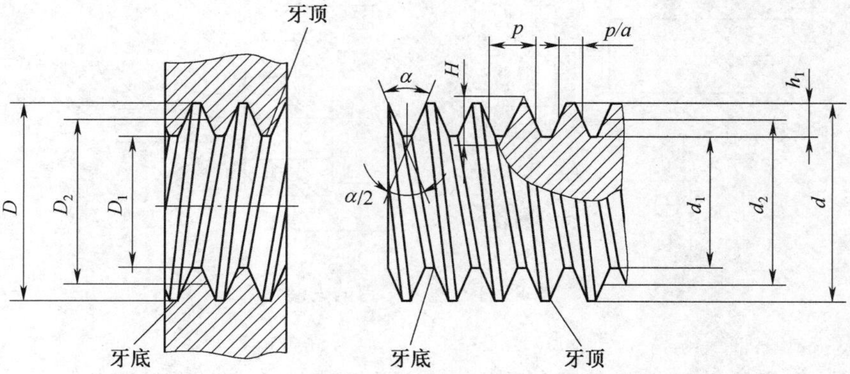

图 8-39　普通螺纹各部分的名称

①牙型角 $\alpha=60°$(角平分线)。

②螺距 P:沿轴线方向相邻两牙的距离。

③中经 D_2:它是平分螺纹理论高度的一个假想圆柱体的直径。在中经处螺纹厚度和槽宽相等 $D_2=D-0.689\ 5P$。

④工作高度 h:螺纹的实际工作高度 $h=0.581\ 3P$。

⑤三角形螺纹原始高度:$H=0.866P$。

⑥内径：$d_1=d-1.082P$。

其中大径、中径、螺距、牙形角是螺纹的基本要素，也是车削时必须要控制好的部分。

(3)传动原理及机床调整，如图 8-40 所示。

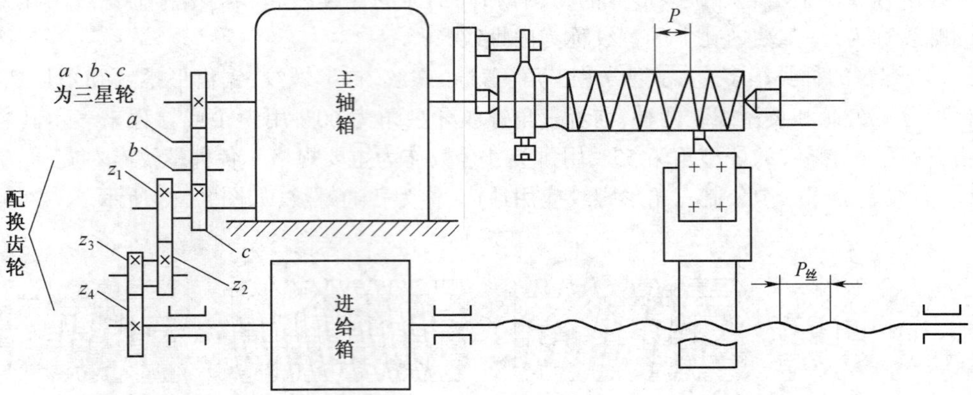

图 8-40　车螺纹时的传动示意图

车螺纹时，必须满足的运动关系是：工件每转一转时，车刀必须准确地移动一个螺距或导程。这种关系是靠调整车床实现的，调整时，首先通过手柄把丝杠接通，再根据工件的螺距，按进给箱上所示的手柄位置，来配换齿轮的齿数及进给箱变速手柄位置。

(4)螺纹车刀的特点：

①车刀的刀尖角 α 等于螺纹的牙型角，前角 $\gamma_0=0°$时，才能保证工件螺纹的牙型角。如刀尖前角 $\gamma_0=15°$时，刀尖角应磨小至 58°16′左右。

②车刀的左右切削刃必须是直线。

③车刀的后角因受螺旋角的影响，应磨的较大。

(5)螺纹车刀的安装，如图 8-41 所示。

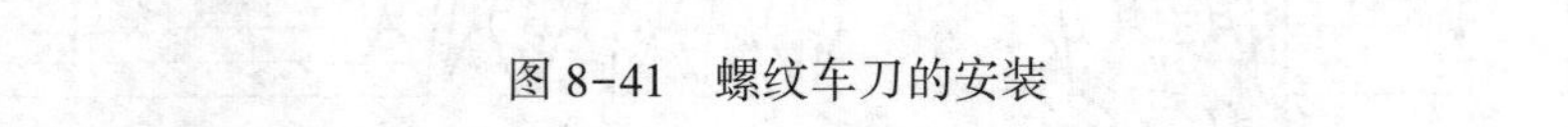

图 8-41　螺纹车刀的安装

①刀尖和主轴线等高。

②刀尖角度用样板对准，使其角平分线与主轴线垂直，车出的牙型角不会偏斜。

(6)螺纹加工方法与步骤。

乱扣：车削螺纹时，一般要分几刀完成，当车第二刀时，刀尖偏移前一次吃刀车出的螺旋线，而把螺纹车乱，称为乱扣。乱扣产生原因是：当丝杠转一转时，工件未能转过整数转。

工件的螺距公式：$\dfrac{P_I}{P_{丝}}=\dfrac{n_{丝}}{n_I}$

车削方法与步骤如下所述。

①正反车法：适用于各种螺距的螺纹。车削步骤如图 8-42 所示。

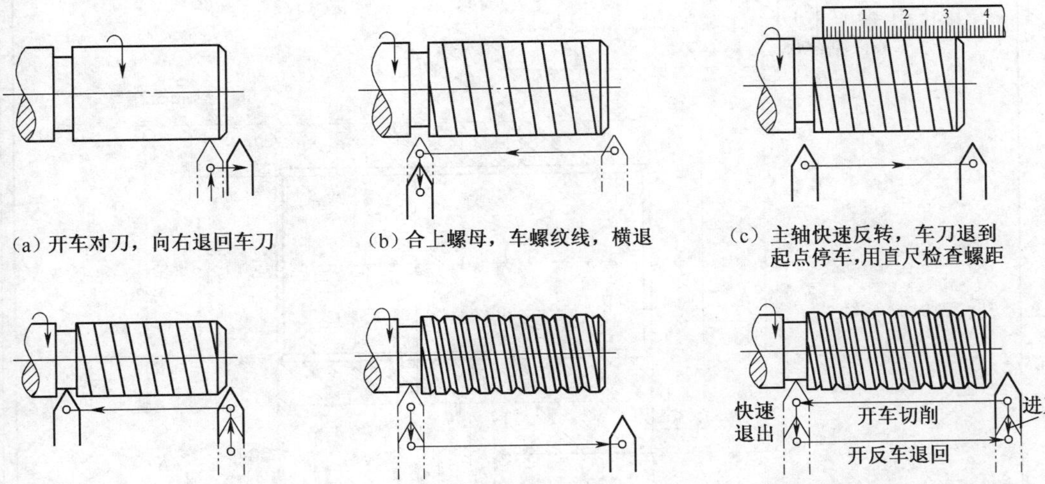

(a) 开车对刀，向右退回车刀　(b) 合上螺母，车螺纹线，横退　(c) 主轴快速反转，车刀退到起点停车，用直尺检查螺距

(d) 调整中 a_P，开车切削　(e) 车刀到头，快速横退、停车，主轴反转，车刀退到起点　(f) 再次横向调整 a_P 重复前图

图 8-42　螺纹车削的操作步骤

②抬闸法：利用开合螺母抬起、压下车削螺纹，这种方法操作简单，但不能解决乱扣问题，只适用于车床丝杠螺距为工件螺距的整数倍的情况。操作方式：螺纹牙型的车削，一般要多次走刀完成，其进刀方法有三种，如图 8-43 所示。

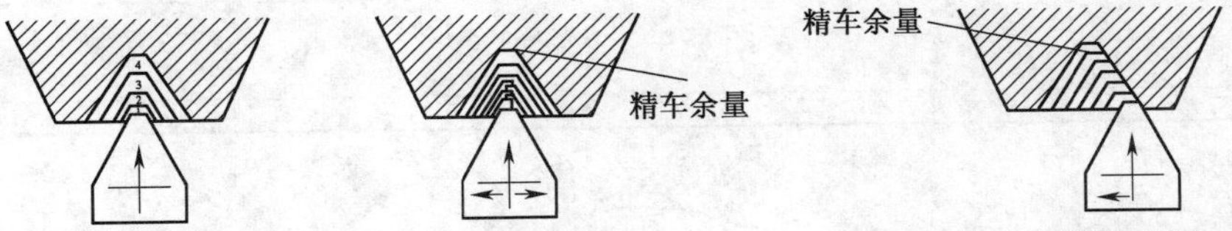

(a) 直进切削法　(b) 左右切削法　(c) 斜进切削法

图 8-43　螺纹的三种车削方法

③直进切削法：用中拖板垂直方向进给若干刀，两个切削刃同时参加切削，此种方法适用于小螺距螺纹。

④左右切削法：用中拖板垂直方向进给若干刀，同时用小拖板左右微量进刀，若每次一个刀刃都参加切削，则操作比较复杂，但车削平稳，适用于大螺距螺纹。

⑤斜进切削法：用中拖板垂直方向进给若干刀，同时小拖板向一个方向微量进刀，主要用于粗车。

(7) 螺纹的测量：

螺纹主要测量大径、螺距、牙型角和中径。

大径：常用游标卡尺测量。螺距：由车床运动关系来保证，所以用钢尺或游标卡尺即可。牙型角：由车刀的刀尖角的安装来保证。一般用样板测量。中径：常用螺纹百分尺测量，在成批生产中可用螺纹环规、塞规测量。

8.8　实训及评分标准

车工实训要求如图 8-44 和图 8-45 所示，评分标准见表 8-2 所示，工件质量考核标准见表 8-3 所示。

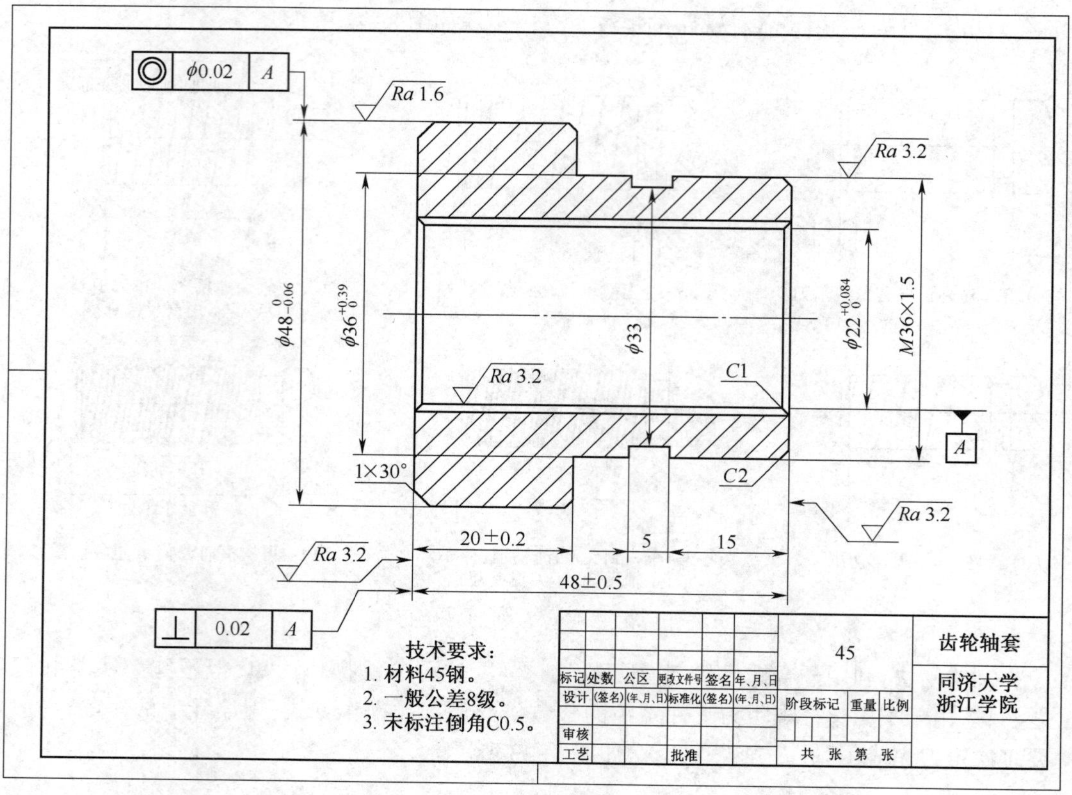

图 8-44 齿轮轴套

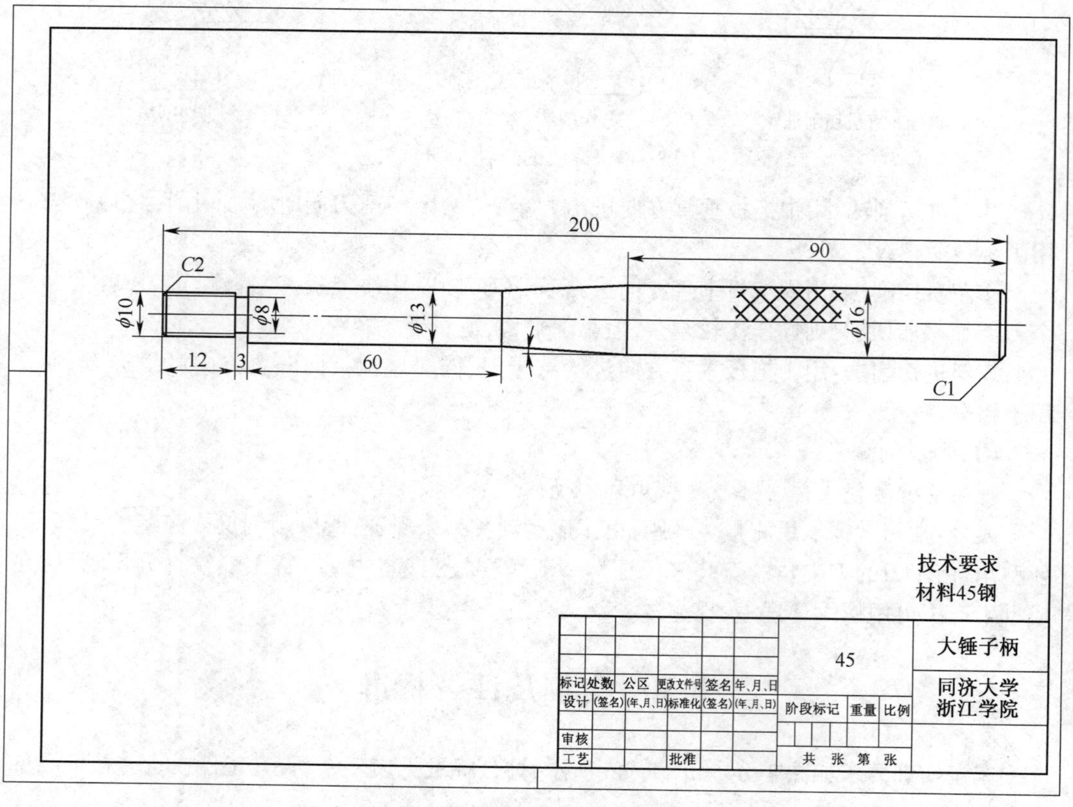

图 8-45 车端面

表 8-2　实训评分标准

考核项目	考核内容	考核要求	分值	评分标准
准备工作 20 分	车刀的安装，三爪自定心卡盘的拆装及工件的装夹	车刀安装，符合要求	5 分	车刀与主轴线不等高扣 1 分，刀尖伸出长度不符合要求扣 1 分，刀杆与主轴线不垂直扣 1 分，未及时取下扳手扣 1 分，装夹不熟练扣 1 分
		三爪拆装熟练	5 分	规定时间内拆装完成(15 分钟)扣 0 分，每超 2 分钟扣 1 分
		工件装夹，熟练牢固	10 分	装夹工件未将主轴转速置于空挡及切断电源扣 2 分，装夹过程中工件掉下扣 2 分，安装完毕工件跳动较大酌情扣 2~8 分，未将扳手及时取下扣 2 分
基本操作 20 分	车床操作及调整	熟练调整主轴转速	5 分	变速不规范及变速不正确一次酌情扣 2~5 分
		熟练调整各种进给量	5 分	进给量调整不规范及调整不正确一次酌情扣 2~5 分
		正确使用大拖板、中拖板、小拖板的刻度，熟练进行纵横向手动及自动的进给和退刀	10 分	根据熟练程度酌情评分
试车外圆和台阶 20 分	车削直径 30~50 mm 的外圆	车刀选用正确	5 分	正确得 5 分，不正确没分
		车削方法正确，三要素选用适当	5 分	视熟练程度酌情评分
		完成情况良好	10 分	视尺寸熟练情况酌情评分
试车端面 20 分	车削端面	车刀选用正确	5 分	正确得 5 分，不正确没分
		车削方法正确，三要素选用适当	5 分	视熟练程度酌情评分
		完成情况良好	10 分	视尺寸情况酌情评分
其他 20 分	安全文明实习	严格执行安全规程	10 分	违反安全规程一条扣 5 分，重复违反加倍扣分
		每天实习结束，按规定保养机床	10 分	视保养情况酌情评分

表 8-3　工件质量考核标准

考核项目	考核内容及要求	分值	评分标准
粗车齿轮轴套	$\phi49^{+0}_{-0.20}\times20$	20 分	误差超 0.01 扣 1 分，以此类推分
	$\phi38^{+0}_{-0.20}\times30$	30 分	误差超 0.01 扣 1 分，以此类推
	$\phi20$ 钻通孔	20 分	酌情评分
	长度 51±0.50	10 分	误差超 0.1 扣 2 分，以此类推
	安全文明实习	20 分	酌情评分

续表

考核项目	考核内容及要求	分值	评分标准
轮齿轴套	$\phi 48^{+0}_{-0.062}\times 20$	15分	误差超0.01扣1分,以此类推
	$\phi 36^{+0.39}_{-0.00}$	10分	误差超0.02扣1分,以此类推
	$\phi 32\times 6$ 切槽	10分	误差超0.5扣5分,以此类推
	$\phi 22^{+0.084}_{-0.000}$镗孔	15分	误差超0.01扣1分,以此类推
	长度50±0.50	10分	误差超0.1扣2分,以此类推
	螺纹质量M36×1.5	15分	酌情评分
	同轴度0.02	5分	酌情评分
	安全文明实习	20分	酌情评分
锤柄	$\phi 16$	10分	误差超0.1扣2分,以此类推
	表面花纹	10分	酌情评分
	$\phi 13^{+0}_{-0.12}$	15分	误差超0.1扣2分,以此类推
	$\phi 8\times 3$ 切槽	10分	酌情评分
	M10	10分	酌情评分
	粗糙度1.6 μm	5分	酌情评分
	粗糙度3.2 μm	5分	酌情评分
	锥度	5分	酌情评分
	总长100	5分	酌情评分
	倒角	5分	酌情评分
	安全文明实习	20分	酌情评分

第9章 铣削加工

铣工

9.1 概　　述

在铣床上用铣刀加工工件的工艺过程称为铣削加工，简称铣工。铣削是金属切削加工中常用的方法之一。铣削时，铣刀做旋转的主运动，工件做缓慢的直线进给运动。

1. 铣削特点

(1)铣刀是一种多齿刀具，在铣削时，铣刀的每个刀齿不像车刀和钻头那样连续地进行切削，而是间歇地进行切削，刀具的散热和冷却条件好，铣刀的耐用度高，可以承受较高的切削速度。

(2)铣削时经常是多齿进行切削，可采用较大的切削用量，与刨削相比，铣削有较高的生产率，在成批及大量生产中，铣削几乎已全部代替了刨削。

(3)由于铣刀刀齿的不断切入、切出，铣削力不断地变化，故而铣削容易产生振动。

2. 铣削用量

铣削时的铣削用量由切削速度、进给量、背吃刀量(铣削深度)和侧吃刀量(铣削宽度)四要素组成，其铣削用量如9-1所示。

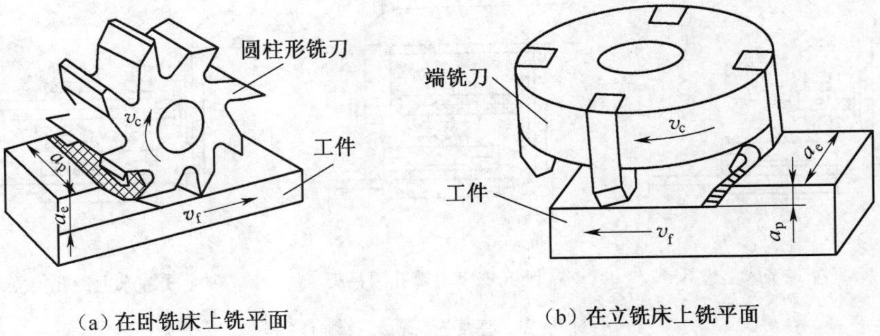

(a)在卧铣床上铣平面　　(b)在立铣床上铣平面

图9-1　铣削运运及铣削用量

(1)切削速度 v_c，切削速度即铣刀最大直径处的线速度，可由下式计算：

$$v_c = \frac{\pi dn}{1\ 000}$$

式中　v_c——切削速度(m/min)；

d——铣刀直径(mm)；

n——铣刀每分钟转数(r/min)。

(2)进给量 f，铣削时，工件在进给运动方向上相对刀具的移动量即为铣削时的进给量。由于铣刀为多刃刀具，计算时按单位时间不同，有以下三种度量方法。

①每齿进给量 f_Z(mm/Z)指铣刀每转过一个刀齿时，工件对铣刀的进给量(即铣刀每转过一个刀齿，工件沿进给方向移动的距离)，其单位为每齿 mm/Z。

②每转进给量f,指铣刀每一转,工件对铣刀的进给量(即铣刀每转一转,工件沿进给方向移动的距离),其单位为mm/r。

③每分钟进给量v_f,又称进给速度,指工件对铣刀每分钟进给量(即每分钟工件沿进给方向移动的距离),其单位为mm/min。上述三者的关系为:

$$v_f = fn = f_Z Zn$$

式中 Z——铣刀齿数;

n——铣刀每分钟转速(r/min)。

(3)背吃刀量(又称铣削深度)a_p,铣削深度为平行于铣刀轴线方向测量的切削层尺寸(切削层是指工件上正被刀刃切削着的那层金属),单位为mm。因周铣与端铣时相对于工件的方位不同,故铣削深度的数值也有所不同。

(4)侧吃刀量(又称铣削宽度)a_c,铣削宽度是垂直于铣刀轴线方向测量的切削层尺寸,单位为mm。

铣削用量选择的原则:通常粗加工时为了保证必要的刀具耐用度,应优先采用较大的侧吃刀量或背吃刀量,其次是加大进给量,最后才是根据刀具耐用度的要求选择适宜的切削速度,这样选择是因为切削速度对刀具耐用度影响最大,进给量次之,侧吃刀量或背吃刀量影响最小;精加工时为减小工艺系统的弹性变形,必须采用较小的进给量,同时为了抑制积屑瘤的产生。对于硬质合金铣刀应采用较高的切削速度,对高速钢铣刀应采用较低的切削速度,如铣削过程中不产生积屑瘤时,也应采用较大的切削速度。

3. 铣削的应用

铣床的加工范围很广,可以加工平面、斜面、垂直面、各种沟槽和成形面(如齿形),如图9-3所示。有时孔的钻、镗加工,也可在铣床上进行,如图9-2所示。

铣床的加工精度一般为IT8~IT9;表面粗糙度一般为Ra值1.6~6.3 μm。

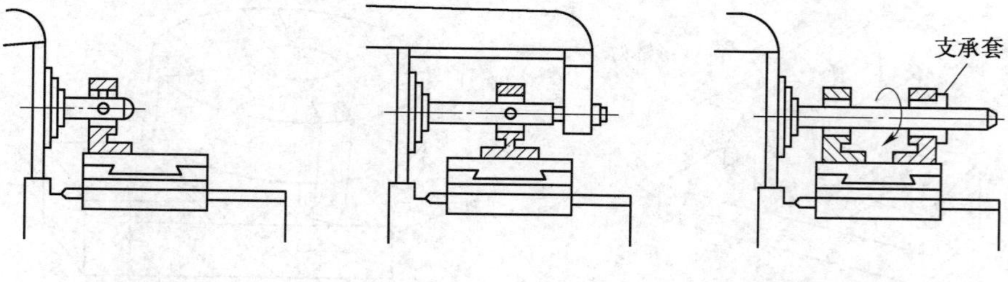

(a)卧式铣床上镗孔　(b)卧式铣床上镗孔用吊架　(c)卧式铣床上镗孔用支承套

图9-2　在卧式铣床上镗孔

4. 铣削方式

(1)周铣和端铣:用刀齿分布在圆周表面的铣刀而进行铣削的方式称为周铣;用刀齿分布在圆柱端面上的铣刀而进行铣削的方式称为端铣。与周铣相比,端铣铣平面时较为有利,因为:

①端铣刀的副切削刃对已加工表面有修光作用,能使粗糙度降低。周铣的工件表面则有波纹状残留。

②同时参加切削的端铣刀齿数较多,切削力的变化程度较小,因此工作时振动较周铣为小。

③端铣刀的主切削刃刚接触工件时,切屑厚度不等于零,使刀刃不易磨损。

④端铣刀的刀杆伸出较短,刚性好,刀杆不易变形,可用较大的切削用量。由此可见,端铣法的加工质量较好,生产率较高。所以铣削平面大多采用端铣。但是,周铣对加工各种形

面的适应性较广，而有些形面（如成形面等）则不能用端铣。

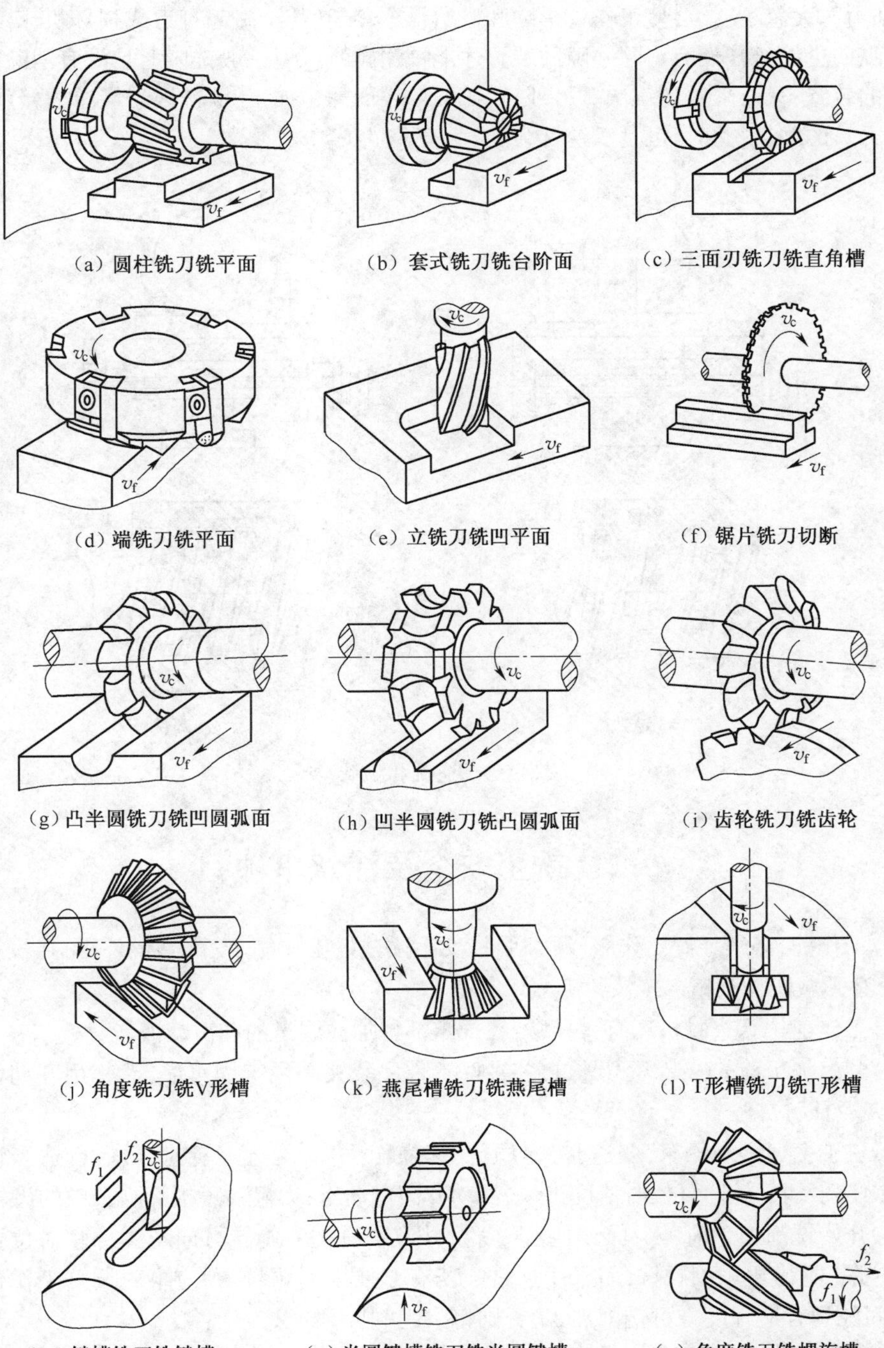

（a）圆柱铣刀铣平面　（b）套式铣刀铣台阶面　（c）三面刃铣刀铣直角槽

（d）端铣刀铣平面　（e）立铣刀铣凹平面　（f）锯片铣刀切断

（g）凸半圆铣刀铣凹圆弧面　（h）凹半圆铣刀铣凸圆弧面　（i）齿轮铣刀铣齿轮

（j）角度铣刀铣V形槽　（k）燕尾槽铣刀铣燕尾槽　（l）T形槽铣刀铣T形槽

（m）键槽铣刀铣键槽　（n）半圆键槽铣刀铣半圆键槽　（o）角度铣刀铣螺旋槽

图 9-3　铣削加工的应用范围

（2）逆铣和顺铣（图 9-4）：周铣有逆铣法和顺铣法之分。逆铣时，铣刀的旋转方向与工件的进给方向相反；顺铣时，则铣刀的旋转方向与工件的进给方向相同。逆铣时，切屑的厚度从零开始渐增。实际上，铣刀的刀刃开始接触工件后，将在表面滑行一段距离才真正切入金属。这就使得刀刃容易磨损，并增加加工表面的粗糙度。逆铣时，铣刀对工件有上抬的切削分力，影响工件安装在工作台上的稳固性。顺铣则没有上述缺点。但是，顺铣时工件的进给会受工作台传动丝杠与螺母之间间隙的影响。因为铣削的水平分力与工件的进给方向相同,铣削力忽大忽小,就会使工作台窜动和进给量不均匀,甚至引起打刀或损坏机床。因此,必须在纵向进给丝杠处有消除间隙的装置才能采用顺铣。但一般铣床上是没有消除丝杠螺母间隙的装置,只能采用逆铣法。另外,对铸锻件表面的粗加工,顺铣因刀齿首先接触黑皮,将加剧刀具的磨损,此时,也是以逆铣为妥。

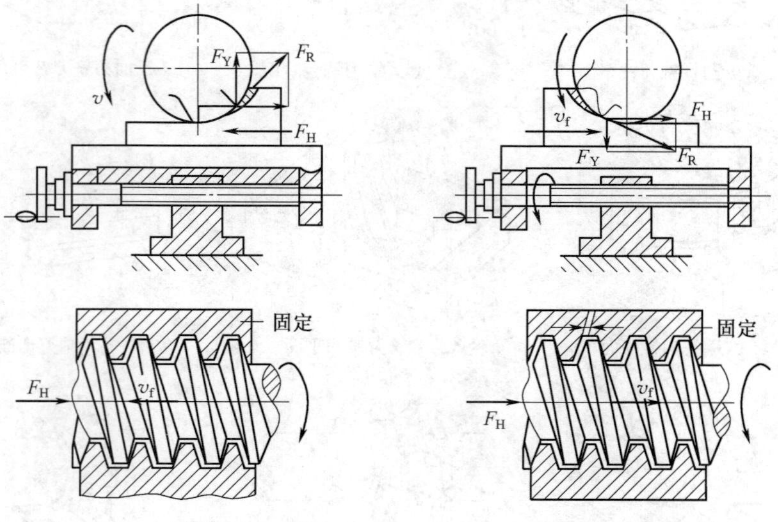

图 9-4 逆铣和顺铣

9.2 铣工安全及注意事项

(1)工作前,必须穿好工作服(军训服),女生须戴好工作帽,发辫不得外露,在执行飞刀操作时,必须戴防护眼镜。

(2)工作前认真查看机床有无异常,在规定部位加注润滑油和冷却液。

(3)开始加工前先安装好刀具,再装夹好工件。装夹必须牢固可靠,严禁用开动机床的动力装夹刀杆、拉杆。

(4)主轴变速必须停车,变速时先打开变速操作手柄,再选择转速,最后以适当快慢的速度将操作手柄复位。复位时速度过快,冲动开关难动作;太慢易于损坏啮合中的齿轮。

(5)开始铣削加工前,刀具必须离开工件,并应查看铣刀旋转方向与工件相对位置是顺铣还是逆铣,通常不采用顺铣,而采用逆铣。若有必要采用顺铣,则应事先调整工作台的丝杠螺母间隙到合适程度方可铣削加工,否则将引起"扎刀"或打刀现象。

(6)在加工中,若采用自动进给,必须注意行程的极限位置;必须严密注意铣刀与工件夹具间的相对位置,以防发生过铣、撞铣夹具而损坏刀具和夹具。

(7)加工中,严禁将多余的工件、夹具、刀具、量具等摆在工作台上。以防碰撞、跌落,发生人身、设备事故。

(8)机床在运行中不得擅离岗位或委托他人看管。不准闲谈、打闹和开玩笑。

(9)两人或多人共同操作一台机床时,必须严格分工,分段操作,严禁同时操作一台机床。

(10)中途停车测量工件,不得用手强行刹住惯性转动着的铣刀主轴。

(11)铣后的工件取出后,应及时去毛刺,防止拉伤手指或划伤堆放的其他工件。

(12)发生事故时,应立即切断电源,保护现场,参加事故分析,承担事故应负的责任。

(13)工作结束应认真清扫机床、加油,并将工作台移向立柱附近。

(14)打扫工作场地,将切屑倒入规定地点。

(15)收拾好所用的工、夹、量具,摆放于工具箱中,工件交检。

9.3　铣工实习要求及内容

(1)了解铣削加工的工艺特点及加工范围。

(2)了解常用铣床的组成、运动和用途,了解铣床常用刀具和附件的大致结构与用途。

(3)熟悉铣削加工的加工方法和测量方法,了解用分度头进行简单分度加工的方法。

(4)在铣床上正确安装工件、刀具并完成对平面、沟槽等的铣削。

9.4　铣　　床

铣床种类很多,常用的有卧式铣床、立式铣床、龙门铣床和数控铣床及铣镗加工中心等。在一般工厂,卧式铣床和立式铣床应用最广,其中卧式万能升降台式铣床,简称万能卧式铣床,应用最多,特加以介绍。

1. 卧式万能铣床

卧式万能升降台铣床简称万能铣床,如图 9-5 所示,是铣床中应用最广的一种。其主轴是水平的,与工作台面平行。下面以实习中所使用的 X6132 铣床为例,介绍卧式万能铣床型号以及组成部分和作用。

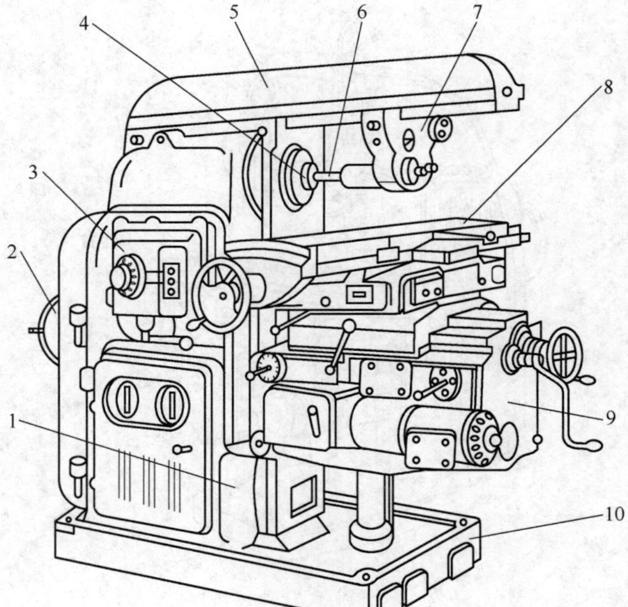

图 9-5　X6132 卧式万能升降台铣床

1—床身;2—电动机;3—变速机构;4—主轴;5—横梁;6—刀杆;7—刀杆支架;8—纵向工作台;9—导轨;10—底座

万能铣床的型号：

X6132
- 主参数代号：表示工作台宽度的1/10,即工作台宽度为320 mm。
- 型别代号：表示万能升降台铣床。
- 组别代号：表示卧式铣床。
- 类别代号：表示铣床类（X为“铣床”汉语拼音和第一字母，直接读音为“铣”）

X6132 万能卧式铣床的主要组成部分及作用：

①床身。用来固定和支承铣床上所有的部件。电动机、主轴及主轴变速机构等安装在它的内部。

②横梁。它的上面安装吊架,用来支承刀杆外伸的一端,以加强刀杆的刚性。横梁可沿床身的水平导轨移动,以调整其伸出的长度。

③主轴。主轴是空心轴,前端有 7∶24 的精密锥孔,其用途是安装铣刀刀杆并带动铣刀旋转。

④纵向工作台。在转台的导轨上做纵向移动,带动台面上的工件做纵向进给。

⑤横向工作台。位于升降台上面的水平导轨上,带动纵向工件一起做横向进给。

⑥转台。作用是将纵向工作台在水平面内扳转一定的角度,以便铣削螺旋槽。

⑦升降台。它可以使整个工作台沿床身的垂直导轨上下移动,以调整工作台面到铣刀的距离,并做垂直进给。

带有转台的卧铣床,由于其工作台除了能做纵向、横向和垂直方向移动外,还能在水平面内左右扳转 45°,因此称为万能卧式铣床。

2. 立式升降台铣床

立式升降台铣床,如图 9-6 所示。其主轴与工作台面垂直。有时根据加工的需要,可以将立铣头(主轴)偏转一定的角度。

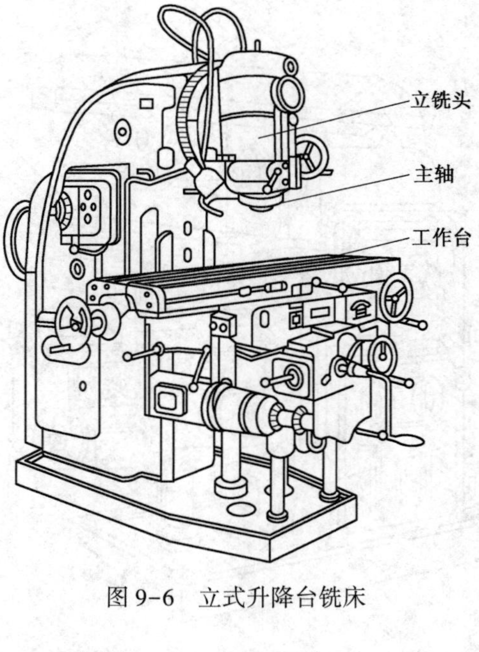

图 9-6 立式升降台铣床

3. 龙门铣床

龙门铣床属大型机床之一,图 9-7 为四轴龙门铣床外形图。它一般用来加工卧式、立式铣床不能加工的大型工件。

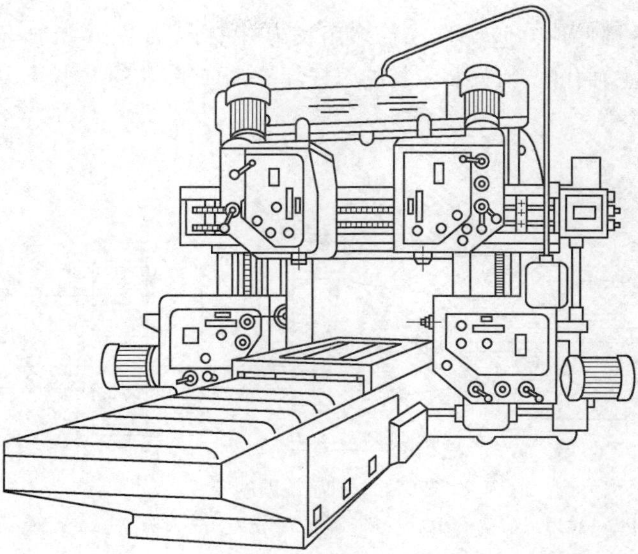

图 9-7　四轴龙门铣床外形

9.5　铣刀及其安装

1. 铣刀

铣刀的分类方法很多,根据铣刀安装方法的不同可分为两大类,即带孔铣刀和带柄铣刀。带孔铣刀多用在卧式铣床上,带柄铣刀多用在立式铣床上。带柄铣刀又分为直柄铣刀和锥柄铣刀。

(1)常用的带孔铣刀有如下几种

①圆柱铣刀:其刀齿分布在圆柱表面上,遍常分为直齿(图 9-1a)和斜齿(图 9-3a)两种,主要用于铣削平面。由于斜齿圆柱铣刀的每个刀齿是逐渐切入和切离工件的,故工作较平稳,加工表面粗糙度数值小,但有轴向切削力产生。

②圆盘铣刀:即三面刃铣刀、锯片铣刀等。图 9-3(c)所示为三面刃铣刀,主要用于加工不同宽度的直角沟槽及小平面、台阶面等。锯片铣刀[图 9-3(f)]用于铣窄槽和切断。

③角度铣刀:如图 9-3(j)、(k)、(o)所示,具有各种不同的角度,用于加工各种角度的沟槽及斜面等。

④成形铣刀:如图 9-3(g)、(h)、(i)所示,其切刃呈凸圆弧、凹圆弧、齿槽形等。用于加工与切刃形状对应的成形面。

(2)常用的带柄铣刀有如下几种

①立铣刀:如图 9-3(e)和图 9-11 所示。立铣刀有直柄和锥柄两种,多用于加工沟槽、小平面、台阶面等。

②键槽铣刀:如图 9-3(m)所示,专门用于加工封闭式键槽。

③T 形槽铣刀:如图 9-3(l)所示,专门用于加工 T 形槽。

④镶齿端铣刀:如图 9-3(d)所示,一般刀盘上装有硬质合金刀片,加工平面时可以进行高速铣削,以提高工作效率。

2. 铣刀的安装

(1)带孔铣刀的安装

带孔铣刀中的圆柱形、圆盘形铣刀，多用长刀杆安装，如图 9-8 所示。长刀杆一端有 7 : 24锥度与铣床主轴孔配合，安装刀具的刀杆部分，根据刀孔的大小分几种型号，常用的有 $\phi16$、$\phi22$、$\phi27$、$\phi32$ 等。

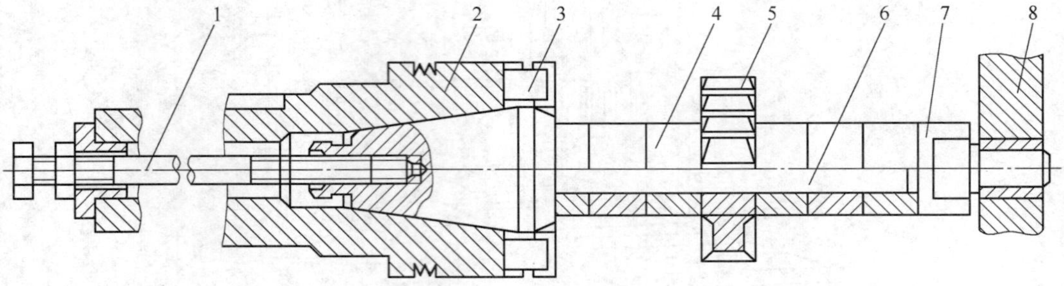

图 9-8　圆盘铣刀的安装

1—拉杆；2—铣床主轴；3—端面键；4—套筒；5—铣刀；6—刀杆；7—螺母；8—刀杆支架

用长刀杆安装带孔铣刀时要注意：

①铣刀应尽可能地靠近主轴或吊架，以保证铣刀有足够的刚性；套筒的端面与铣刀的端面必须擦干净，以减小铣刀的端跳；拧紧刀杆的压紧螺母时，必须先装上吊架，以防刀杆受力弯曲。

②斜齿圆柱铣所产生的轴向切削力应指向主轴轴承，主轴转向与铣刀旋向的选择见表 9-1。

表 9-1　主轴转向与斜齿圆柱铣刀旋向的选择

情况	铣刀安装简图	螺旋线方向	主旋转方向	轴向力的方向	说　明
1	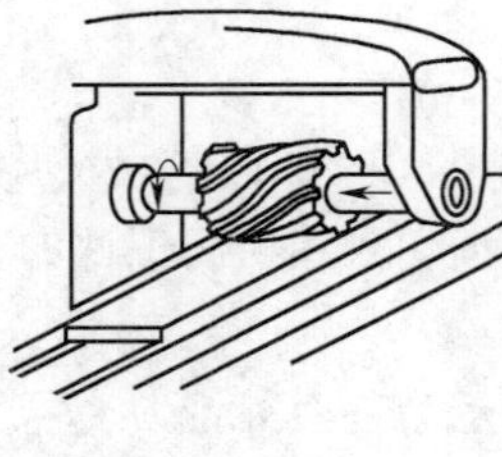	左旋	逆时针方向旋转	向着主轴轴承	正确
2	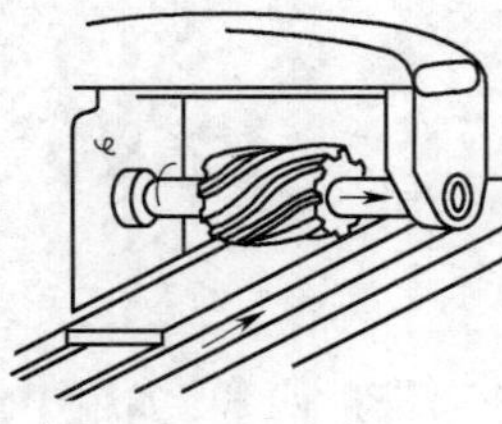	左旋	顺时针方向旋转	离开主轴轴承	不正确

带孔铣刀中的端铣刀，多用短刀杆安装，如图 9-9 所示。

如图 9-10 所示，带孔铣刀要采用铣刀杆安装，先将铣刀杆锥体一端插入主轴锥孔，用拉杆拉紧。通过套筒调整铣刀的合适位置，刀杆另一端用吊架支承。

图 9-11 所示为安装圆柱铣刀的步骤。

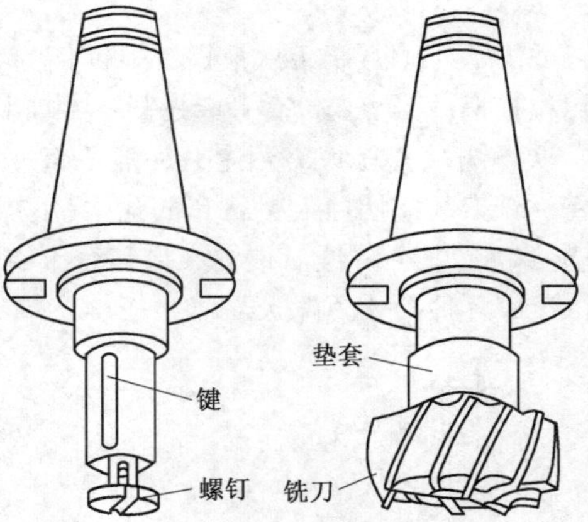

图 9-9　端铣刀的安装

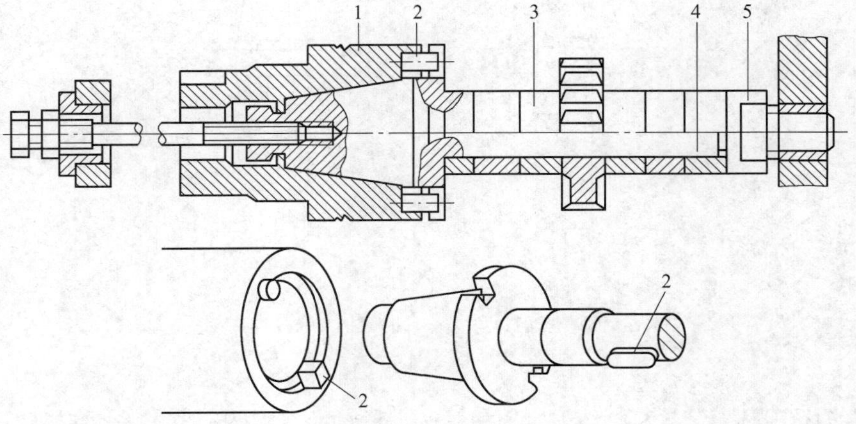

图 9-10　带孔铣刀的安装

1—主轴;2—键;3—套筒;4—刀轴;5—螺母

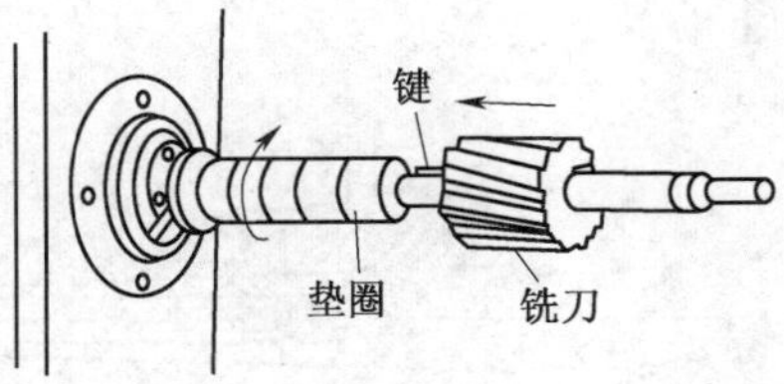

（a）刀杆上先套上几个垫圈，装上键，再套上铣刀

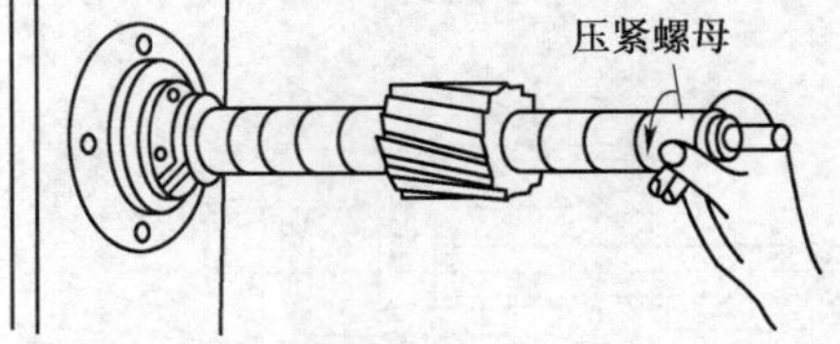

（b）铣刀外边的刀杆上再套上几个垫圈后，拧上左旋螺母

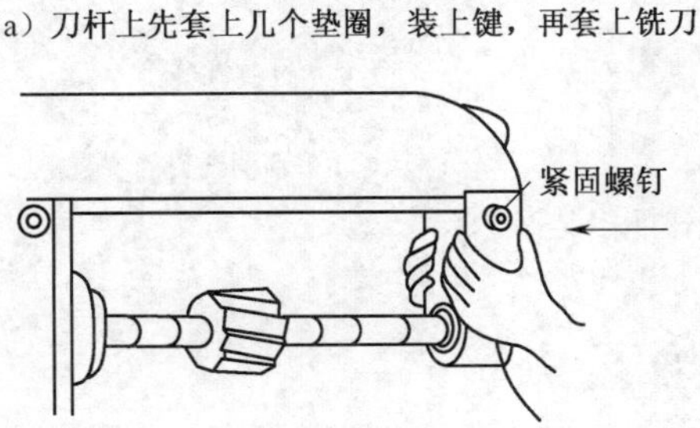

（c）装上支架，拧紧支架紧固螺钉，轴承孔内加油润滑

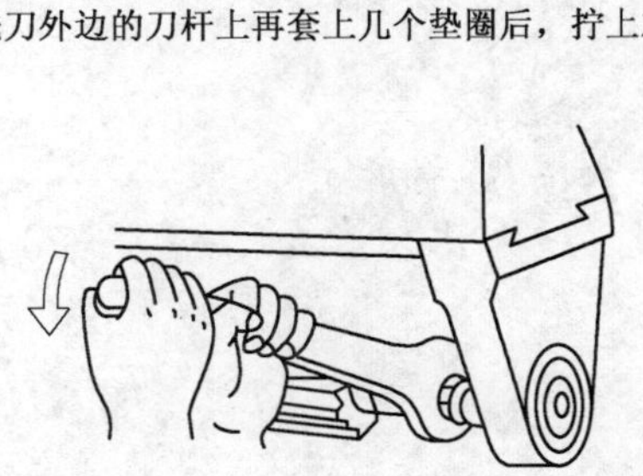

（d）初步拧紧螺母，开车观察铣刀是否装正，装正后用力拧紧螺母

图 9-11　安装圆柱铣刀的步骤

(2)带柄铣刀的安装

①锥柄立铣刀的安装,如图 9-12(a)所示。根据铣刀锥柄的大小,选择合适的变锥套,将各配合表面擦净,然后用拉杆把铣刀及变锥套一起拉紧在主轴上。

②直柄立铣刀的安装,这类铣刀多为小直径铣刀,一般不超过 ϕ20 mm,多用弹簧夹头进行安装,如图 9-12(b)所示。铣刀的柱柄插入弹簧套的孔中,用螺母压紧弹簧套的端面,使弹簧套的外锥面受压而孔径缩小,即可将铣刀抱紧。弹簧套上有三个开口,故受力时能收缩。弹簧套有多种孔径,以适应各种尺寸的铣刀。

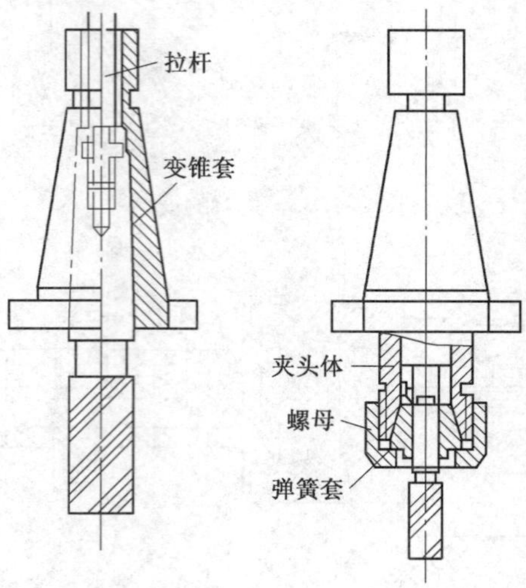

(a)锥柄立铣刀的安装　(b)直柄立铣刀的安装

图 9-12　带柄立铣刀的安装

③直柄铣刀的安装。直柄铣刀常用弹簧夹头来安装,如图 9-13(a)所示。安装时,收紧螺母,使弹簧套做径向收缩而将铣刀的柱柄夹紧。

④锥柄铣刀的安装。当铣刀锥柄尺寸与主轴端部锥孔相同时,可直接装入锥孔,并用拉杆拉紧。否则要用过渡锥套进行安装,如图 9-13(b)所示。

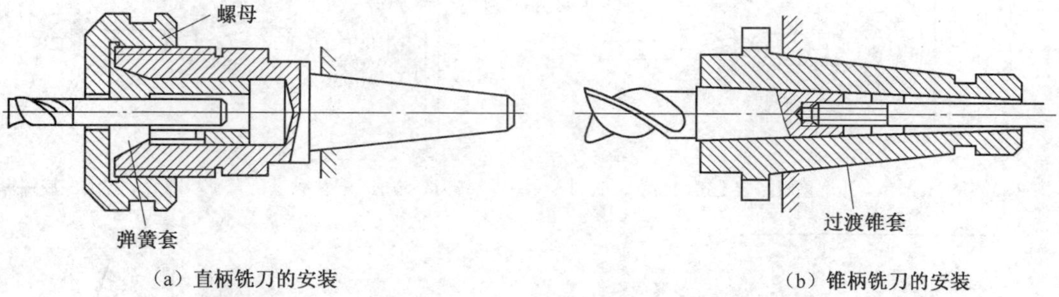

(a) 直柄铣刀的安装　(b) 锥柄铣刀的安装

图 9-13　带柄铣刀的安装

9.6　铣床操作要点

铣床的型号较多,不同型号的铣床的技术参数各不相同,如转速及进给可调范围、工作台尺寸、电动机功率以及加工方式等。以下重点介绍 X6325 型立式摇臂万能铣床。立铣头结构如图 9-14 所示。

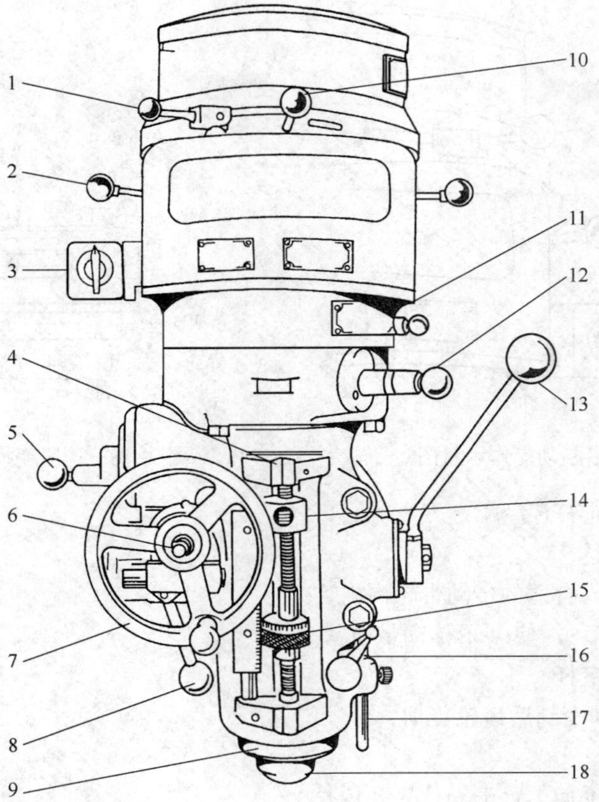

图 9-14　立铣头结构图

1—主轴刹车及固定杆；2—传动带松紧及变速控制杆；3—开关；4—校准参考面；5—进给量选择柄；6—进给方向控制钮；7—微量进给手轮；8—进给控制杆；9—升降套筒；10—主轴；11—指示器装置杆；12—升降套筒固定杆；13—深度控制游标刻度环；14—升降套筒停止挡；15—升降套筒进给把手；16—自动进给驱动柄；17—后列齿轮选择柄；18—主轴离合器杆

1. 立铣头系统操作方法

(1)启动(图 9-15)

①接通电源。

②扳动头部左侧的开关至所需转向(正转或反转)。

(2)制动(图 9-15)

①停止进行中的进给。

②关掉电源开关。

③扳动主轴刹车杆,直到主轴完全停止。

2. 速度变换(变速前停止马达)

操作示意图如图 9-16 所示。

手柄 1、2 同处 *A* 位置时为直接传动带驱动,同处 *B* 位置时为后列齿轮传动(手柄 1 以对好孔为到位,手柄 2 以扳不动为到位)。

由 *B* 转为 *A* 时,要注意离合器是否啮合(听到“咔”一声音)后再开车。如开机后有齿轮响声请立刻关机,转动传动带让传动带轮下降与齿轮啮合后再开机。

(1)同范围内的变速

①关掉电源。

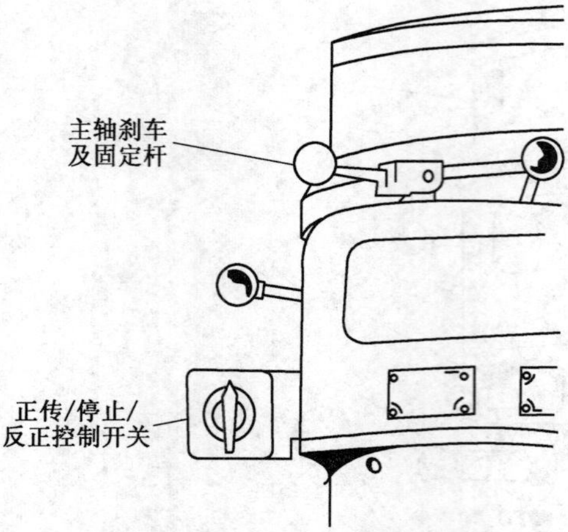

图 9-15　启制动操作示意图

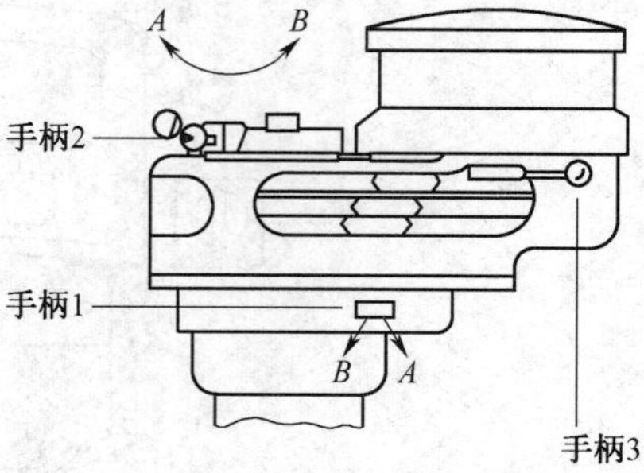

图 9-16　速度变换操作示意图

②放松马达固定杆(手柄 3)。

③向前移动马达。

④将传动带置入合适的传动带轮沟内。

⑤将马达推向后方,使 V 形传动带拉紧。

⑥锁紧马达固定杆。

(2)从直接驱动变到后齿轮传动

①关掉电源。

②主轴端面将手柄 1 置于 *B* 位置孔内。

③手柄 2 置于 *B* 位置(扳到底)。

④转动传动带让传动带轮下降。

⑤转动主轴无异常声音。

⑥主轴转速即由高速变为低速。

3. 手动微量进给

进给机构示意图如图 9-17 所示。

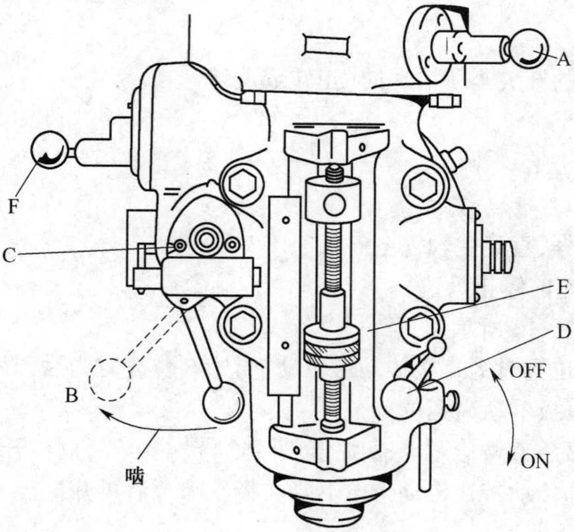

图 9-17　进给结构示意图

①松开自动进给驱动柄 A。

②将 C 置于中央(空挡)位置。

③扳动进给控制杆 B 使离合器啮合。

④此时升降套进给,即可用手轮来控制。

4. 自动进给

操作示意图如图 9-17 所示。

①放松升降套固定杆 D。

②调整游标指示环 E 至所需要的深度。

③扳动自动进给驱动柄 A(马达要停止)。

④由进给量控制柄 F 选择进给量。

⑤由进给方向控制钮 C 选定进给方向。

⑥将升降套进给把手朝下,使升降套停止挡离开限位销。

⑦扳动进给控制杆 B 使离合器啮合。

⑧这时升降套即可自动进给。

注意:最大钻孔径为 9.5 mm(材料:钢)。

当主轴转速超过 3 000 r/min 时,请勿使用自动进给。

5. 升降套快速手动进给

操作示意图如图 9-18 所示。

①置手柄于轮壳上。

②选择最合适的位置;

③推动手柄直至定位销啮合。

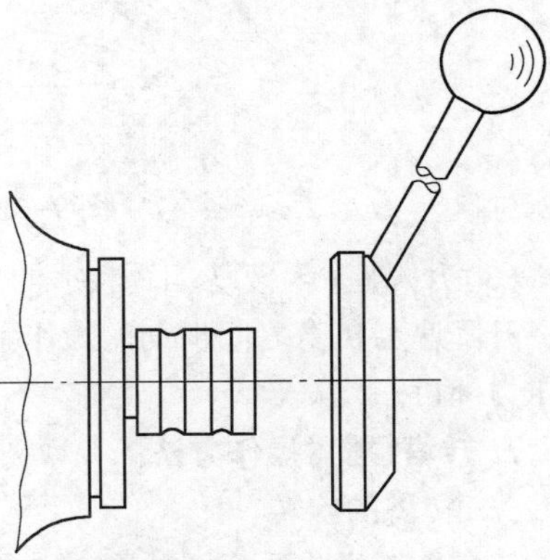

图 9-18　升降套快速手动进给

6. 工作台操作方法

(1)鞍座(含工作台)的横向移动

鞍座(含工作台)的横向手动、机动进给手柄如图 9-19 所示。纵向、横向刻度盘均匀分布 120 格,每格示值为 0.05 mm,手柄转过一周,工作台移动 6 mm。垂向刻度盘均匀分布 60 格,每格示值为 0.05 mm,手柄转过一周,工作台移动 3 mm。

鞍座与升降座之间滑动的固定操作示意图如图 9-20 所示。固定时,用适当的压力即可,用力太大会使得工作台变形。

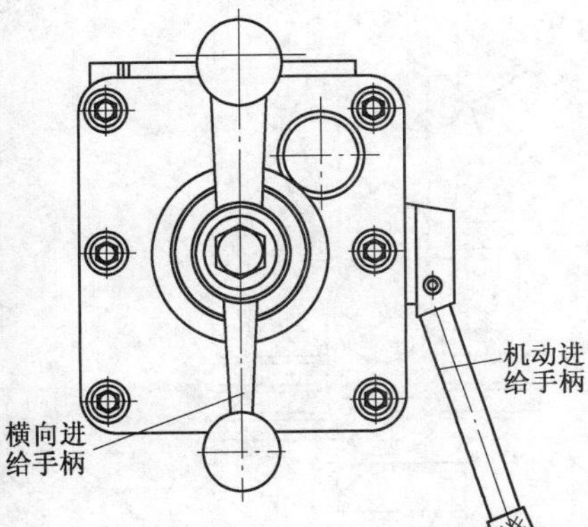

图 9-19　横向进给手柄

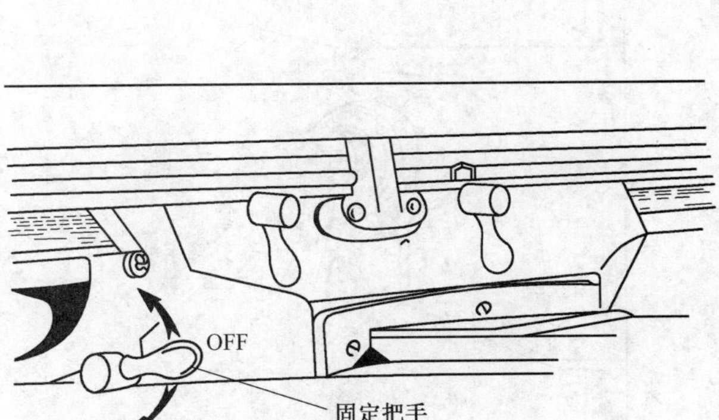

图 9-20　鞍座与升降座之间的固定

(2)工作台的纵向移动

工作台的纵向进给手柄如图 9-21 所示。工作台与鞍座之间滑动的固定操作示意图如图 9-22 所示。固定时,用适当的压力即可。

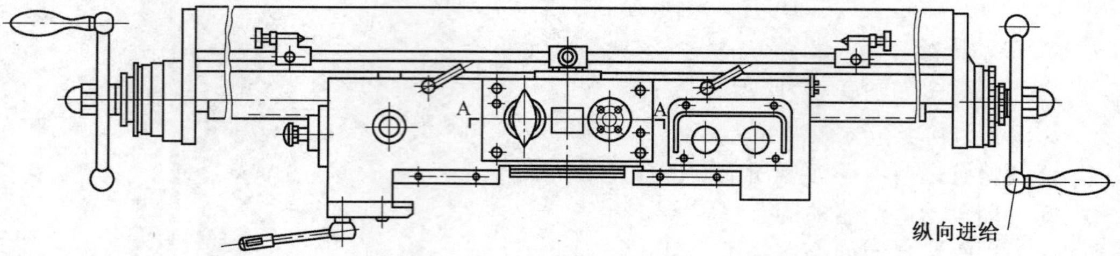

图 9-21　纵向进给手柄

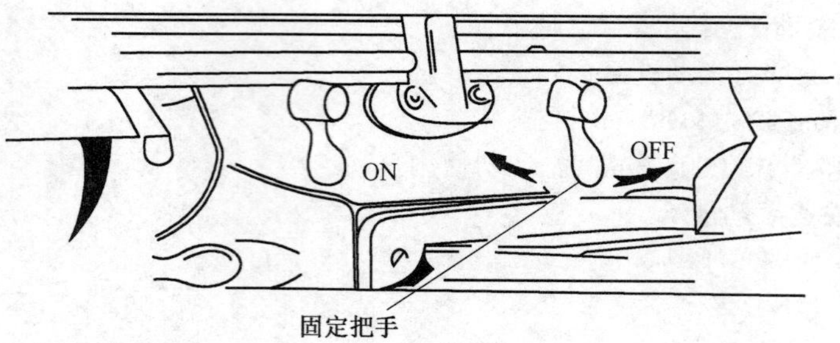

图 9-22　工作台与鞍座之间的固定

(3)升降座(含鞍座、工作台)的升降移动

升降座与机身之间滑动的操作手柄及固定操作示意图如图 9-23 所示,固定时,用适当的压力即可。

7. 转塔、摇臂操作方法

(1)转塔的旋转

转塔旋转操作示意图如图 9-24 所示。操作步骤如下:

①用固定扳手放松四个螺栓。

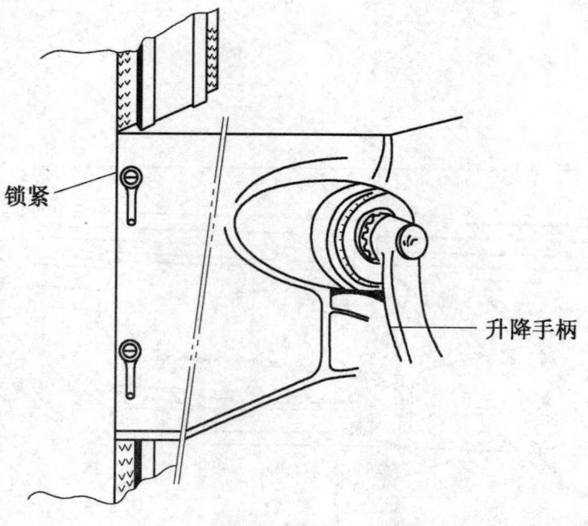

图 9-23　升降座与机身之间滑动

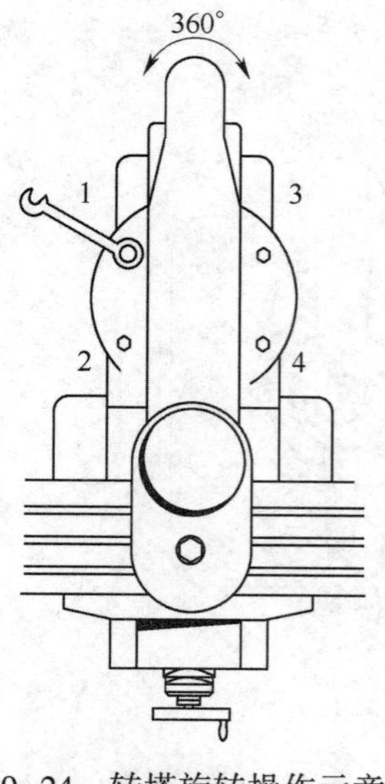

图 9-24　转塔旋转操作示意图

②旋转至需要的角度。

③锁紧四个螺栓。

(2)摇臂的移动

摇臂移动操作示意图如图 9-25 所示。操作步骤如下：

①放松两固定把手杆。

②转动控制把手至所需要的位置。

③固定(先固定后面的把手杆)。

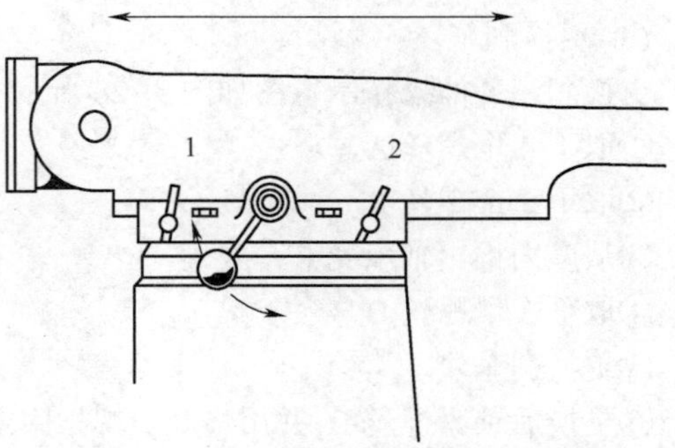

图 9-25　摇臂移动操作示意图

8. 纵向机动进给的操作方法

立式摇臂万能铣床可根据需要选择使用机械齿轮进给器或电动进给器。

(1)机械齿轮进给器的操作方法

机械齿轮进给器的外形图如图 9-26 所示。

①将行程开关手柄置于中间(stop)位置,快速手柄置于中间(stop)位置,即可进行手动操作。

②接通电源,将行程开关手柄置于左(右),马达即开始工作。将快速手柄置于左边(RAPID)快速位置,工作台将会快速移动;将快速手柄置于右边(/\/\/)位置,工作台将会自动进给,并通过改变齿轮箱面板上的 3 个变速手柄即可得到 8 种不同的进给速度。如 X6235 型万能摇臂铣床的进给量可调值只有 8 组数值:18、27、40、58、93、137、200、308。

变换进给速度时必须将快速手柄置于中间(stop)位置,离合器处于脱开状态,工作台将不会移动,此时才能进行进给速度的变换,否则会损伤齿轮及其他零件。

③齿轮箱中有一超载离合器,用于保护齿轮式进给器。当受到超大扭力时,超载离合器打滑空转,从而保护里面的齿轮不受到损伤。

(2)电动进给器的操作方法

电动进给器的外形图如图 9-27 所示。操作时,首先扳动方向选择开关,选择进给(或快速进给)的方向,旋转速度调节按钮即可得到所需的进给速度。

电动进给器操作便利,但进给力不大。

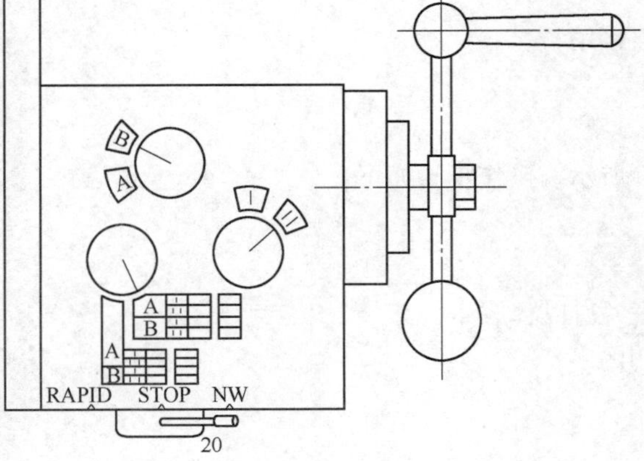

图 9-26　机械齿轮进给器

图 9-27　电动进给器

9. 铣床易损件更换及机器调整

(1)更换刹车环

更换刹车环的操作示意图如图 9-28 所示。操作步骤如下：

①取下 4 个螺丝 A。

②取下 2 个螺丝 B。

③从座内推出轴承壳 C。

④取下 3 个螺丝 D。

⑤更换刹车块。

⑥更换后锁紧螺丝 D,并用垫圈与螺帽固定。

(2)更换传动带

更换传动带的操作示意图如图 9-29 所示。操作步骤如下：

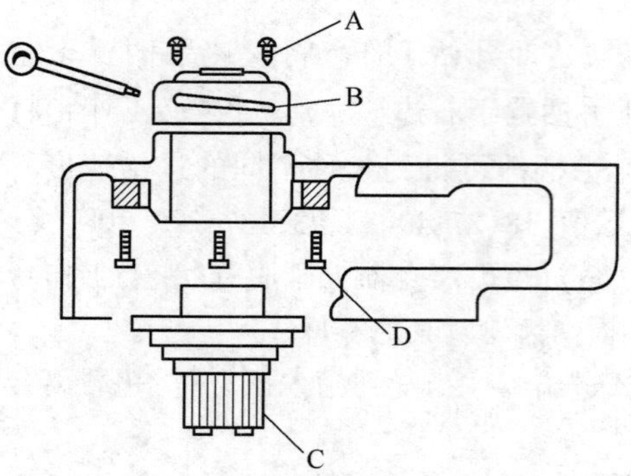

图 9-28　更换刹车环操作示意图

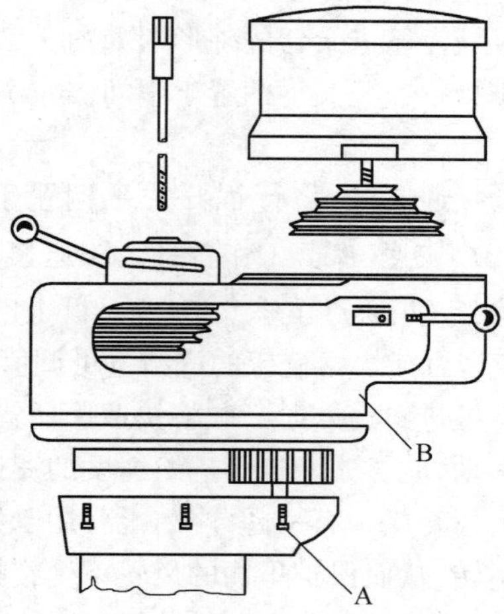

图 9-29　更换皮带操作示意图

①关掉电源。

②取下拉杆。

③拆下马达。

④将升降套降至最下方。

⑤取下 6 个螺丝 A。

⑥取下传动带箱(轻轻敲动使其脱离连接销)。

⑦此时即可更换传动带。

(3)更换回复弹簧

更换回复弹簧的操作示意图如图 9-30 所示。操作步骤如下：

①移动升降套于顶部,并固定住。

②拆下螺丝 A、壳 B、键 C。

③拆下螺丝 D,慢慢转动座 E 使弹簧张力得以释放。

④将弹簧的一端从小齿轮轴的钉上提出。

⑤逆时针转动座 E。

⑥从座内取出弹簧并更换。

⑦重新将弹簧组合于座的铸件上,并顺时针转动座,直到弹簧进入小齿轮钉上。

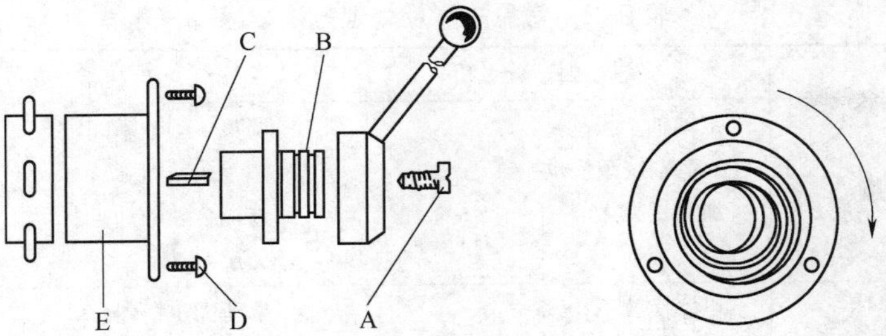

图 9-30　更换回复弹簧操作示意图

(4)调整楔铁

①调整工作台鞍座道轨楔铁的操作示意图如图 9-31 所示。操作步骤如下：

a. 清除所有的切屑。

b. 移动工作台时，顺时针转动工作台调整楔铁调整螺丝，直到感觉轻微阻力即可。

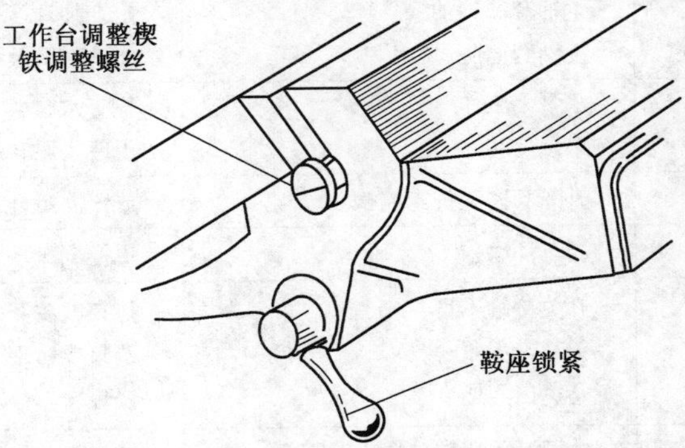

图 9-31　调整工作台鞍座道轨楔铁操作示意图

②调整鞍座、升降座道轨楔铁的操作示意图如图 9-32 所示。操作步骤如下：

a. 清除所有的切屑。

b. 拆下挡尘板和刮刷片。

c. 移动鞍座时，顺时针转动调整楔铁螺丝，直到感觉轻微阻力为止。

d. 重新装上挡屑板和刮刷片。

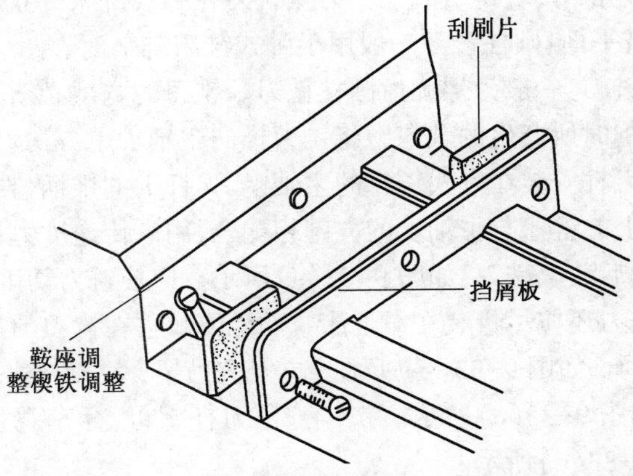

图 9-32　调整鞍座、升降座道轨楔铁操作示意图

10. 立式摇臂万能铣床常见故障及处理方法

立式摇臂万能铣床常见故障及处理方法见表 9-2。

表 9-2 常见故障及处理方法

故障现象	原因分析	处理方法
铣出工件不平整	主轴轴承松动 X、Y轴镶条松动 加工量太大 刀具磨损	调整主轴轴承间隙 调整镶条间隙 选择合理的加工量 更换刀具
切削时震动	机器摆放不稳固 切削条件不恰当	重新固定机器 选择适当切削速度
工作台手感重	楔铁过紧 丝杠与丝母间隙不当 油路堵塞 油泵无油 油泵不工作	调整楔铁 调整间隙 检查油路并修复 注油 检查油泵及管路
主轴套筒紧	主轴套筒缺油 主轴套筒脏,拉毛	定期加油 清洗套筒及修复
无冷却液	水泵不工作 水泵反转	检查水泵 更改水泵转动方向
主轴进给不顺	升降套固定杆未放松	放松固定杆
主轴刹车失灵	刹车环磨损	更换刹车环
主轴不转	开关接触不良 传动带太紧 马达出问题	检查电源开关 调整或修理 修理
转向错误	电源开关扭转位置不对	转变开关指示位置

9.7 铣削操作

9.7.1 铣矩形工件

铣平面可以用圆柱铣刀、端铣刀或三面刃盘铣刀在卧式铣床或立式铣床上进行铣削。

(1)用圆柱铣刀铣平面:圆柱铣刀一般用于卧式铣床铣平面。

铣平面用的圆柱铣刀,一般为螺旋齿圆柱铣刀。铣刀的宽度必须大于所铣平面的宽度。螺旋线的方向应使铣削时所产生的轴向力将铣刀推向主轴轴承方向。

圆柱铣刀通过长刀杆安装在卧式铣床的主轴上,刀杆上的锥柄与主轴上的锥孔相配合,并用拉杆拉紧。刀杆上的键槽与主轴上的方键相配合,用来传递动力。安装铣刀时,先在刀杆上装若干个垫圈,然后装上铣刀,如图 9-33(a)所示。应使铣刀切削刃的切削方向与主轴旋转方向一致,同时铣刀还应尽量装在靠近床身的地方。再在铣刀的另一侧套上垫圈,然后用手轻轻旋上压紧螺母,如图 9-33(b)所示。再安装吊架,使刀杆前端进入吊架轴承内,拧紧吊架的紧固螺钉,如图 9-33(c)所示。初步拧紧刀杆螺母,开车观察铣刀是否装正,然后用力拧紧螺母,如图 9-33(d)所示。

操作方法:根据工艺卡的规定调整机床的转速和进给量,再根据加工余量的多少来调整铣削深度,然后开始铣削。铣削时,先用手动使工作台纵向靠近铣刀,而后改为自动进给;当进给行程尚未完毕时不要停止进给运动,否则铣刀在停止的地方切入金属比较深,会形成表

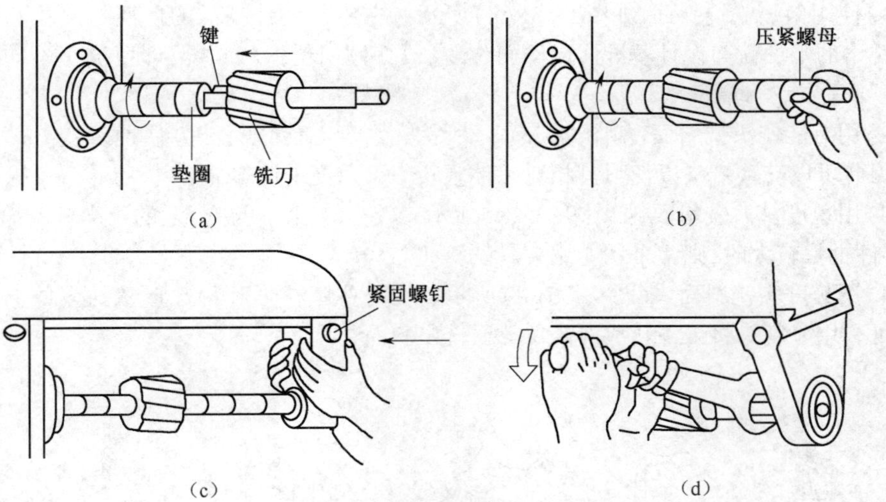

图 9-33　安装圆柱铣刀的步骤

面深啃现象；铣削铸铁时不加切削液(因铸铁中的石墨可起润滑作用；铣削钢料时要用切削液，通常用含硫矿物油作切削液)。

用螺旋齿铣刀铣削时，同时参加切削的刀齿数较多，每个刀齿工作时都是沿螺旋线方向逐渐地切入和脱离工作表面，切削比较平稳。在单件小批量生产的条件下，用圆柱铣刀在卧式铣床上铣平面仍是常用的方法。

(2)用端铣刀铣平面：端铣刀一般用于立式铣床上铣平面，有时也用于卧式铣床上铣侧面，如图 9-34 所示。

端铣刀一般中间带有圆孔。通常先将铣刀装在短刀轴上，再将刀轴装入机床的主轴上，并用拉杆螺丝拉紧。

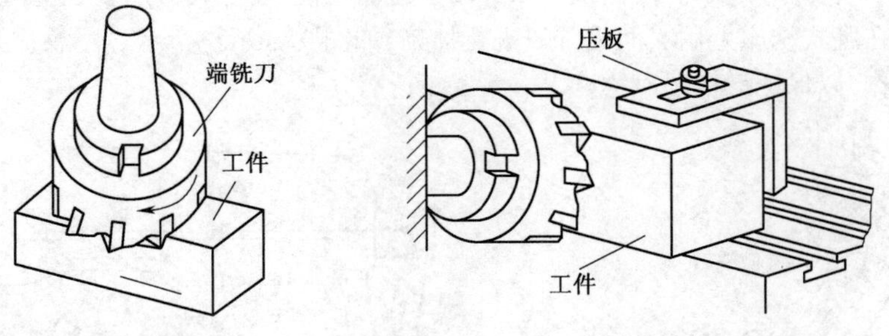

图 9-34　用端铣刀铣平面

用端铣刀铣平面与用圆柱铣刀铣平面相比，其特点是：切削厚度变化较小，同时切削的刀齿较多，因此切削比较平稳；再则端铣刀的主切削刃担负着主要的切削工作，而副切削刃又有修光作用，所以表面光整；此外，端铣刀的刀齿易于镶装硬质合金刀片，可进行高速铣削，且其刀杆比圆柱铣刀的刀杆短些，刚性较好，能减少加工中的振动，有利于提高铣削用量。因此，端铣既提高了生产率，又提高了表面质量，所以在大批量生产中，端铣已成为加工平面的主要方式之一。

9.7.2　铣斜面

工件上具有斜面的结构很常见，铣削斜面的方法也很多，下面介绍常用的几种方法。

(1)使用斜垫铁铣斜面,如图 9-35(a)所示。在零件设计基准的下面垫一块倾斜的垫铁,则铣出的平面就与设计基准面成倾斜位置,改变倾斜垫铁的角度,即可加工不同角度的斜面。

(2)用万能铣头铣斜面,如图 9-35(b)所示。由于万能铣头能方便地改变刀轴的空间位置,因此可以转动铣头以使刀具相对工件倾斜一个角度来铣斜面。

(3)用角度铣刀铣斜面,如图 9-35(c)所示。较小的斜面可用合适的角度铣刀加工。当加工零件批量较大时,则常采用专用夹具铣斜面。

(4)用分度头铣斜面,如图 9-35(d)所示。在一些圆柱形和特殊形状的零件上加工斜面时,可利用分度头将工件转成所需位置而铣出斜面。

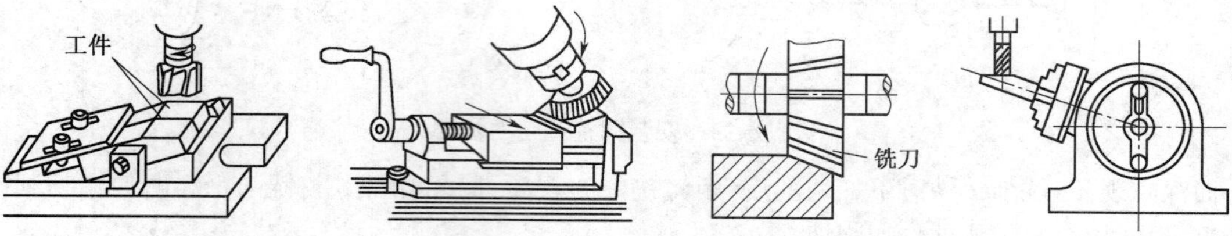

(a)用斜垫铁垫斜面　(b)用万能铣头铣斜面　(c)用角度铣刀铣斜面　(d)用分度头铣斜面

图 9-35　铣斜面的几种方法

9.7.3 铣沟槽

在铣床上能加工的沟槽种类很多,如直槽、角度槽、V 形槽、T 形槽、燕尾槽和键槽等。现仅介绍键槽、T 形槽和燕尾槽的加工。

(1)铣键槽:常见的键槽有封闭式和敞开式两种。在轴上铣封闭式键槽,一般用键槽铣刀加工,如图 9-36(a)所示。键槽铣刀一次轴向进给不能太大,切削时要注意逐层切下。敞开式键槽多在卧式铣床上用三面刃铣刀进行加工,如图 9-36(b)所示。注意在铣削键槽前,做好对刀工作,以保证键槽的对称度。

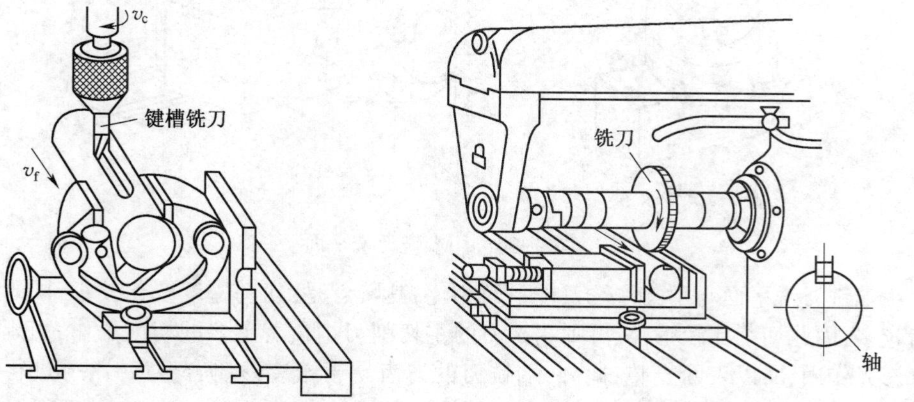

(a)在立式铣床上铣封闭式键槽　(b)在卧式铣床上铣敞开式键槽

图 9-36　铣键槽

若用立铣刀加工,则由于立铣刀中央无切削刃,不能向下进刀,因此必须预先在槽的一端钻一个落刀孔,才能用立铣刀铣键槽。对于直径为 3~20 mm 的直柄立铣刀,可用弹簧夹头装夹,弹簧夹头可装入机床主轴孔中;对于直径为 10~50 mm 的锥柄铣刀,可利用过渡套装入机床主轴孔中。

(2)铣 T 形槽及燕尾槽,如图 9-37 所示。T 形槽应用很多,如铣床和刨床的工作台上用来安放紧固螺栓的槽就是 T 形槽。要加工 T 形槽及燕尾槽,必须首先用立铣刀或三面刃铣刀铣出直槽,然后在立铣床上用 T 形槽铣刀铣削 T 形槽或用燕尾槽铣刀铣削成形。但由于 T 形槽铣刀工作时排屑困难,因此切削用量应选得小些,同时应多加冷却液,最后再用角度铣刀铣出倒角。

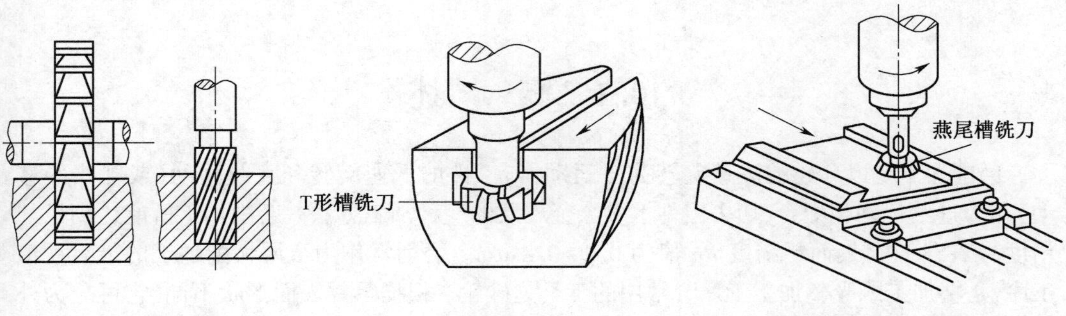

(a) 先铣出直槽　　(b) 铣T形槽　　(c) 铣燕尾槽

图 9-37　铣 T 形槽及燕尾槽

9.8　实训及评分标准

铣工实训图纸如图 9-38 所示,实训评分标准见表 9-3。

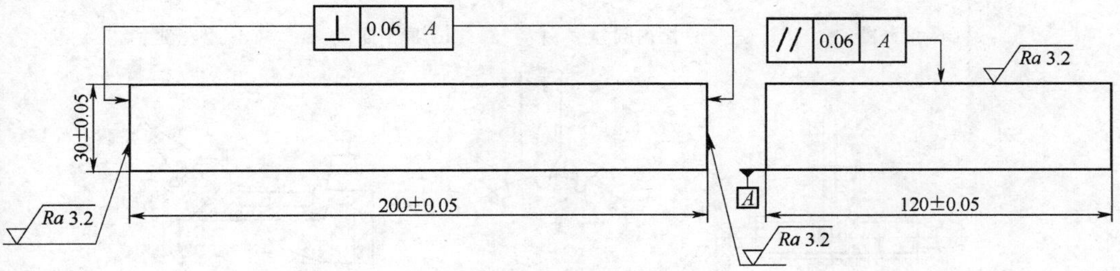

图 9-38　铣工实训图纸

表 9-3　铣工实训评分标准

序号	项目与技术要求	配分	评分标准	扣分	得分
1	工件放置与夹持正确	5 分	不符合要求酌情扣分		
2	铣刀装夹正确	5 分	不符合要求酌情扣分		
3	加工操作正确	5 分	不符合要求酌情扣分		
4	1 处平行度公差 0.06 mm	10 分	超差全扣		
5	2 处垂直度公差 0.06 mm	10 分	超差全扣		
6	工件长 200±0.05	20 分	超差全扣		
7	工件宽 120±0.05	20 分	超差全扣		
8	工件高 30±0.05	20 分	超差全扣		
9	表面粗糙度 *Ra* 值 3.2 μm	5 分	不符合要求酌情扣分		
10	安全文明操作		违者每次扣 5 分		
	总分:	100 分	合计:		

第10章 磨 工

磨工

10.1 概 述

磨削加工是以砂轮的高速旋转为主运动，与工件的低速旋转和直线移动(或磨头的移动)作为进给运动相配合，切去工件上多余金属层的一种加工方法。磨削加工所能达到尺寸精度为IT5~IT7，表面粗糙度 *Ra* 值为0.2~0.8 μm。磨削常作为金属切削加工的最后一道工序，是精加工或光整加工工序。常用的工具是砂轮。根据零件表面形状不同，它可分为外圆磨削、内圆磨削、平面磨削及成形磨削，如图10-1所示为常见的磨削方式。

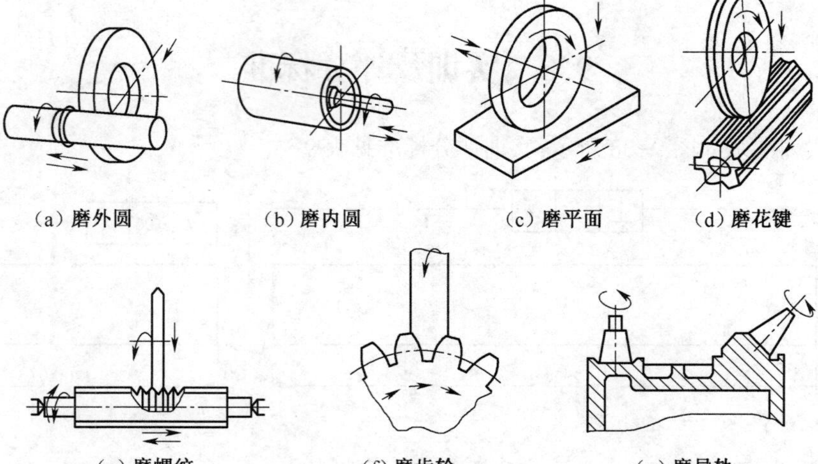

图10-1 常见的磨削方式

磨削加工是一种切削加工，和通常的切削加工相比有以下特点：

①磨削属多刃、微刃切削。磨削用的砂轮是由许多细小的硬度很高的磨粒用结合剂黏结而成，每个磨粒的尖角相当于一个切削刃，从而形成多刃、微刃切削。

②加工余量少，加工精度高。磨削属微刃切削，磨削的切削厚度极薄，每一磨粒切削厚度可小到几微米，因此可获得较高的加工精度和较低的表面粗糙度。

③磨削速度高、耗能多，切削效率低，磨削温度高。由于一般砂轮直径较大，磨削速度可达33~50 m/s。目前的高速磨削砂轮线速度已达到60~250 m/s，故磨削时温度很高，磨削区瞬时高温可达800~1 000 ℃，工件表面易产生烧伤、残余应力等缺陷。

④加工范围广磨削可加工外圆面、内圆面、内外圆锥面、平面、成形面、螺纹、齿轮(齿形)、花键、凸轮等，还能加工一般刀具难以加工的高硬材料，如淬火钢、硬质合金等。

⑤磨削不宜加工有色金属。有色金属由于硬度低而塑性很好，砂轮进行磨削时，切屑会

黏在砂轮上而不宜脱落，很快将砂轮的空隙堵塞，使磨削无法进行。

⑥砂轮有一定的自锐性。在磨削过程中，磨具的选用是十分重要的，磨具包括砂轮、砂带。砂轮的选择要考虑到砂轮的磨料、砂轮硬度、磨料粒度、砂轮的结合剂、砂轮的组织等

磨削分为三个阶段：

初磨阶段，由于工艺系统弹性变形，实际磨削深度小于进给量。

稳磨阶段，实际磨削深度等于进给量。

光磨阶段，进给停止，由于工艺系统弹性恢复，实际磨削深度并不为零，增加磨削次数，磨削深度逐渐趋于零，工件的精度和表面质量逐渐提高。

磨削是机械制造中重要的加工工艺，随着对机械产品的精度、可靠性和寿命要求的不断提高，高硬度、高强度、高耐磨性的新型材料不断增多，给磨削加工提出了许多新要求。磨削加工技术正朝着使用超硬磨料磨具、开发精密及超精密磨削的方向发展。

10.2　磨工安全及注意事项

1. 防护用品穿戴

(1)进入车间实习时，要穿好工作服、工作鞋，女同学要戴工作帽，并将发辫纳入帽内。

(2)不得穿凉鞋、拖鞋、高跟鞋、背心、裙子和戴围巾等进入车间。

(3)严禁戴手套操作。

2. 操作前的检查

(1)检查砂轮安装是否正确、是否紧固、是否装有砂轮防护罩。

(2)试车操作。

①手动试摇各手柄，观察无不良情况后再把电源开关合上。

②松开各锁紧手柄，空车机动进给，检查主轴和进给系统是否正常、油路是否畅通；检查进给方向自动停止挡铁是否紧固在最大行程以内。

(3)开始磨削前，必须细心检查工件的装夹是否正确、是否紧固牢靠，磁性表座是否失灵。

3. 操作过程注意事项

(1)正确启动机床。

①开机前，必须调整好行程挡铁的位置，并将其紧固，以免挡铁松动而使工作台超越限程，发生危险。

②磨削前，砂轮应经过 1~2 min 空运转试验，运转正常后才能开始磨削。

(2)必须在砂轮和工件转动后再进给，在砂轮退刀后再停车，否则容易挤碎砂轮和损坏机床，且易使工件报废。

(3)测量工件或调整机床都应在砂轮退刀和磨床头架停转以后再进行，机床运转时，严禁用手接触工件或砂轮，不能在旋转的工件或砂轮附近作清洁工作。

(4)工件加工结束后，必须将砂轮架横向进给手轮(外圆磨床)或垂直进给手轮(平面磨床)退出些，以免装好下一个工件再开车时，砂轮碰撞工件。

(5)多人使用磨床时，只能一人操作，其他人观看，同时务必注意他人安全。所有人员不许站在旋转砂轮可能飞出的方向。

(6)每日工作完毕后，工作台面应停留在机床的中间位置，并将所有的操作手柄处于“停止”、“退出”或“空挡”位置上，以免开车时部件突然运动而发生事故。

(7)电气故障须由电工人员检修,不许乱动。

4. 操作后整理

实习完后,打扫机床并进行场地清洁,清点工具,文明生产。

5. 磨床的保养

磨床的日常保养很重要,要正常操作磨床,防止产生磨床故障或损害机床,降低机床精度。

磨床保养9项要点:

(1)合理操作磨床,不损害磨床部件、机械结构。

(2)工作前后须清理磨床,检查磨床部件、机械结构、液压系统、冷却系统是否正常,并及时修理排除磨床故障。

(3)在工作台上调整头架、尾座位置时,须擦净其连接面,并涂润滑油后移动头架或尾座。保护工作台、头架、尾座连接间的有关机床精度。

(4)人工润滑的部位应加注规定的油类,并保证一定的油面高度。

(5)定期冲洗冷却系统,合理更换切削液。处理废切削液应符合环保要求。

(6)高速滚动轴承的温升应低于60℃。

(7)不同精度等级和参数的磨床与加工工件的精度和尺寸参数相对应,以保护机床精度。

(8)磨床敞开的滑动面和机械机构须涂油防锈。

(9)不碰撞或拉毛机床工作面的部件。

磨床运转500 h后,需进行一次一级保养,一级保养工作以操作人员为主,维修人员配合进行。

一级保养常用工具有一字槽螺钉旋具、十字槽螺钉旋具、活扳手、呆扳手、内六角扳手、整体扳手、成套套筒扳手、锁紧扳手等。

一级保养的操作步骤:

(1)切断电源,摇动手轮使砂轮架退至较后位置,推动头架、尾座至工作台两端。

(2)清扫机床铁屑较多的部位,如水槽、切屑液箱、防护罩壳等。

(3)用柴油清洗头架主轴、尾座套筒、液压泵过滤器等。

(4)在机修人员配合指导下,检查砂轮架及床身油池内的油质情况、油路工作情况等,并根据实际情况调换或补充润滑油和液压油。

(5)在维修电工的配合指导下,进行电气检查和保养。

(6)进行机床油漆表面的保养,按从上到下,从后到前,从左到右的顺序进行,如有油痕可以用去污粉或碱水清洗。

(7)进行附件的清洁保养。

(8)补齐所缺少的零部件。

(9)调整机床,如调整砂轮架主轴,头架主轴的间隙等。

(10)装好防护罩壳、盖板。

10.3 磨工实习要求及内容

(1)了解磨削加工的工艺特点及加工范围。

(2)了解磨床的种类及用途,掌握外圆磨床和平面磨床的操作方法。

(3)了解砂轮的特性、砂轮的选择和使用方法。

(4)掌握在外圆磨床及平面磨床上正确装夹工件的方法,完成磨外圆和磨平面的加工。

(5)能熟悉平衡砂轮、安装砂轮的方法和步骤。

(6)根据零件图,完成一定复杂程度零件的磨削加工。

10.4　磨　　床

磨床是各类金属切削机床中品种最多的一类,主要类型有外圆磨床、内圆磨床、平面磨床、无心磨床、工具磨床等。

1. 万能外圆磨床

外圆磨床是使用最广泛的,能加工各种圆柱形和圆锥形外表面及轴肩端面的磨床。万能外圆磨床还带有内圆磨削附件,可磨削内孔和锥度较大的内、外锥面。

图 10-2 所示为 M1432B 型万能外圆磨床,最大磨削直径为 ϕ320 mm,最大磨削长度 1 000 mm。主要由床身、工件头架、工作台、内圆磨具、砂轮架、尾座组成。可以磨内、外圆柱面,圆锥面和轴,孔的台阶端面。

图 10-2　M1432B 型万能外圆磨床外形图

(1)万能外圆磨床主要部件结构性能及说明如下:

①床身。床身用于支承和连接磨床各个部件。为提高机床刚度,磨床床身一般为箱型结构,内部装有液压传动装置,上部有纵向和横向两组导轨以安装工作台和砂轮架。

②工作台。工作台由上下两层组成,上工作台可相对于下工作台偏转一定角度,以便磨削锥面;下工作台装有活塞,可通过液压机构使工作台做往复运动。液压传动系统由活塞油缸、换向阀、节流阀、油箱、油泵、止通阀等元件所组成。当止通阀处于"通"状态时,压力油通过止通阀流向换向阀再流至油缸的左端或右端,从而推动活塞带动工作台向右或向左运动;油缸另一端的无压力油则通过换向阀、节流阀回到油箱。工作台的往复换向是通过行程挡块改变换向阀的位置来实现的,而工作台运动速度的改变是通过调节节流阀改变压力油的流量大小来实现的。

③砂轮架。工作台上安装砂轮,由单独电动机带动做高速旋转。砂轮架安装在床身的横向导轨上,可通过手动或液压传动实现横向运动。

④头架。头架用于安装工件,其主轴由电动机经变速机构带动做旋转运动,以实现轴向进给;主轴前端可安装卡盘或顶尖。

⑤尾架。尾架安装在工作台右端,尾架套筒内装有顶尖,可与主轴顶尖一起支承工件。它在工作台上的位置可根据工件长度任意调整。

外圆磨床可磨削外圆及外台肩端面,并可转动上工作台磨削外圆锥面。某些外圆磨床还具备有磨削内圆的内圆磨头附件，用于磨削内圆柱面和内圆锥面。凡带有内圆磨头附件的外圆磨床习惯上称为万能外圆磨床。

(2)外圆磨削工件的安装

常用的装夹方法有以下几种：三爪自定心卡盘装夹、四爪单动卡盘装夹、两顶尖装夹、一夹一顶、反顶尖装夹，配用芯轴装夹等。

三爪自定心卡盘装夹：装夹方便，自动定心好，但夹紧力小。适用于中小尺寸、形状规则的工件，工件长度不宜过长，应是没有中心孔的圆柱形工件。

四爪单动卡盘装夹：装夹不如三爪自定心卡盘装夹方便，不能自动定心，但夹紧力大。适用于装夹大型或形状不规则的工件。

两顶尖装夹：统一采用两端中心孔作定位基准，两顶尖装夹符合基准重合原则和基准统一原则。两顶尖装夹方便，定位精度很高，应用最为普遍。适用于较长的工件和装夹定位精度高的工件。

一夹一顶的装夹：适用于磨削一般轴类工件，尤其是较重的工件时，可将工件的一端用三爪自定心或四爪单动卡盘夹紧，另一端用后顶尖支顶。

反顶尖装夹：适用于磨削细长小尺寸轴夹工件，如小型芯、小凸模等。

配用芯轴装夹：适用于磨削有内外圆同轴度要求的薄壁套类工件，如凹模镶件、凸凹模等。

2. 内圆磨床

图 10-3 为内圆磨床结构图，内圆磨具安装在支架的孔中。

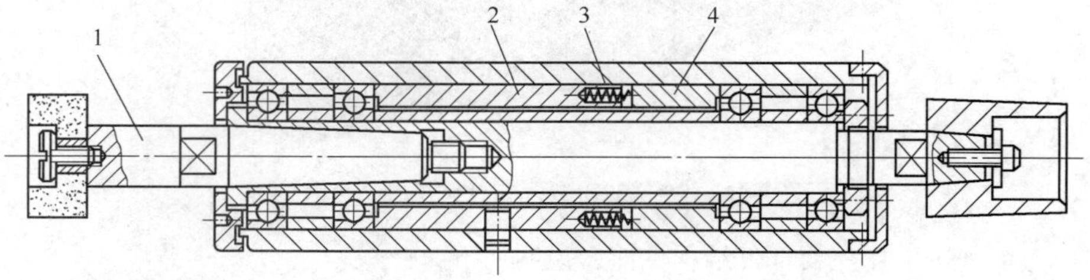

图 10-3　M1432B 型万能外圆磨床内圆磨床

1—接长杆；2、4—套筒；3—弹簧

①磨削内圆时，因砂轮直径大小受到限制，要达到足够的磨削线速度，就要求砂轮轴具有很高的转速。因此，内圆磨具应保证高转速下运转平稳，主轴轴承应有足够的刚度和寿命。目前采用平带传动或内联原动机传动内圆磨具主轴。图 10-3 所示的主轴前、后轴承各用两个 P5 级精度的角接触球轴承，用弹簧 3 通过套筒 2 和 4 进行预紧。

②当被磨削内孔的长度不同时，接长杆 1 可以更换。但由于受结构的限制，接长杆轴颈较细而悬伸又较长，因此刚度较差，是内圆磨具中刚度最薄弱的环节。为了克服这个缺点，某些专用磨床的内圆磨具常改成固定轴形式。

(1)内圆磨削的特点：

①内圆磨削时，所用砂轮直径较小，砂轮转速又受到内圆磨具转速的限制(目前一般内圆磨具的转速在 10 000~20 000 r/min 之间)，因此磨削速度一般在 20~30 m/s 之间。由于磨削速度较低，工件表面的粗糙度值不易减小。

②内圆磨削时，由于砂轮与工件成内切圆接触，砂轮与工件的磨削弧比外圆磨削大，因此磨削热和磨削力都比较大，磨粒容易磨钝，工件容易发热和烧伤。

③内圆磨削时，切削液不易进入磨削区域，磨屑也不容易排除。当磨屑在工件内孔中积聚时，容易造成砂轮堵塞，并影响工件的表面质量。特别在磨削铸铁等脆性材料时，磨屑与切削液混合成糊状，更容易使砂轮堵塞，影响砂轮的磨削性能。

④砂轮接长轴的刚性比较差，容易产生弯曲变形和振动，对加工精度和表面粗糙度都有很大的影响，同时也限制了磨削用量的提高。

(2)内圆磨削的方法：

磨削前须调整砂轮的位置。在万能外圆磨床上磨内孔时，砂轮与孔的前壁接触。这时砂轮的横向进给方向与磨外圆时相同。在内圆磨床上，砂轮与孔的后壁接触，便于操作者观察加工表面。

内圆磨削常用纵向磨削法和切入磨削法。纵向磨削法与外圆纵向磨削法相同。用纵向法磨削时应注意以下几点：

①磨削过程中要充分冷却。

②磨盲孔时，要经常清除孔中的磨屑，防止磨屑在孔中积聚。

③磨台阶孔时，为了保证台阶孔的同轴度，要求工件在一次装夹中，将几个孔全部磨好，并要细心调整挡块位置，防止砂轮撞击到孔的内端面。内端面与孔有垂直度要求时，可选用杯形砂轮，直径不宜过大，以保证砂轮在工件内端面单方向接触，否则将影响内端面的平面度。

砂轮退出内孔表面时，先要将砂轮从横向退出，然后再在纵向方向退出，以免在工件表面产生螺旋痕迹。

切入磨削法：这种磨削方法与外圆切入磨削法相同，适用于磨削内孔长度较短的工件，生产效率较高。采用切入法磨削时，接长轴的刚性要好，砂轮在连续进给中容易堵塞、磨钝，应及时修整砂轮。精磨时应采用较低的切入速度。

3. 平面磨床

平面磨床(M7120D/H 卧轴矩台平面磨床)如图 10-4 所示，主要适用于机械制造业中小批量生产车间及其他行业机修车间和工具车间各种零件的平面、侧面的磨削。按工件的形状和大小，可用 T 形螺钉直接固定在工作台上，或吸附于电磁吸盘上进行磨削。

图 10-4　M7120D/H 卧轴矩台平面磨床

(1)结构特征：

①工作台纵向移动为液压控制,亦可手动控制。

②磨头横向连续或断续进给为液压控制,亦可手动进给。

③磨头垂直进给可用手轮刻度盘进给,也可按手柄进行微动进给。

(2)平面磨床上工件的装夹：

电磁吸盘直接装夹;用于装夹定位面为平面且与电磁吸盘接触面积足够大的中小型导磁工件。装夹前,工件应去毛刺并将电磁吸盘和工件擦净。工件一般装夹在电磁吸盘能吸牢的地方,必要时可在工件的端面增加挡块。

10.5 砂　　轮

砂轮是磨削加工中最常用的磨具,是由许多极硬的磨粒材料经过结合剂黏结而成的多孔体。磨料、结合剂和孔隙构成砂轮结构的三要素。磨料起切削作用,结合剂使砂轮具有一定的形状、硬度和强度,孔隙在磨削中起散热和容纳磨屑的作用。

(1)砂轮的特性

砂轮的特性包括磨料、粒度、结合剂、硬度、组织、形状、尺寸和最高工作速度等。

①磨料。磨料直接担负着切削工作,因此要求磨料要有很高的硬度、耐热性和一定的韧性,同时要有锋利的棱角。常用砂轮磨料性能及适用范围见表10-1。

表10-1　磨料性能及适用范围

系别	名称	代号	颜色	性能	适用范围
氧化物	棕刚玉	A	褐色	硬度较低,韧性较好	磨削碳素钢,合金刚,可锻铸铁与青铜
	白刚玉	WA	白色	较A硬度高,磨粒锋利,韧性差	磨削淬硬的高碳钢,合金钢,高速钢
	铬刚玉	PA	玫瑰红色	韧性比WA好	磨削薄壁零件,成形零件
碳化物	黑碳化硅	C	黑色带光泽	比氧化物硬度高,导热性好,但韧性差	磨削铸铁,黄铜,耐火材料及其他非金属材料
	绿碳化硅	GC	绿色带光泽	较C硬度高,导热性好,韧性较差	磨削硬质合金,宝石,光学玻璃
	碳化硼	BC	黑色	比氧化物、C、GC都硬,耐磨,高温易氧化	研磨硬质合金
超硬磨料	人造金刚石	D	白,淡绿,	硬度最高,耐热性较好	研磨硬质合金
	立方氮化硅	CBN	黑色,棕黑色	硬度仅次于D,韧性较D好	光学玻璃

②粒度。粒度是指磨料颗粒尺寸的大小。粒度分为磨粒和微粉两类。对于颗粒尺寸大于40 μm的磨料,称为磨粒。用筛选法分级,粒度号以磨粒通过的筛网上每英寸长度内的孔眼数来表示。如60#的磨粒表示其大小刚好能通过每英寸长度上有60孔眼的筛网。对于颗粒尺寸小于40 μm的磨料,称为微粉。用显微测量法分级,用W和后面的数字表示粒度号,其W后的数值代表微粉最大尺寸。如W20表示微粉的磨粒的直径在20~14 μm。

磨粒粒度号越大越细,微粉粒度号越小越细。

加工表面粗糙度值越大,选用越粗的磨料。加工表面粗糙度值越小,选用越细的磨料。砂轮速度高或与工件接触面大时用粗磨料;磨软材料用粗磨料,磨硬材料用细磨料。砂轮颗粒的选择见表 10-2。

表 10-2 砂轮颗粒的选择

类别	粒度号	适用范围
磨粒	8#,10#,12#,14#,16#,20#,22#,24#	荒磨
	30#,36#,40#,46#	一般磨削,加工表面粗糙度值可达 *Ra*0.8 mm
	54#,60#,70#,80#,90# ,100#	半精磨,精磨和成型磨削,加工表面粗糙度可达 *Ra*0.8~0.16 μm
	120# ,150#,180#,220#,240#	精磨,精密磨,超精磨,成形磨,刀具刃磨,珩磨
微粉	W63,W50,W40,W28	精磨,精密磨,超精磨,珩磨,螺纹磨
	W20, W14, W10, W7, W5, W3.5, W2.5, W1.5, W1.0,W0.5	超精密磨,镜面磨,精研,加工表面粗糙度可达 *Ra*0.01~0.02 μm

③结合剂。结合剂是把磨粒固结成磨具的材料。常用的结合剂有:陶瓷结合剂(V)、树脂结合剂(B)和橡胶结合剂(R)等。陶瓷结合剂适用于外圆、内圆、平面、无心磨削砂轮等;树脂结合剂适用于切断和开槽的薄片砂轮及切削速度大于 50 m/s 的高速磨削砂轮;橡胶结合剂适用于无心磨削导轮、抛光砂轮等。常用结合剂性能及适用范围见表 10-3。

表 10-3 结合剂性能及适用范围

名称	代号	特性	适用范围
陶瓷	V	耐热,耐油和耐酸,碱的侵蚀,强度较高,较脆	除薄片砂轮外,能制成各种砂轮
树脂	B	强度高,富有弹性,具有一定抛光作用,耐热性差,不耐酸碱	荒磨砂轮,磨窄槽,切断用砂轮,高速砂轮,镜面磨砂轮
橡胶	R	强度高,弹性更好,抛光作用好,耐热性差,不耐油和酸,易堵塞	磨削轴承沟槽砂轮,无心磨导轮

④硬度砂轮。硬度指砂轮工作面上的磨粒在外力作用下脱落的难易程度,容易脱落为软,反之为硬。砂轮硬度与磨粒硬度是两个完全不同的概念。硬度相同的磨粒不同的砂轮,主要取决于结合剂的性能、数量及砂轮的制造工艺。常用砂轮硬度代号见表 10-4。

表 10-4 砂轮硬度代号

等级	超软			软			中软		中		中硬			硬		超硬
代号	D	E	F	G	H	J	K	L	M	N	P	O	R	S	T	Y
选择																

⑤组织。组织是指磨粒、结合剂和气孔三部分体积的比例关系,通常以磨粒在磨具中所占的体积百分比来分级,见表 10-5。磨具有三种组织状态(紧密、中等、疏松),共 15 级(0~14),0 号紧密,14 号疏松。普通磨削常用 4~7 号组织的磨具,故粗磨时应采用组织较疏松的磨具,精磨时应采用组织较紧密的磨具。

表 10-5 组织比例表

组织号	0	1	2	3	4	5	6	7	8	9	10	11	12	13	14
磨粒率(%)	62	60	58	56	54	52	50	48	46	44	42	40	38	36	34
用途	成形磨削、精密磨削				磨削淬火钢、刀具刃磨				磨削韧性大而硬度不高的材料					磨削热敏感性大的材料	

⑥形状与尺寸。根据磨床的类型和工件加工的要求,可将砂轮制成各种形状和尺寸。常见的砂轮形状、代号、用途见表 10-6。

表 10-6 砂轮形状、代号、用途

砂轮种类	形状代号	断面形状	主要用途
平形砂轮	P		磨外圆、内圆,无心磨,刃磨刀具等
双斜边砂轮	OSX		磨齿轮及螺纹
双面凹砂轮	PSA		磨外圆,刃磨刀具,无心磨
切断砂轮(薄片砂轮)	PB		切断及切槽
筒形砂轮	N		端磨平面
杯形砂轮	B		磨平面、内圆,刃磨刀具
碗形砂轮	BW		刃磨刀具,磨导轨
碟形砂轮	D		磨齿轮,刃磨铣刀、拉刀、铰刀

(2)砂轮的静平衡和修整

一般直径大于 125 mm 的砂轮都要进行平衡,使砂轮的重心与其旋转轴线重合。不平衡的砂轮在高速旋转时会产生振动,影响加工质量和机床精度,严重时还会造成机床损坏和砂轮碎裂,引起不平衡的原因主要是砂轮各部分密度不均匀,几何形状不对称以及安装偏心等。因此在安装砂轮之前都要进行平衡,砂轮的平衡有静平衡和动平衡两种。一般情况下,只需作静平衡,但在高速磨削(线速度大于 50 m/s)和高精度磨削时,必须进行动平衡。

引起砂轮不平衡的原因主要有以下两方面:

①砂轮本身不平衡。这是由砂轮的制造误差,如砂轮密度不均匀、形状不对称或内外圆不同轴等引起的。

②砂轮在法兰盘上安装产生不平衡量。

手工操作的静平衡,需要使用平衡架、水平仪、平衡芯轴和平衡块等工具。

a. 平衡架:常用的平衡架有圆棒导柱式和圆盘式两种。圆棒导柱式如图 10-5 所示,主要由支架和导柱组成。这种平衡架的导柱面为静平衡芯轴滚动的导轨面,对导柱的表面素线的直线度和两导柱的平行度都有较高的精度要求。

b. 水平仪:常用的水平仪为框式水平仪和尺式水平仪两种,如图 10-6 所示,水平仪是一种测量小角度的常用量具。水平仪主要由框架和水准管组成。水准管是由玻璃制成,水准管内壁是一个具有一定曲率半径的曲面,管内装有液体,当水平仪发生倾斜时,水准管中气泡就向水平仪升高的一端移动,从而确定水平面的位置。

c. 平衡芯轴:平衡芯轴如图 10-7 所示,由芯轴、垫圈和螺母组成。芯轴两端的等直径圆柱面,作为平衡时滚动的轴心,故对其同轴度有较高的要求。芯轴的外锥面与砂轮法兰盘锥孔相配合,要求有 80% 以上的接触面。

图 10-5　圆棒导柱式平衡架

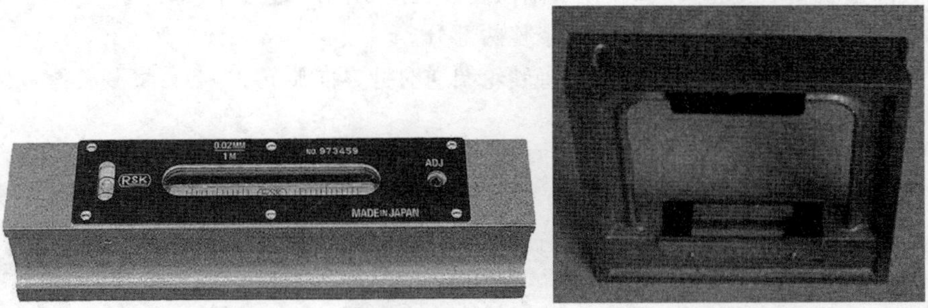

图 10-6　水平仪

d. 平衡块：大小不同的砂轮有不同的平衡块，安装在法兰盘的环形槽内，按平衡需要可安置若干个平衡块。不断调整平衡块在圆周上的位置，即可达到平衡的目的。砂轮平衡后需要将平衡块的螺钉拧紧，防止发生移动。

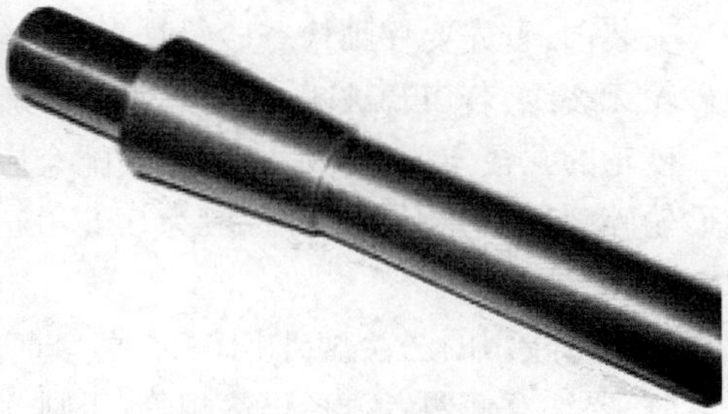

图 10-7　平衡芯轴

①静平衡的方法与要求。

砂轮平衡台须先校正水平。将砂轮套入砂轮卡盘上，然后将砂轮压圈套上，再将砂轮压盖拧上（左旋），而后用法兰扳手拧紧。再把组合件串在平衡棒上，置于平衡台的两个平等刃口上，然后依据下列方法平衡。将砂轮在平衡台上摆动，用粉笔做记号，再将第一块平衡片锁紧在记号对边等距离圆弧上任意位置，注意绝对不可以再移动。然后每次旋转砂轮 90°，检查砂轮是否平衡，若不平衡，则须移动平衡片，使砂轮任意位置均能平衡为止。平衡的砂轮必以正常磨削速度试运转，至少 5 min。第一次平衡砂轮须再将砂轮装在主轴上，用放置在工作台上的砂轮修整刀修正砂轮。经过上述方法平衡后的砂轮，必须再从主轴取下，然后放在平衡台上，仔细的平衡后，再装回主轴，修正砂轮，直到精确为止。即使平衡的砂轮亦可能因磨耗而发生不平衡，因此必须经常的检查，如果需要就必须重新平衡。

补充：新砂轮一般要作两次平衡，第一次平衡的目的，在于消除砂轮在制造过程中由于质量偏差而产生的不平衡。装到入口轴承机床上后，修整其外圆和端面，然后卸下来再进行第二次平衡。第二次平衡时必须严格要求，使砂轮在任何方位都能达到静态平衡。如不符合标准规定，应找出原因，进行重配或作报废处理。

安装时需要注意：外径为 500 mm 及更大的砂轮，都以箭头标志其不平衡位置，箭头指向砂轮轻侧。砂轮不得用造成偏心的返修方法校正平衡；磨曲轴砂轮，磨螺纹砂轮、橡胶磨沟道砂轮、出口砂轮不允许用造成两端不平行的方法来校正平衡。

②砂轮的修整。

在磨削过程中砂轮的磨粒在摩擦、挤压作用下，它的棱角逐渐磨圆变钝，或者在磨韧性材料时，磨屑常常嵌塞在砂轮表面的孔隙中，使砂轮表面堵塞，最后使砂轮丧失切削能力。这时，砂轮与工件之间会产生打滑现象，并可能引起振动和出现噪声，使磨削效率下降，表面粗糙度变差。同时由于磨削力及磨削热的增加，会引起工件变形和影响磨削精度，严重时还会使磨削表面出现烧伤和细小裂纹。此外，由于砂轮硬度的不均匀及磨粒工作条件的不同，使砂轮工作表面磨损不均匀，各部位磨粒脱落多少不等，致使砂轮丧失外形精度，影响工件表面的形状精度及粗糙度。凡遇到上述情况，砂轮就必须进行修整，切去表面上一层磨料，使砂轮表面重新露出光整锋利的磨粒，以恢复砂轮的切削能力与外形精度。

砂轮修整包括圆周面修整和端面修整两部分。

砂轮端面修整：修整砂轮端面时，将砂轮架逆时针方向旋转 1°~2°，将砂轮修成内凹形，修整后将砂轮架转至 0°。

砂轮圆周面修整，使用时将整个工具放在平面磨床的电磁吸盘上吸牢，使金刚石刀杆中心对正待修整砂轮端面的中心平面。

砂轮常用金刚石进行修整，金刚石具有很高的硬度和耐磨性，是修整砂轮的主要工具。

③砂轮的安装。

砂轮安装是一项很重要的工作。一般陶瓷砂轮呈脆性，如安装不当或砂轮失去平衡，则会影响加工质量和机床精度，严重的可使砂轮破裂而造成事故。

安装前，首先要仔细检查砂轮是否有裂纹，方法是用木棒轻轻敲击侧面，若声音清亮，说明砂轮无裂纹，若声音破哑，说明有裂缝。确保砂轮正常后可装卡盘。

砂轮的孔径与法兰盘底盘和轴颈配合应有适当间隙，以防止磨削过程中受热膨胀而导致砂轮碎裂。两者配合间隙一般为 0. 1~0. 5 mm，当砂轮直径大于 250 mm 时，配合间隙可取 0. 2~0. 8 mm。

安装砂轮用的法兰盘（图 10-8）底盘直径和压盘直径都是相等的。当需要更换底盘或压盘时，要注意使两者直径仍然相等；否则，由于受力不对称，容易导致砂轮碎裂。

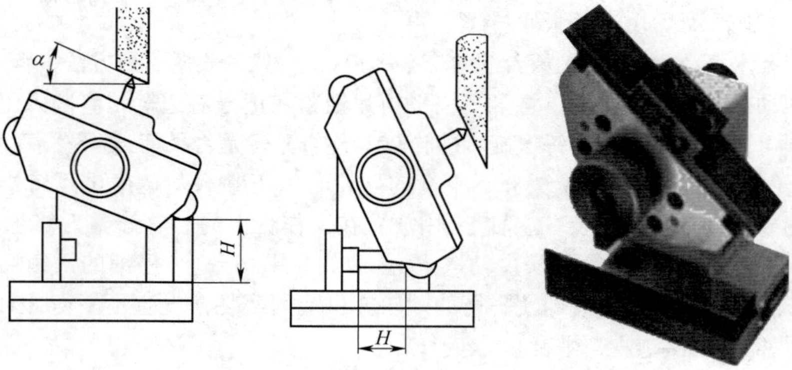

图 10-8　砂轮修整

砂轮和法兰盘之间应放上橡胶、软纸板或毛毡一类的衬垫，衬垫厚度一般为 1 mm 左右。

砂轮装上底盘后，紧固法兰盘上的螺钉和拧紧砂轮压盘上的螺钉时，应按照对称位置螺钉的顺序，依次拧紧，用力要适当而均匀。

10.6　磨床操作要点

10.6.1　外圆磨削的基本方法

1. 纵向磨削法

纵向磨削法是最常用的磨削方法，磨削时，工作台做纵向往复进给，砂轮做周期性横向进给，工件的磨削余量要在多次往复行程中磨去。

纵向磨削法（简称纵向法）的特点：

在砂轮整个宽度上，磨粒的工作情况不一样，砂轮左端面（或右端面）尖角负担主要的切削作用，工件部分磨削余量均由砂轮尖角处的磨粒切除，而砂轮宽度上绝大部分磨粒担负减少工件表面粗糙度值的作用。纵向磨削法磨削力小，散热条件好，可获得较高的加工精度和较小的表面粗糙度值。劳动生产率低，磨削力较小，适用于细长、精密或薄壁工件的磨削。

2. 切入磨削法

切入磨削法又称横向磨削法。被磨削工件外圆长度应小于砂轮宽度，磨削时砂轮做连续或间断横向进给运动，直到磨去全部余量为止。砂轮磨削时无纵向进给运动。粗磨时可用较高的切入速度；精磨时切入速度则较低，以防止工件烧伤和发热变形。

切入磨削法（简称切入法）的特点：

整个砂轮宽度上磨粒的工作情况相同，在充分发挥所有磨粒的磨削作用同时，由于采用连续的横向进给，缩短磨削的基本时间，故有很高的生产效率。

径向磨削力较大，工件容易产生弯曲变形，一般不适宜磨削较细的工件。

磨削时产生较大的磨削热，工件容易烧伤和发热变形。

砂轮表面的形态（修整痕迹）会复制到工件表面，影响工件表面粗糙度。为了消除以上缺陷，可在切入法终了时，做微小的纵向移动。

切入法因受砂轮宽度的限制，只适用于磨削长度较短的外圆表面。

3. 分段磨削法

分段磨削法又称综合磨削法。它是切入法与纵向法的综合应用，即先用切入法将工件分段进行粗磨，留 0.03~0.04 mm 余量，然后用纵向法精磨至尺寸。这种磨削方法既利用了切入法生产效率高的优点，又有纵向法加工精度高的优点。分段磨削时，相邻两段间应有 5~10 mm 的重叠。这种磨削方法适合于磨削余量较大和刚性较好的工件，且工件的长度也要适当。考虑到磨削效率，应采用较宽的砂轮，以减小分段数。当加工表面的长度约为砂轮宽度的 2~3 倍时为最佳状态。

4. 深度磨削法

这是一种用的较多的磨削方法，采用较大的背吃刀量在一次纵向进给中磨去工件的全部磨削余量。由于磨削基本时间缩短，故劳动生产率高。

深度磨削法的特点：

①适宜磨削刚性好的工件。

②磨床应具有较大功率和刚度。

③磨削时采用较小的单方向纵向进给，砂轮纵向进给方向应面向头架并锁紧尾座套筒，

以防止工件脱落。砂轮硬度应适中且有良好的磨削性能。

5. 台阶面的磨削方法

工件的台阶面可在磨好外圆以后,用手移动工作台借砂轮端面磨出。磨削时,需将砂轮横向稍微退出一些,手摇工作台,待砂轮与工件端面接触后,做间断的进给,并注意浇注充分的切削液,以免烧伤工件。通常可将砂轮端面修成内凹形,以减少砂轮与工件的接触面积,提高磨削质量。

磨削台阶面,砂轮受着很大的侧面压力,因此,操作时要细心地移动工作台,当工件端面与砂轮接触后,可用手轻轻敲打纵向进给手轮,使进给量小而均匀。

10.6.2 平面磨削的方法

平面磨削的方法有横向磨削法、深度磨削法、阶梯磨削法。

(1)横向磨削法

这种磨削法是当工作台每次纵向行程终了时,磨头做一次横向进给。等到工件表面上第一层金属磨削完毕,砂轮按预选磨削深度做一次垂直进给,接着照上述过程逐层磨削,直至把全部余量磨去,使工件达到所需尺寸。粗磨时,应选较大垂直进给量和横向进给量,精磨时则两者均应选较小值。这种方法适用于磨削宽长工件,也适用于相同小件按序排列集合磨削。

(2)深度磨削法

这种磨削法的纵向进给量较小,砂轮只做两次垂直进给,第一次垂直进给量等于全部粗磨余量,当工作台纵向行程终了时,将砂轮横向移动 3/4~4/5 的砂轮宽度,直到将工件整个表面的粗磨余量磨完为止。第二次垂直进给量等于精磨余量。其磨削过程与横向磨削法相同。这种方法由于垂直进给次数少,而使生产率较高,且加工质量也有保证,但磨削抗力大,仅适用在动力大、刚性好的磨床上磨较大的工件。

(3)阶梯磨削法

阶梯磨削法是按工件余量的大小,将砂轮修整成阶梯形,使其在一次垂直进给中磨去全部余量。用于粗磨的各阶梯宽度和磨削深度都应相同,而其精磨阶梯的宽度则应大于砂轮宽度的 1/2,磨削深度等于精磨余量(0.03~0.05 mm)。磨削时横向进给量应小些。由于磨削用量分配在各段阶梯的轮面上,各段轮面的磨粒受力均匀,磨损也均匀,能较多地发挥砂轮的磨削性能,但砂轮修整工作较为麻烦,应用上受到一定限制。

10.7 实训及评分标准

(1)轴套类零件图纸及要求如图 10-9 所示。

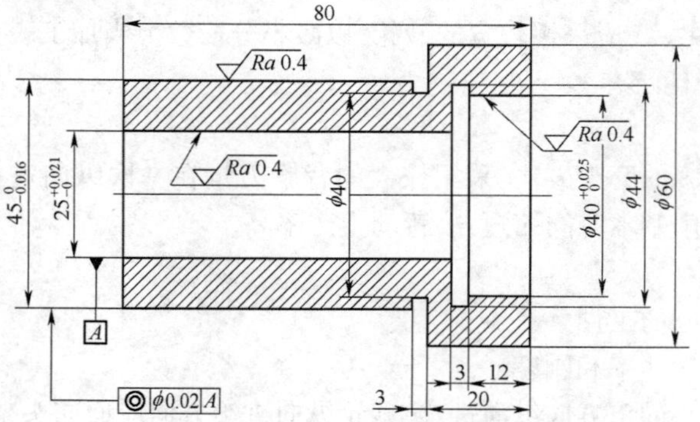

图 10-9 轴套类零件

(2)工艺卡,见表 10-7。

表 10-7　轴类零件工艺卡

零件图号				机床型号			
计划工时				毛坯材料		毛坯尺寸	
刀具、夹具、工具表				量具表			

工序	工步	工序内容	切削用量			备注
			线速度/(m/s)	进给速度/(mm/min)	背吃刀量/mm	
内孔	1	工件装夹。以外圆 $\phi 45_{-0.016}^{0}$ 定位,将工件用三爪自定心卡盘装夹,用百分表找正,选用磨内孔的砂轮				百分表
	2	粗磨内孔 ϕ25 mm。更换砂轮,采用纵磨法粗磨 ϕ25 mm 内孔,留有精磨余量 0.04~0.06 mm	30~35	手动	0.01~0.02	内径千分尺
	3	粗磨、精磨内孔 $\phi 40_{0}^{+0.025}$ mm。更换砂轮,采用纵磨法先粗磨 ϕ40 内孔,留有精磨余量 0.04~0.06 mm,再精磨至图样尺寸 $\phi 40_{0}^{+0.025}$ mm	30~35	手动	0.01~0.02	内径千分尺
	4	精磨内孔 $\phi 25_{0}^{+0.021}$ mm。粗磨 ϕ40 内孔时会影响 ϕ25 mm 的精度,因此 ϕ25 mm 分两次磨削。更换砂轮,采用纵磨法精磨至图样尺寸 $\phi 25_{0}^{+0.021}$ mm	30~35	手动	0.01~0.02	内径千分尺
外圆	1	工件装夹。采用芯轴装夹,以保证外圆与内圆的同轴度,选用磨外圆的砂轮				芯轴、百分表
	2	粗磨、精磨外圆 $\phi 45_{-0.06}^{0}$ mm。更换砂轮,采用纵磨法先粗磨 ϕ45 mm 外圆,留有精磨余量(0.04~0.06) mm,再精磨至图样尺寸 $\phi 45_{-0.016}^{0}$	30~35	手动	0.01~0.02	外径千分尺
检验	1	对照图样,对工件所有的尺寸逐一测量检查				内径千分尺、外径千分尺、粗糙度样板

容易产生的问题和注意事项如下:

①内圆磨削时应充分冷却,防止热变形。

②测量工件尺寸前,应把工件擦拭干净并清理工件边缘毛刺,以免产生测量误差。

③砂轮不锋利时，应及时修磨砂轮。

④使用千分尺测量时，测砧应和测量面贴平，以防测量杆歪斜，产生测量误差。

⑤用内径千分尺测量孔时，将其测量触头测量面支承在被测表面上，调整微分筒，使微分筒一侧的测量面在孔的径向截面内摆动，找出最小尺寸。

具体评分标准见表 10-8。

表 10-8 评分表

序号	项目与技术要求	比分	评分标准	扣分	得分
1	工件放置或夹持正确	15	不符合要求酌情扣分		
2	加工操作正确、自然	10	不符合要求酌情扣分		
3	外圆 $\phi 45_{-0.016}^{0}$ mm	20	超差 0.01 mm 扣 10 分，扣完为止		
4	内孔 $\phi 25_{0}^{+0.021}$ mm	20	超差 0.01 mm 扣 10 分，扣完为止		
5	内孔 $\phi 40_{0}^{+0.025}$ mm	20	超差 0.01 mm 扣 10 分，扣完为止		
6	表面粗糙度(3 处)	15			
7	安全文明操作		违者每次扣 2 分		
	总分：	100	合计：		
姓名	学号		实际工时	签字：	

(3)平面类零件图纸及要求

平面类零件图如图 10-10 所示，平面类零件工艺卡见表 10-9，操作评分表见表 10-10。

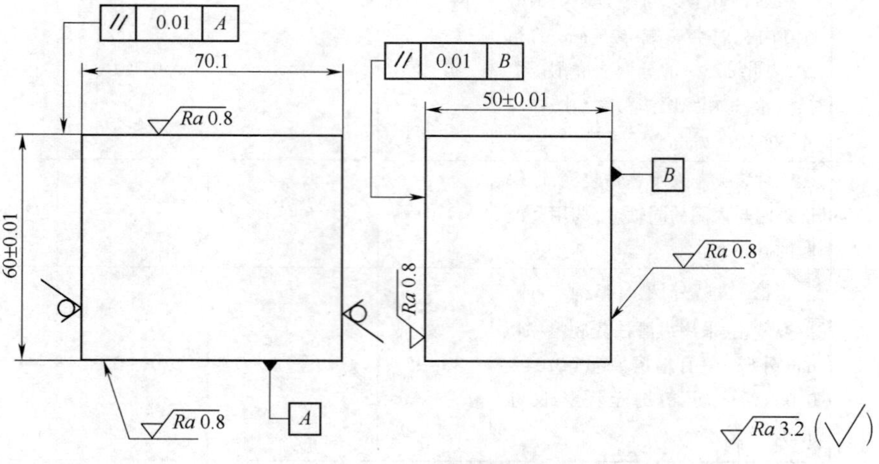

图 10-10 平面零件图

表 10-9 平面类零件工艺卡

零件图号			机床型号			
计划工时			毛坯材料		毛坯尺寸	
刀具、夹具、工具表				量具表		

续表

工序	工步	工序内容	切削用量			备注
			线速度（m/s）	进给速度（mm/min）	背吃刀量（mm）	
磨削前准备	1	看图并检查毛坯尺寸，计算加工余量				测量最短的尺寸，以检查毛坯件是否有加工余量
	2	选基准面，安装工件。目测选择表面粗糙度值较小面为基准面。选择正确的安装工件				将基准面去毛刺、擦净后，以工件基准面在电磁吸盘台面上定位
	3	调整工作台至合适位置				使砂轮越出工件表面20 mm左右
磨削（60±0.01）mm平面	1	对刀。电磁吸盘吸基准*A*平面，在基准面*A*的相对应面上启动砂轮，降低磨头高度，使砂轮接近工件表面直到有微量火星出现，说明已经对好刀	30~35	手动	0.01~0.02	
	2	开启冷却液，砂轮做垂直进给。用横向磨削法磨削	30~35	手动	0.01~0.02	磨削至没有铣刀痕迹即可
	3	工件旋转180°，磨削*A*面至图样尺寸60±0.01 mm	30~35	手动	0.01~0.02	
磨削（50±0.01）mm平面	1	对刀。电磁吸盘吸附在基准*B*平面，在基准面*B*的相对应面上启动砂轮，降低磨头高度，使砂轮接近工件表面直到有微量火星出现，说明已经对好刀	30~35	手动	0.01~0.02	
	2	开启冷却液，砂轮做垂直进给。用横向磨削法磨削	30~35	手动	0.01~0.02	磨削至没有铣刀痕迹即可
	3	工件旋转180°，磨削B面至图样尺寸50±0.01 mm	30~35	手动	0.01-0.02	
检验	1	对照图样，检查平行度、平面度、垂直度、表面粗糙度				游标卡尺、千分尺；刀口形直尺表面粗糙度样板

表 10-10　评分表

序号	项目与技术要求	比分	评分标准	扣分	得分
1	工件放置或夹持正确	10	不符合要求酌情扣分		
2	加工操作正确、自然	10	不符合要求酌情扣分		
3	平行面（50 ±0.01）mm	30	超差 0.01 mm 扣 5 分，扣完为止		
4	平行面（60 ±0.01）mm	30	超差 0.01 mm 扣 5 分，扣完为止		
5	表面粗糙度(4 处)	20	每处超差扣 5 分		
6	安全文明操作		违者每次扣 2 分		
	总分：	100	合计：		
姓名		学号	实际工时	签字：	

第11章 数控加工

数控

11.1 概　　述

1. 数控加工

数控加工(Numerical Control Machining),是指在数控机床上进行零件加工的一种工艺方法,数控机床加工与传统机床加工的工艺规程从总体上说是一致的,但也发生了明显的变化。数控加工是用数字信息控制零件和刀具位移的机械加工方法。它是解决零件品种多变、批量小、形状复杂、精度高等问题和实现高效化和自动化加工的有效途径。

数控系统是数字控制系统的简称,英文名称为(Numerical Control System),是根据计算机存储器中存储的控制程序,执行部分或全部数值控制功能,并配有接口电路和伺服驱动装置的专用计算机系统。通过利用数字、文字和符号组成的数字指令来实现一台或多台机械设备动作控制,它所控制的通常是位置、角度、速度等机械量和开关量。

2. 数控加工的优点

与传统加工相比,数控加工具有以下优点:

(1)适应性强,一机多用。

(2)加工精度高、质量稳定。

(3)生产效率高、经济效益好。

(4)减轻操作者的劳动强度、操作简单。

(5)有利于生产管理的现代化。

(6)有故障诊断和监控能力。

传统加工与数控加工的比较如图 11-1 所示。

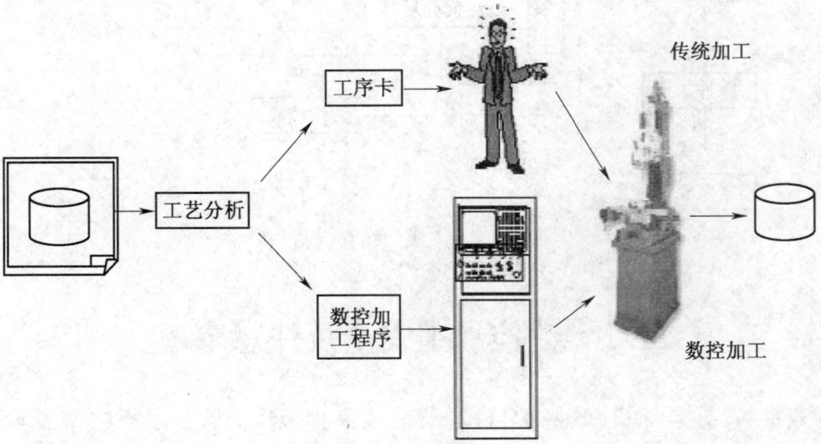

图 11-1　传统加工与数控加工的比较

3. 数控加工的过程

数控加工零件的步骤为：

(1)分析零件图，了解工件的大致情况(几何形状，工件材料，工艺要求等)。

(2)确定零件的数控加工工艺(加工的内容，加工的路线)。

(3)进行必要的数值计算(基点、节点的坐标计算)。

(4)编写程序单(不同机床会有所不同，遵守使用手册)。

(5)程序校验(将程序输入机床，并进行图形模拟，验证编程的正确)。

(6)对工件进行加工(好的过程控制能很好的节约时间和提高加工质量)。

(7)工件验收和质量误差分析(对工件进行检验，合格流入下一道；不合格则通过质量分析找出产生误差的原因和纠正方法)。

数控加工的一般过程如图 11-2 所示。

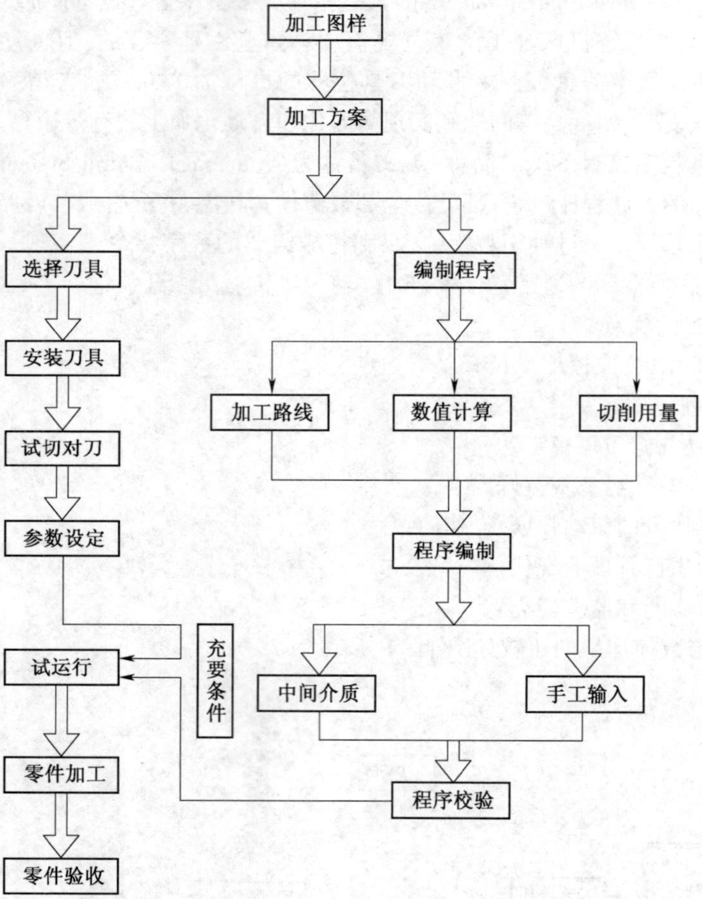

图 11-2 数控加工的一般过程

11.2 数控加工安全及注意事项

(1)检查穿戴、扎紧袖口、戴好护目镜，严禁戴手套操作。若长发需将头发盘好压入工作帽以免造成事故。

(2)开机前清除导轨、滑动面上的障碍物及工具等，并及时移去装夹工具。

(3)开机后让机床空运转 15 min,以使机床达到热平衡状态,认真检查润滑系统工作是否正常,如数控机床长时间未使用,可先采用手动方式向各部分供润滑油。

(4)每次装夹零件、刀具后,应认真检查,确认夹紧后,方可启动机床进行加工。

(5)执行正式加工前,应仔细核对输入的程序和参数,并进行程序试运行,防止加工中刀具与工件碰撞而损坏机床和刀具。

(6)机床运转中,操作者不得离开岗位,机床运行中一旦发现异常情况,应立即按下红色【急停】按钮,终止机床所有运动和操作。待故障排除后,方可重新操作机床及执行程序。

(7)禁止用手接触刀尖和铁屑,铁屑必须要用铁钩子或毛刷来清理。

(8)禁止用手或其他任何方式接触正在旋转的主轴、工件或其他运动部位。

(9)工作后将机床运动轴返回机床零点,依次关闭系统电源和机床电源等,并清理机床内外铁屑。

(10)严禁在未熟悉使用步骤的情况下,触摸各按钮开关。

(11)严禁随意修改系统参数、擅自拆卸机器零件。

(12)严禁将刀具、量具、工件等物品放于工作台上。

(13)学生若需操作机床,必须征得指导老师同意,并在指导老师指导下方可操作机床。

(14)编写程序必须经过指导老师审阅,输入机床后必须经过两人以上校对,并经指导老师批准后才能运行。

(15)操作时不得离开机床,遇到紧急情况,立即按下急停按钮并保持现场,待有关人员检查。

(16)电源发生异常应及时切断主电源。

(17)机床出现故障时必须及时向主管部门汇报,不得擅自拆卸维修。

(18)严禁戴手套操作机床,以免造成人身事故。

(19)机床完全停止前不得触摸运动部件及拆卸加工零件。

(20)实习结束后,必须切断电源,擦拭机床并加油润滑,打扫地面。

11.3　数控机床的组成和工作原理

11.3.1　数控机床的组成

数控机床一般由输入输出设备、CNC 装置(或称 CNC 单元)、伺服单元、驱动装置(或称执行机构)、可编程控制器 PLC 及电气控制装置、辅助装置、机床本体及测量反馈装置组成。图 11-3 为数控机床的组成框图。

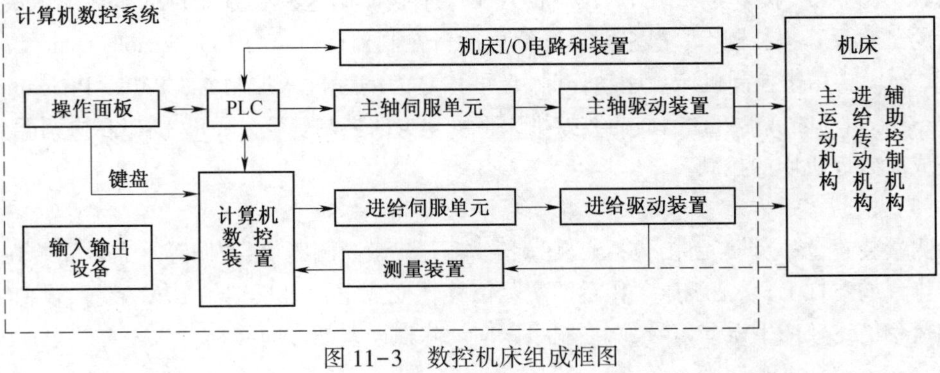

图 11-3　数控机床组成框图

(1)机床

数控机床的机床本体与传统机床相似,由主轴传动装置、进给传动装置、床身、工作台以及辅助运动装置、液压气动系统、润滑系统、冷却装置等组成。但数控机床在整体布局、外观造型、传动系统、刀具系统的结构以及操作机构等方面都已发生了很大的变化,这种变化的目的是为了满足数控机床的要求和充分发挥数控机床的特点,图 11-4 为车削加工中心示意图,图 11-5 为加工中心传动系统示意图。

(2)CNC 单元

CNC 单元是数控机床的核心,CNC 单元由信息的输入、处理和输出三个部分组成。CNC 单元接受数字化信息,经过数控装置的控制软件和逻辑电路进行译码、插补、逻辑处理后,将各种指令信息输出给伺服系统,伺服系统驱动执行部件做进给运动。

(3)输入/输出设备

输入装置将各种加工信息传递于计算机的外部设备。在数控机床产生初期,输入装置为穿孔纸带,现已淘汰,后发展成盒式磁带,再发展成键盘、磁盘等便携式硬件,极大方便了信息输入工作,现通用 CNC 网络通信串行通信的方式输入。

输出指输出内部工作参数(含机床正常、理想工作状态下的原始参数,故障诊断参数等),一般在机床刚工作状态需输出这些参数作记录保存,待工作一段时间后,再将输出与原始资料作比较、对照,可帮助判断机床工作是否维持正常。

(4)伺服单元

伺服单元由驱动器、驱动电动机组成,并与机床上的执行部件和机械传动部件组成数控机床的进给系统。它的作用是把来自数控装置的脉冲信号转换成机床移动部件的运动。对于步进电动机来说,每一个脉冲信号使电动机转过一个角度,进而带动机床移动部件移动一个微小距离。每个进给运动的执行部件都有相应的伺服驱动系统,整个机床的性能主要取决于伺服系统。

(5)驱动装置

驱动装置把经放大的指令信号变为机械运动,通过简单的机械连接部件驱动机床,使工作台精确定位或按规定的轨迹做严格的相对运动,最后加工出图纸所要求的零件。和伺服单元相对应,驱动装置有步进电动机、直流伺服电动机和交流伺服电动机等。

伺服单元和驱动装置可合称为伺服驱动系统,它是机床工作的动力装置,CNC 装置的指令要靠伺服驱动系统付诸实施,所以,伺服驱动系统是数控机床的重要组成部分。

(6)可编程控制器

可编程控制器(PC,Programmable Controller)是一种以微处理器为基础的通用型自动控制装置,专为在工业环境下应用而设计的。由于最初研制这种装置的目的是为了解决生产设备的逻辑及开关控制,故把它称为可编程逻辑控制器(PLC,Programmable Logic Controller)。当 PLC 用于控制机床顺序动作时,也可称之为编程机床控制器(PMC,Programmable Machine Controller)。PLC 已成为数控机床不可缺少的控制装置。CNC 和 PLC 协调配合,共同完成对数控机床的控制。

(7)测量反馈装置

测量装置也称反馈元件,包括光栅、旋转编码器、激光测距仪、磁栅等。通常安装在机床的工作台或丝杠上,它把机床工作台的实际位移转变成电信号反馈给 CNC 装置,供 CNC 装置与指令值比较产生误差信号,以控制机床向消除该误差的方向移动。

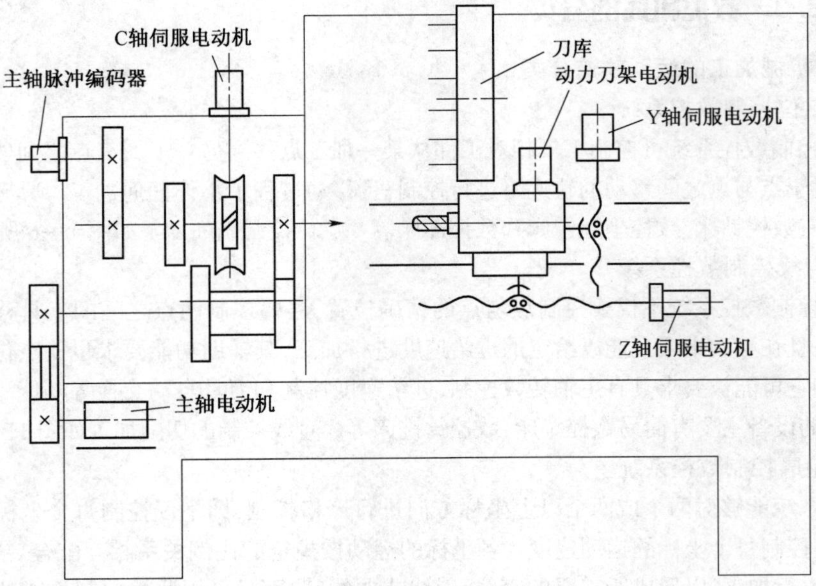

图 11-4　车削加工中心示意图

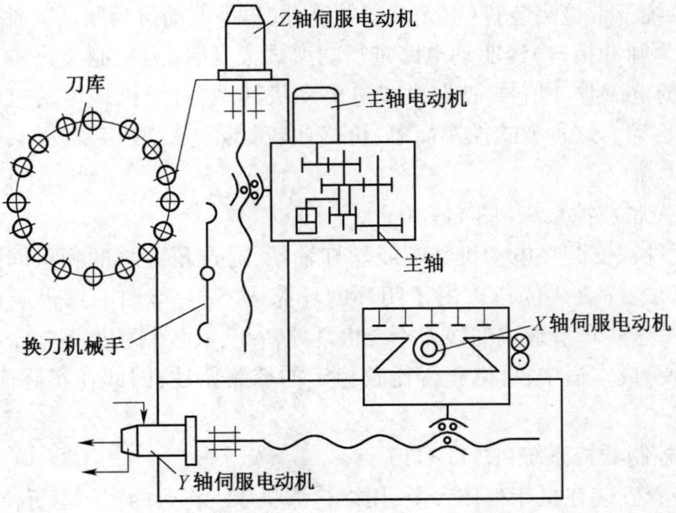

图 11-5　加工中心传动系统示意图

11.3.2　数控机床的工作原理

根据加工零件的图样与工艺方案,用规定的代码和程序格式编写程序单,并把它记录在载体上,把程序载体上的程序通过输入装置输入到 CNC 单元。CNC 单元将输入到的程序经过处理后,向机床各个坐标的伺服系统发出信号。伺服系统根据 CNC 单元发出的信号,驱动机床的运动部件,并控制必要的辅助操作。通过机床机械部件带动刀具与工件的相对运动,加工出要求的工件。检测机床的运动,并通过反馈装置反馈给 CNC 单元,以减小加工误差。

11.3.3 数控机床的分类

1. 按机械加工的运动轨迹分类

(1)点位控制数控系统

点位控制数控系统可控制工具相对工件从某一加工点移到另一个加工点之间的精确坐标位置,而对于点与点之间移动的轨迹不进行控制,且移动过程中不作任何加工。具有这一类系统的设备有数控钻床、数控坐标镗床和数控冲床等。点位控制铣削加工如图 11-6 所示。

(2)直线控制数控系统

直线控制数控系统不仅要控制点与点的精确位置,还要控制两点之间的工具移动轨迹为一条直线,且在移动中工具能以给定的进给速度进行加工,其辅助功能要求也比点位控制数控系统多,如它可能被要求具有主轴转数控制、进给速度控制和刀具自动交换等功能。具有此类控制方式的设备主要有简易数控车床、数控镗铣床等。直线控制的切削加工如图 11-7 所示。

(3)轮廓控制数控系统

这类系统能够对两个或两个以上坐标方向进行严格控制,即不仅控制每个坐标的行程位置,同时还控制每个坐标的运动速度。各坐标的运动按规定的比例关系相互配合,精确地协调起来连续进行加工,以形成所需要的直线、斜线或曲线、曲面。采用此类控制方式的设备有数控车床、铣床、加工中心、电加工机床和特种加工机床等。轮廓控制铣削加工如图 11-8 所示。

2. 按伺服系统的控制原理分类

(1)开环控制数控系统(图 11-9)

这类数控系统不带检测装置,也无反馈电路,以步进电动机为驱动元件。CNC 装置输出的进给指令(多为脉冲接口)经驱动电路进行功率放大,转换为控制步进电动机各定子绕组依此通电/断电的电流脉冲信号,使驱动步进电动机转动,再经机床传动机构(齿轮箱,丝杠等)带动工作台移动。这种方式控制简单,价格比较低廉,从 70 年代开始,被广泛应用于经济型数控机床中。

(2)半闭环控制数控系统(图 11-10)

位置检测元件被安装在电动机轴端或丝杠轴端,通过角位移的测量间接计算出机床工作台的实际运行位置(直线位移),由于闭环的环路内不包括丝杠、螺母副及机床工作台这些大惯性环节,由这些环节造成的误差不能由环路矫正,其控制精度不如全闭环控制数控系统,但其调试方便,成本适中,可以获得比较稳定的控制特性,因此在实际应用中,这种方式被广泛采用。

(3)全闭环控制数控系统(图 11-11)

位置检测装置安装在机床工作台上,用以检测机床工作台的实际运行位置(直线位移),

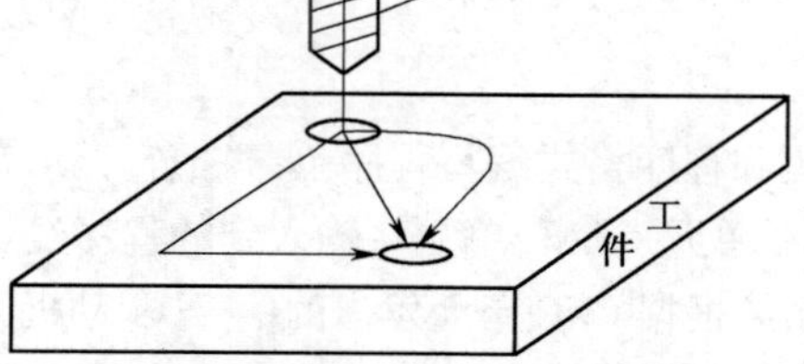

图 11-6　点位控制

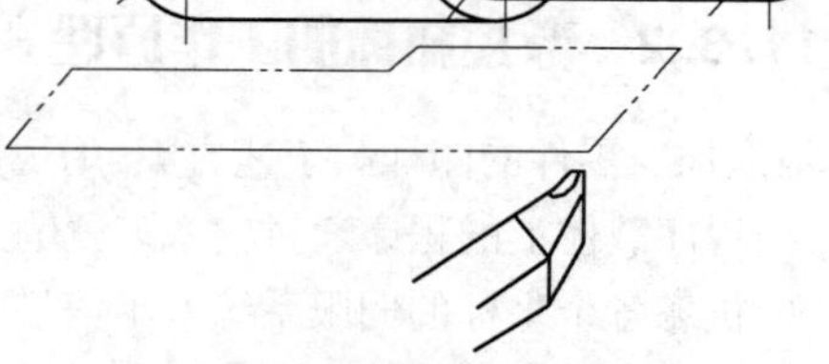

图 11-7　直线控制的切削加工

并将其与 CNC 装置计算出的指令位置(或位移)相比较,用差值进行调节控制。这类控制方式的位置控制精度很高,但由于它将丝杠、螺母副及机床工作台这些连接环节放在闭环内,导致整个系统连接刚度变差,因此调试时,其系统较难达到高增益,即容易产生振荡。

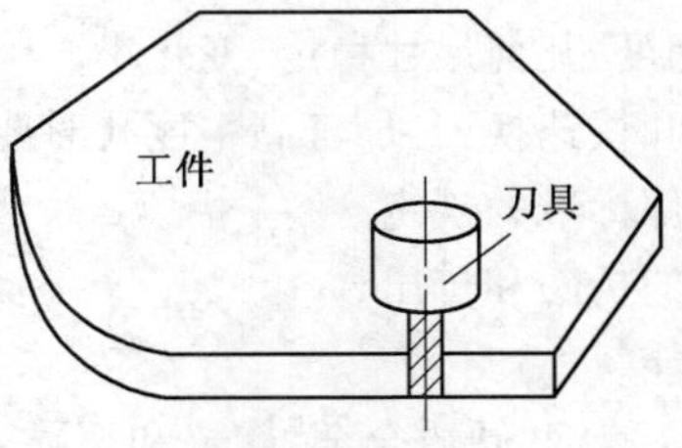

图 11-8　轮廓控制铣削加工

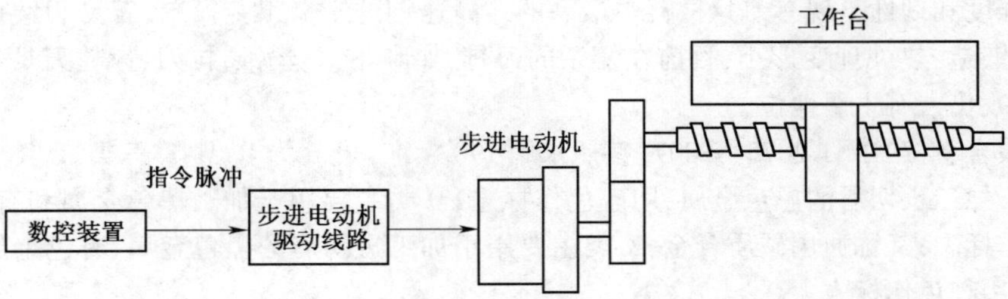

图 11-9　开环控制数控系统的结构图

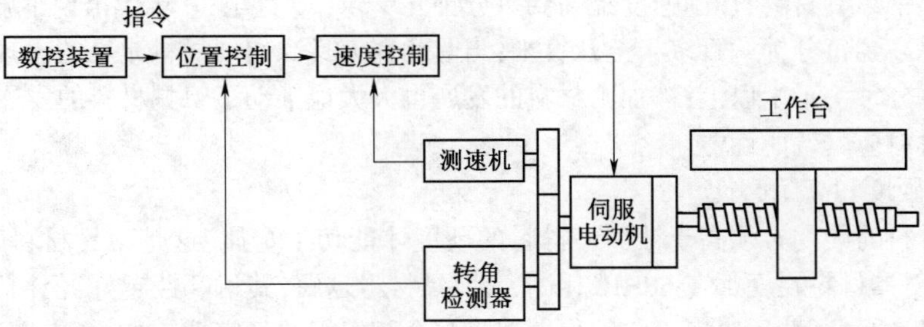

图 11-10　半闭环数控系统结构图

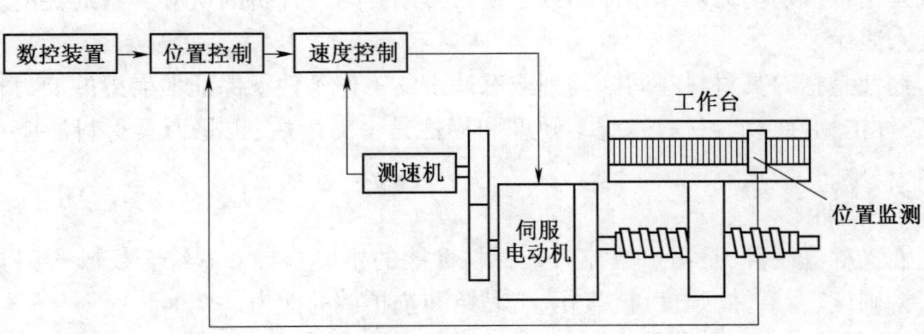

图 11-11　全闭环控制数控系统的结构图

11.4 数控加工刀具

数控机床的刀具应该具有以下特点：

(1)具有较高的精度、耐用度,几何尺寸稳定、变化小。

(2)刀具能实现机外预调和快速换刀,加工高精度孔时要经试切削确定其尺寸。

(3)刀具的柄部应满足柄部标准的规定。

(4)可以很好地控制切屑的折断和排出。

(5)具有良好的可冷却性能。

常用刀具材料有工具钢、高速钢、硬质合金、陶瓷和超硬刀具材料,目前用得最多的为高速钢和硬质合金。

高速钢是一种加入了较多的钨、铬、钒、钼等合金元素的高合金工具钢,有良好的综合性能。其强度和韧性是现有刀具材料中最高的。高速钢的制造工艺简单,容易刃磨成锋利的切削刃;锻造、热处理变形小,目前在复杂的刀具,如麻花钻、丝锥、拉刀、齿轮刀具和成形刀具制造中,仍占有主要地位。

硬质合金按 GB/T 2075—2007(参照采用 190 标准)可分为 P、M、K 三类,P 类硬质合金主要用于加工长切屑的黑色金属,用蓝色作标志;M 类主要用于加工黑色金属和有色金属,用黄色作标志,又称通用硬质合金,K 类主要用于加工短切屑的黑色金属、有色金属和非金属材料,用红色作标志。

刀具材料是决定刀具切削性能的根本因素,对加工效率、加工质量、加工成本以及刀具耐用度影响很大。使用碳工具钢作为刀具材料时,切削速度只有 10 m/min 左右;20 世纪初出现了高速钢刀具材料,切削速度提高到每分钟几十米;20 世纪 30 年代出现了硬质合金,将切削速度提高到每分钟一百多米至几百米;当前陶瓷刀具和超硬材料刀具的出现,使切削速度提高到每分钟一千米以上;被加工材料的发展也大大地推动了刀具材料的发展。

刀具材料应具备的性能：

(1)高硬度和高耐磨性

刀具材料的硬度必须高于被加工材料的硬度才能切下金属,这是刀具材料必备的基本要求,现有刀具材料硬度都在 60HRC 以上。刀具材料越硬,其耐磨性越好,但由于切削条件较复杂,材料的耐磨性还决定于它的化学成分和金相组织的稳定性。

(2)足够的强度与冲击韧性

强度是指抵抗切削力的作用而不致于使刀刃崩碎与刀杆折断所应具备的性能。一般用抗弯强度来表示。

冲击韧性是指刀具材料在间断切削或有冲击的工作条件下保证不崩刃的能力,一般地,硬度越高,冲击韧性越低,材料越脆。硬度和韧性是一对矛盾,也是刀具材料所应克服的一个关键。

(3)高耐热性

耐热性又称红硬性,是衡量数控刀具材料性能的主要指标。它综合反映了刀具材料在高温下保持硬度、耐磨性、强度、抗氧化、抗黏结和抗扩散的能力。

(4)良好的工艺性和经济性

为了便于制造,刀具材料应有良好的工艺性,如锻造、热处理及磨削加工性能。当然在制造和选用时应综合考虑经济性。当前超硬材料及涂层刀具材料费用都较贵,但其使用寿命很长,在成批大量生产中,分摊到每个零件中的费用反而有所降低。因此在选用时一定要综合考虑。

11.5　数控系统概述

11.5.1　CNC 系统基本硬件结构

数控系统(图 11-12)的硬件由数控装置、输入/输出装置、驱动装置和机床电器逻辑控制装置等组成,这四部分之间通过 I/O 接口互连。数控装置是数控系统的核心,其通过软件和硬件来控制各种数控功能的实现。数控装置的硬件结构按 CNC 装置中的印制电路板的插接方式可以分为大板结构和功能模块(小板)结构;按 CNC 装置硬件的制造方式,可以分为专用型结构和个人计算机式结构;按 CNC 装置中微处理器的个数可以分为单微处理器结构和多微处理器结构。

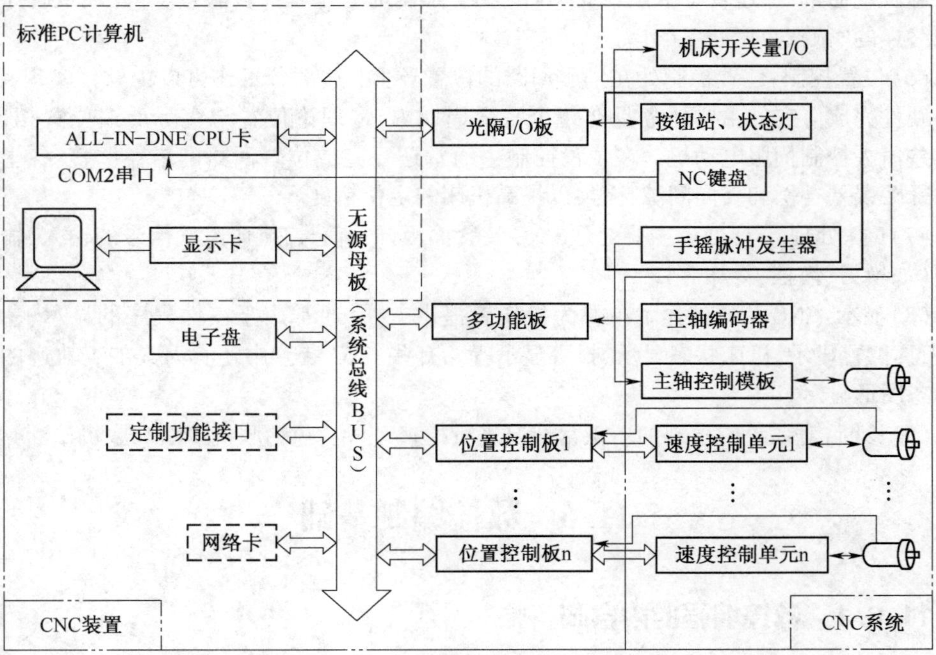

图 11-12　数控系统总体结构示意图

11.5.2　CNC 系统软件功能

CNC 系统软件是为实现 CNC 系统各项功能所编制的专用软件,又称控制软件,存放在计算机 EPROM 内存中。各种 CNC 系统的功能设置和控制方案各不相同,它们的系统软件在结构上和规模上差别很大,但是一般都包括输入数据处理程序、插补运算程序、速度控制程序、管理程序和诊断程序。下面分别叙述它们的作用。

(1)输入:零件程序及控制参数、补偿量等数据的输入可采用光电阅读机、键盘、磁盘、连接上级计算机的 DNC 接口、网络等多种形式。CNC 装置在输入过程中通常还要完成无效码删除、代码校验和代码转换等工作。

(2)译码:不论系统工作在 MDI 方式还是存储器方式,都是将零件程序以一个程序段为单位进行处理,把其中的各种零件轮廓信息(如起点、终点、直线或圆弧等)、加工速度信息

(F 代码)和其他辅助信息(M、S、T 代码等)按照一定的语法规则解释成计算机能够识别的数据形式,并以一定的数据格式存放在指定的内存专用单元。在译码过程中,还要完成对程序段的语法检查,若发现语法错误应立即报警。

(3)刀具补偿:刀具补偿包括刀具长度补偿和刀具半径补偿。通常 CNC 装置的零件程序以零件轮廓轨迹编程,刀具补偿的作用是把零件轮廓轨迹转换成刀具中心轨迹。在比较好的 CNC 装置中,刀具补偿的工件还包括程序段之间的自动转接和过切削判别,这就是所谓的 C 刀具补偿。

(4)进给速度处理:编程所给的刀具移动速度,是在各坐标的合成方向上的速度。速度处理首先要做的工作是根据合成速度来计算各运动坐标的分速度。在有些 CNC 装置中,对于机床允许的最低速度和最高速度的限制、软件的自动加减速等也在这里处理。

(5)插补:插补的任务是在一条给定起点和终点的曲线上进行"数据点的密化"。插补程序在每个插补周期运行一次,在每个插补周期内,根据指令进给速度计算出一个微小的直线数据段。通常,经过若干次插补周期后,插补加工完一个程序段轨迹,即完成从程序段起点到终点的"数据点密化"工作。

(6)位置控制:位置控制处在伺服回路的位置环上,这部分工作可以由软件实现,也可以由硬件完成。它的主要任务是在每个采样周期内,将理论位置与实际反馈位置相比较,用其差值去控制伺服电动机。在位置控制中通常还要完成位置回路的增益调整、各坐标方向的螺距误差补偿和反向间隙补偿,以提高机床的定位精度。

(7)I/O 处理:I/O 处理主要处理 CNC 装置面板开关信号,机床电气信号的输入、输出和控制(如换刀、换挡、冷却等)。

(8)显示:CNC 装置的显示主要为操作者提供方便,通常用于零件程序的显示、参数显示、刀具位置显示、机床状态显示、报警显示等。有些 CNC 装置中还有刀具加工轨迹的静态和动态图形显示。

(9)诊断:对系统中出现的不正常情况进行检查、定位,包括联机诊断和脱机诊断。

11.6 数控编制基础

11.6.1 数控编程的内容和步骤

数控编程的内容主要包括:分析零件图样、确定加工工艺过程、数值计算、编写零件加工程序、制作控制介质、程序校验和试切削等。数控编程基本过程如图 11-13 所示。

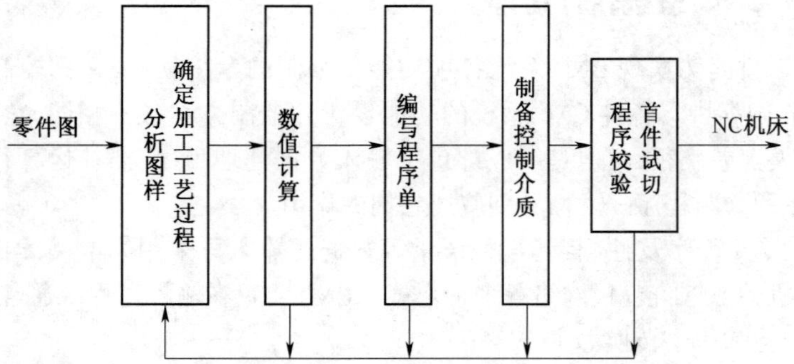

图 11-13 数控编程基本过程

11.6.2　零件加工程序的结构

字地址程序段一般格式如图 11-14 所示。

N–	G–	X– Y– Z–	F–	S–	T–	M–	;
程序段序号字	准备功能字	尺寸字	进给功能字	主轴旋转功能字	刀具功能字	辅助功能字	程序段结束符

图 11-14　字地址程序段一般格式

表 11-1　常用地址码及其含义

功　能	地址码	说　明
程序段号	N	程序段顺序编号地址
坐标字	X,Y,Z,U,W,V,P,Q,R; A,B,C,D,E; R; I,J,K;	直线坐标轴 旋转坐标轴 圆弧半径 圆弧中心坐标
准备功能	G	指令机床动作方式
辅助功能	M	机床辅助动作指令
补偿值	H 或 D	补偿值地址
切削用量	S F	主轴转速 进给量或进给速度
刀具号	T	刀库中的道具编号

11.6.3　坐标系

1. 坐标原则

(1) 遵循右手笛卡儿直角坐标系(图 11-15)。

(2) 永远假设工件是静止的,刀具相对于工件运动。

(3) 刀具远离工件的方向为正方向。

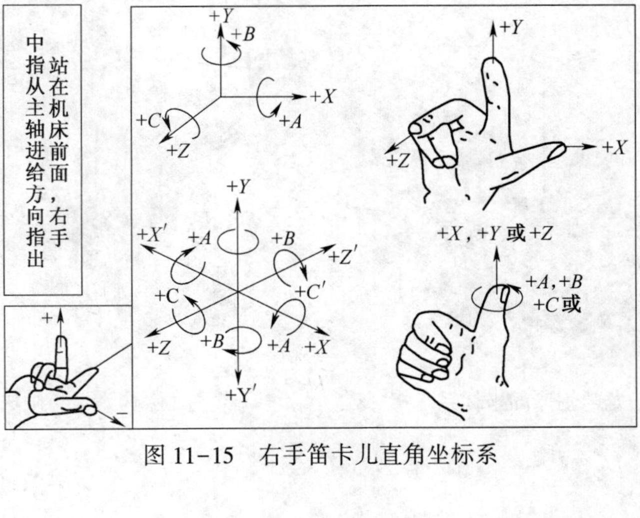

图 11-15　右手笛卡儿直角坐标系

2. 机床坐标轴

(1)先确定 Z 轴。

①传递主要切削力的主轴为 Z 轴。

②若没有主轴,则 Z 轴垂直于工件装夹面。

③若有多个主轴,选择一个垂直于工件装夹面的主轴为 Z 轴。

(2)再确定 X 轴(X 轴始终水平,且平行于工件装夹面)。

①没有回转刀具和工件,X 轴平行于主要切削方向(牛头刨)。

②有回转工件,X 轴是径向的,且平行于横滑座(车、磨)。

③有刀具回转的机床,分以下三类:

Z 轴水平,由刀具主轴向工件看,X 轴水平向右。

Z 轴垂直,由刀具主轴向立柱看,X 轴水平向右。

龙门机床,由刀具主轴向左侧立柱看,X 轴水平向右。

(3)最后确定 Y 轴。按右手笛卡儿直角坐标系确定。

数控车床的坐标系如图 11-16 所示,立式数控铣床的坐标系如图 11-17 所示,龙门刨床的坐标系如图 11-18 所示,牛头刨床的坐标系如图 11-19 所示。

图 11-16　数控车床的坐标系

图 11-17　立式数控铣床的坐标系

图 11-18　龙门刨床的坐标系

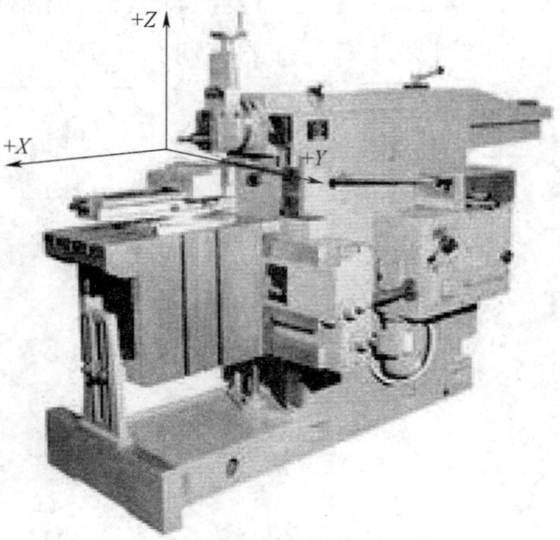

图 11-19　牛头刨床的坐标系

3. 机床原点和编程原点

如图 11-20 所示，$O_M—X_M Y_M Z_M$ 为机床坐标系，$O—XYZ$ 为工件坐标系。工件装在机床上后，两个坐标系保持一定的关系。工件坐标系原点在机床坐标系中称为调整点，如图 11-21、图 11-22 所示。编程示例如图 11-23 所示。

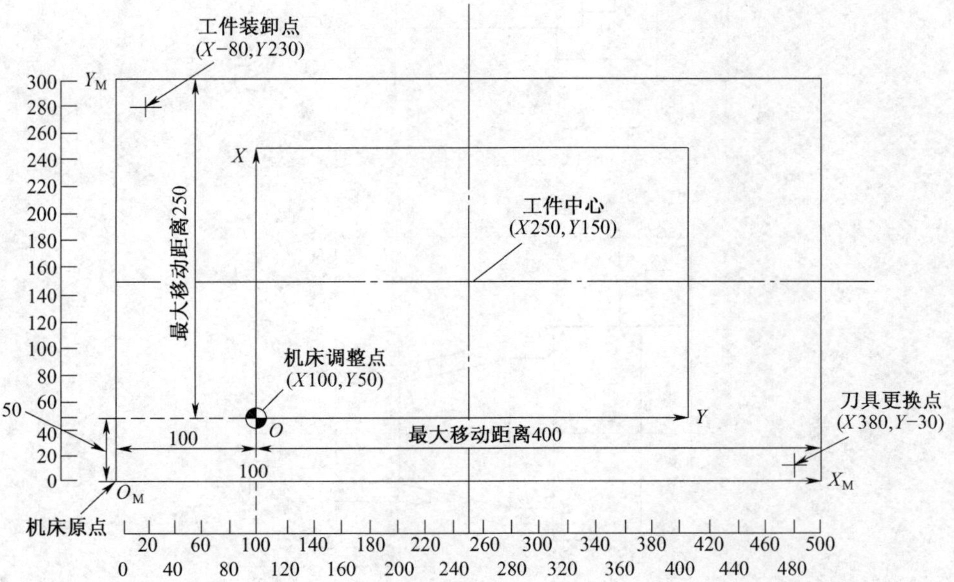

图 11-20　机床原点和工件坐标系原点

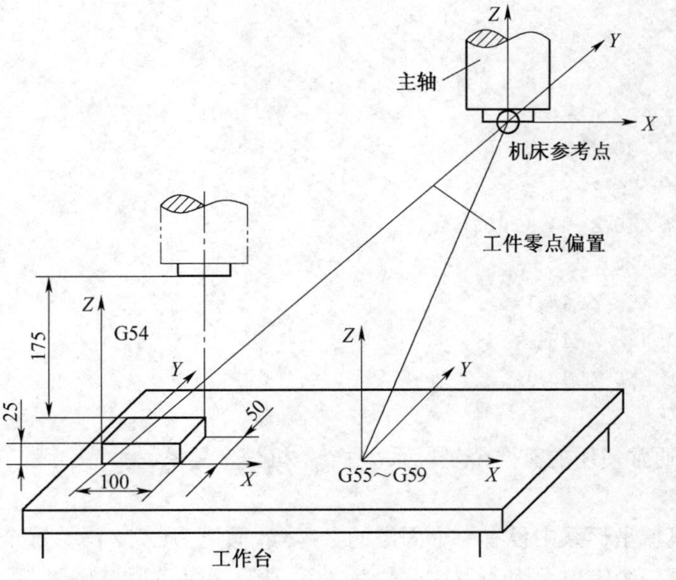

图 11-21　机床原点和工件坐标系原点

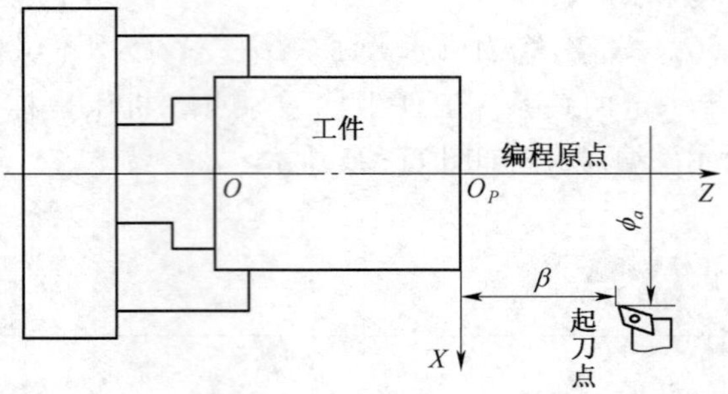

图 11-22　工件坐标系设定

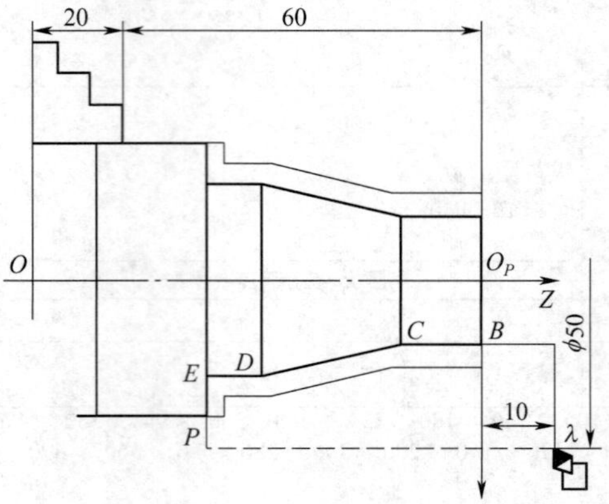

图 11-23　编程示例

坐标系设定指令 G92。

格式：G92 X— Y— Z —

G92 Xα Yβ

例：O002

```
N01 G92 X50 Z10;
N02 G90 G00 X20 Z2 S600
  T11 M03;
N03 G01 X20 Z-14 F100;
N04  G01 X28 Z-38;
N05 G01 X28 Z-48;
N06 G01 X28 Z-48;
N07 G00 X50 Z10 M02
```

4. 数控对刀

一般来讲，通常使用的有两个坐标系：一个是机械坐标系，另外一个是工件坐标系，又称程序坐标系。

在机床的机械坐标系中设有一个固定的参考点[假设为(X,Z)]。这个参考点的作用主要是给机床本身一个定位。因为每次开机后无论刀架停留在哪个位置，系统都把当前位置设定为(0,0)，这样势必造成基准的不统一，所以每次开机的第一步操作为参考点回归(有的称为回零点)，也就是通过确定(X,Z) 来确定原点(0,0)。

为了计算和编程方便，我们通常将程序原点设定在工件右端面的回转中心上，尽量使编程基准与设计、装配基准重合。机械坐标系是机床唯一的基准，所以必须要弄清楚程序原点在机械坐标系中的位置。这通常在接下来的对刀过程中完成。

FANUC 系统数控车床设置工件零点常用方法：直接用刀具试切对刀、用 G50 设置工件零点、用工件移动设置工件零点、用 G54～G59 设置工件零点。

11.7　数控加工仿真

11.7.1　数控加工仿真软件

数控加工仿真系统是基于虚拟现实的仿真软件。

源自美国的虚拟现实技术是一种富有价值的工具，可以提升传统产业层次、挖掘其潜力。虚拟现实技术在改造传统产业上的价值体现于：用于产品设计与制造，可以降低成本，避免新产品开发的风险；用于产品演示，可借多媒体效果吸引客户、争取订单；用于培训，可用“虚拟设备”来增加员工的操作熟练程度。

宇龙数控加工仿真系统是为了满足企业数控加工仿真和教育部门数控技术教学的需要，由上海宇龙软件工程有限公司研制开发。本系统可以实现对数控铣和数控车加工全过程的仿真，其中包括毛坯定义与夹具，刀具定义与选用，零件基准测量和设置，数控程序输入、编辑和调试，加工仿真以及各种错误检测功能。

11.7.2　FANUC O CRT/MDI 键盘操作

FANUC O 系列 CRT/MDI 键盘如图 11-24 所示。

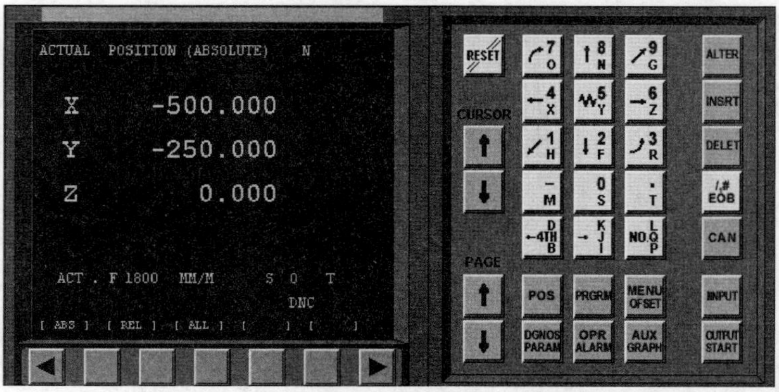

图 11-24　FANUC O 系列 CRT/MDI 键盘

1. MDI 键盘说明

具体说明见表 11-2。

表 11-2　CRT/MDI 键盘按键说明

按键	功能
	复位
CURSOR 、	向上、下移动光标

续表

按键	功能
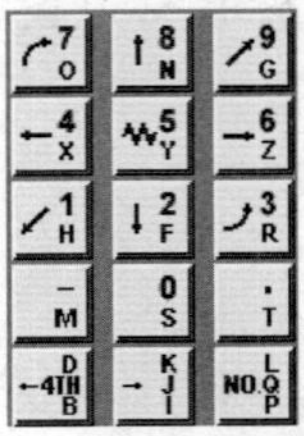	字母数字输入：输入时自动识别所输入的为字母还是数字，←4TH D B、→ K J I、NO.L Q P 3 个键需要连续点击，实现在相应字母间切换
PAGE ↑、↓	向上、下翻页
ALTER	编辑程序时修改光标块内容；
INSRT	1 编辑程序时在光标处插入内容；2 插入新程序
DELET	编辑程序时删除光标块的程序内容； 删除程序
/,# EOB	编辑程序时输入“；”换行
CAN	删除输入区最后一个字符
POS	切换 CRT 到机床位置界面
PRGRM	切换 CRT 到程序管理界面
MENU OFSET	切换 CRT 到参数设置界面
DGNOS PARAM	暂不支持
OPR ALARM	暂不支持
AUX GRAPH	自动方式下显示运行轨迹
INPUT	DNC 程序输入； 参数输入
OUTPUT START	DNC 程序输出键

2. 机床位置界面

按 POS 键进入机床位置界面。单击【ABS】、【REL】、【ALL】对应的软键分别显示绝对位置（图 11-25）、相对位置（图 11-26）和所有位置（图 11-27）。

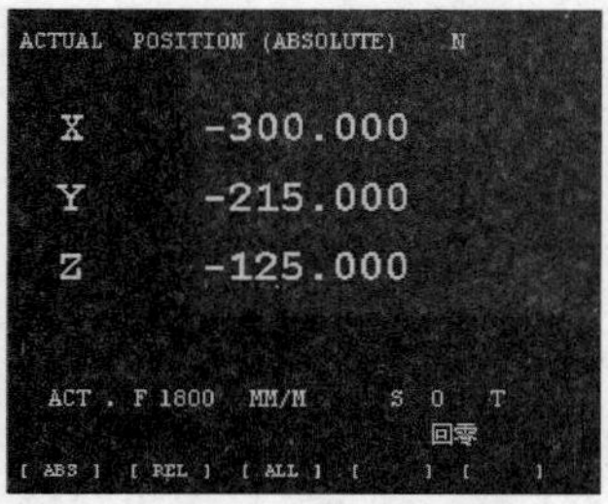

图 11-25　显示绝对位置

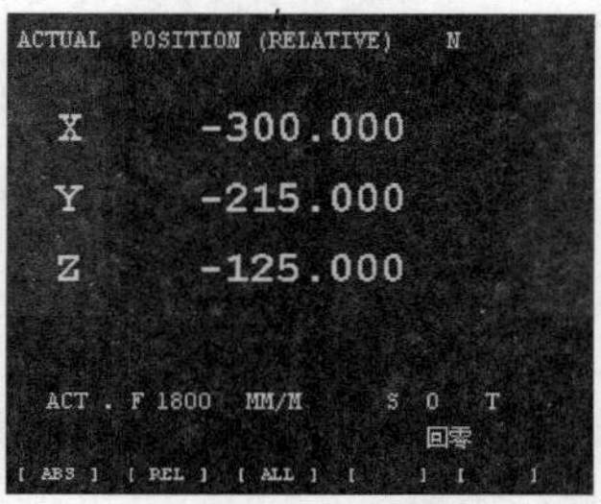

图 11-26　显示相对位置

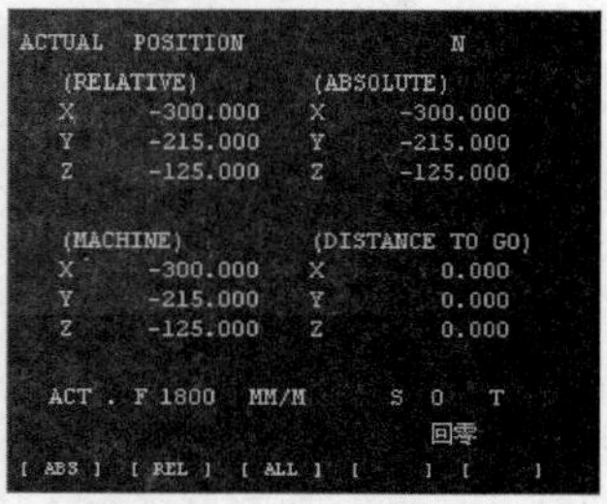

图 11-27　显示所有位置

坐标下方显示进给速度“F”、转速“S”、当前刀具“T”、机床状态(如“回零”)。

3. 程序管理界面

按PRGRM键进入程序管理界面,单击[PROGAM]显示当前程序(图 11-28),单击[LIB]显示程序列表(图 11-29)。“PROGRAM”一行显示当前程序号 O0001、行号 N0001。

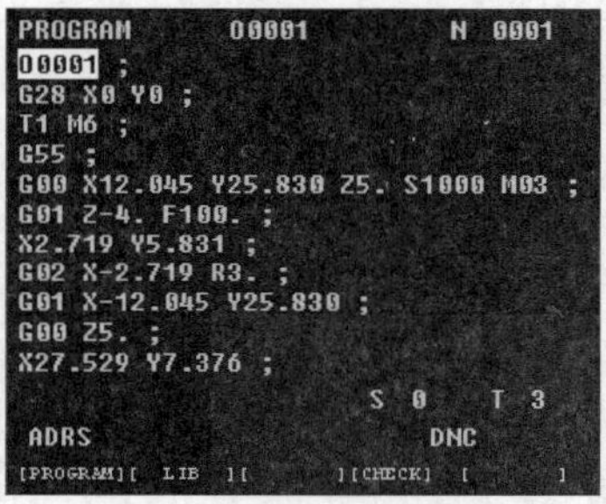

图 11-28　显示当前程序

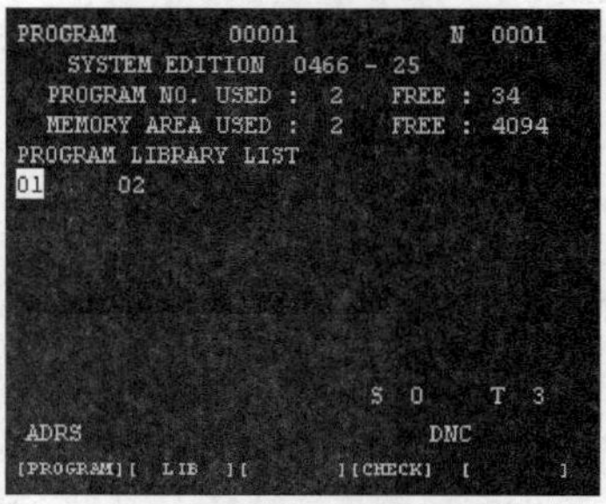

图 11-29　显示程序列表

4. 数控程序处理

(1)导入数控程序

数控程序可以通过记事本或写字板等编辑软件输入并保存为文本格式文件(注意:必须是纯文本文件),也可直接用 FANUC 系统的 MDI 键盘输入。

①将机床置于 DNC 模式。

②打开菜单“机床/DNC 传送…”,在打开文件对话框中选取文件。如图 11-30 所示,在文件名列表框中选中所需的文件,按“打开”确认。

③再通过 MDI 键盘在程序管理界面输入“O××”,(O 后输入 1~9999 的整数程序号)按INPUT键,即可输入预先编辑好的数控程序。

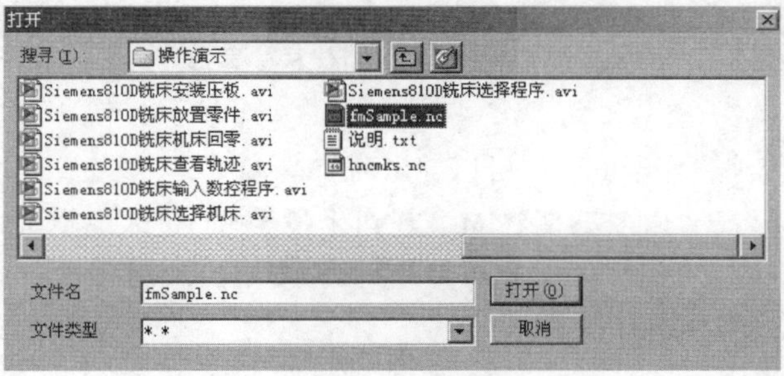

图 11-30　导入数控程序界面

注:程序中调用子程序时,主程序和子程序需分开导入。

(2)数控程序管理

①选择一个数控程序。将【MODE】旋钮置于“EDIT”挡或“AUTO”挡，在MDI键盘上按PRGRM键，进入编辑页面，按键入字母“O”；按数字键键入搜索的号码：“××××”（搜索号码为数控程序目录中显示的程序号）；按CURSOR↓开始搜索。找到后，“O××××”显示在屏幕右上角程序号位置，NC程序显示在屏幕上。

②删除一个数控程序。将【MODE】旋钮置于“EDIT”挡，在MDI键盘上按PRGRM键，进入编辑页面，按键入字母“O”；按数字键键入要删除的程序的号码：“××××”；按DELET键，程序即被删除。

③新建一个NC程序。

将【MODE】旋钮置于“EDIT”挡，在MDI键盘上按PRGRM键，进入编辑页面，按键入字母“O”；按数字键键入程序号。按INSRT键，若所输入的程序号已存在，将此程序设置为当前程序，否则新建此程序。

注：MDI键盘上的数字/字母键，第一次按下时输入的是字母，以后再按下时均为数字。若要再次输入字母，须先将输入域中已有的内容显示在CRT界面上（按INSRT键，可将输入域中的内容显示在CRT界面上）。

④删除全部数控程序。

将【MODE】旋钮置于“EDIT”档，在MDI键盘上按PRGRM键，进入编辑页面，按键入字母“O”；按M键件入“-”；按键键入“9999”；按DELET键。

(3)编辑程序

将MODE旋钮置于EDIT挡，在MDI键盘上按PRGRM键，进入编辑页面，选定了一个数控程序后，此程序显示在CRT界面上，可对数控程序进行编辑操作。

①移动光标。按PAGE↓或↑翻页，按CURSOR↓或↑移动光标。

②插入字符。先将光标移到所需位置，单击MDI键盘上的数字/字母键，将代码输入到输入域中，按INSRT键，把输入域的内容插入到光标所在代码后面。

③删除输入域中的数据。按CAN键删除输入域中的数据。

④删除字符。先将光标移到所需删除字符的位置，按DELET键，删除光标所在的代码。

⑤查找。输入需要搜索的字母或代码；按CURSOR↓开始在当前数控程序中光标所在位置后搜索。（代码可以是：一个字母或一个完整的代码。例如：“N0010”，“M”等。）如果此数控程序中有所搜索的代码，则光标停留在找到的代码处；如果此数控程序中光标所在位置后没有所搜索的代码，则光标停留在原处。

⑥替换。先将光标移到所需替换字符的位置，将替换成的字符通过MDI键盘输入到输入域中，按ALTER键，用输入域的内容替代光标所在的代码。

(4)导出数控程序

在数控仿真系统编辑完毕的程序可以导出为文本文件。

将【MODE】旋钮置于“EDIT”挡，在MDI键盘上按PRGRM键，进入编辑页面，按OUTPUT START键，在弹出的对话框中输入文件名，选择文件类型和保存路径，按“保存”按钮执行或按“取消”按钮取消保存操作，如图11-31所示。

5. 参数设置界面

连续按MENU OFSET键，可以在各参数界面中切换。

用PAGE↓或↑键在同一坐标界面翻页；用CURSOR↓或↑选择所需修改的参数。用

MDI 键盘输入新参数值,按CAN依次逐字符删除输入域中的内容,按INPUT键,把输入域中间的内容输入到所指定的位置。

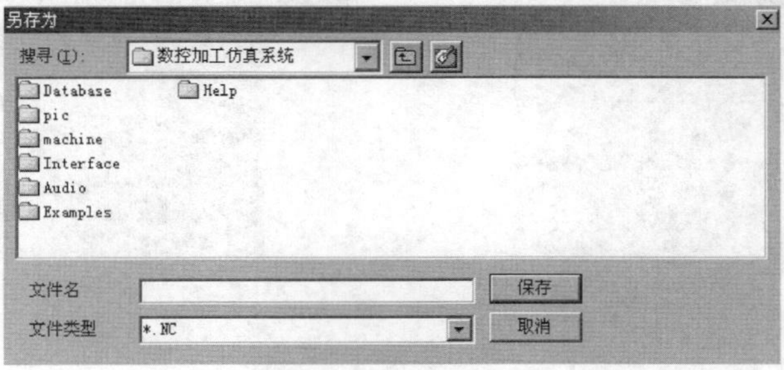

图 11-31　导出文本文件

注:输入数值时需输入小数点,如 X-100.00,须输入“X-100.00”;若输入“X-100”,则系统默认为 X-0.100。

下面分别说明各参数的输入方法:

(1)铣床/加工中心输入刀具补偿

按MENU OFFSET键直到切换进入半径补偿参数设定页面,如图 11-32 所示:选择要修改的补偿参数编号,点击 MDI 键盘,将所需的刀具半径输入到输入域内。按INPUT键,把输入域中的补偿值输入到所指定的位置。

同样的方法进入长度补偿参数设定页面(图 11-33)设置长度补偿。

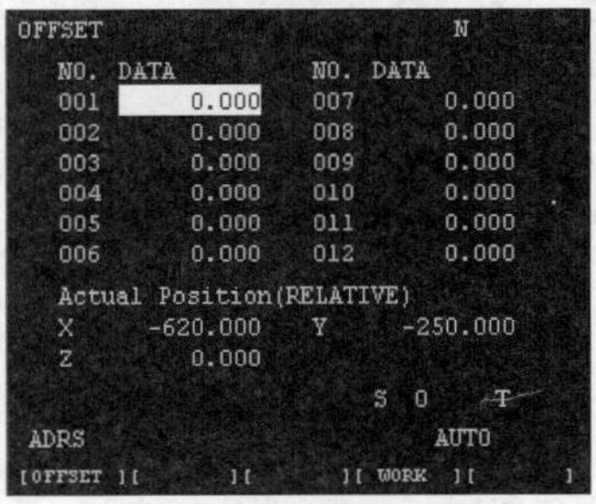

图 11-32　半径补偿参数设定

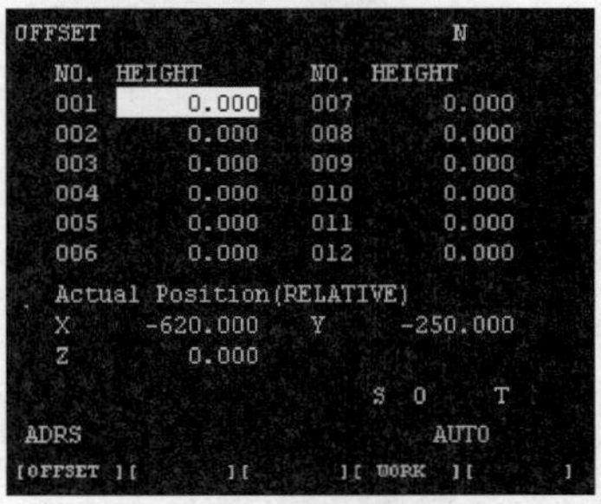

图 11-33　长度补偿参数设定

(2)车床输入刀具补偿

车床的刀具补偿包括刀具的磨损量补偿参数和形状补偿参数,两者之和构成车刀偏置量补偿参数,设定后可在数控程序中调用。

在设置车床刀具补偿参数时可通过按MENU OFFSET键切换刀具磨损补偿和刀具形状补偿的界面。

刀具使用一段时间后磨损,会使产品尺寸产生误差,因此需要对刀具设定磨损量补偿。步骤如下:

将操作面板中【MODE】旋钮切换到非“DNC”挡。按MENU OFFSET键直到进入磨损量参数设定页面,如图 11-34 所示。选择要修改的补偿参数编号,点击 MDI 键盘,输入地址字(X/Z/R/T)和补偿值到输入域(如“X10.0”),按INPUT键,把输入域中的补偿值输入到指定位置。同样的方法进入形状补偿参数设定页面(图 11-35)设置形状补偿。

注:输入车刀磨损量补偿参数和形状补偿参数时,须保证两者对应值和为车刀相对于标准刀的偏置量。同样的方法进入刀具形状补偿参数设定页面(图 11-35)设置形状补偿。

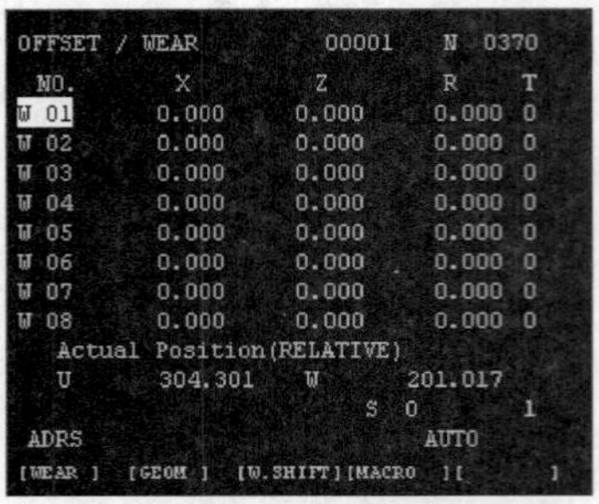

图 11-34 磨损量参数设定

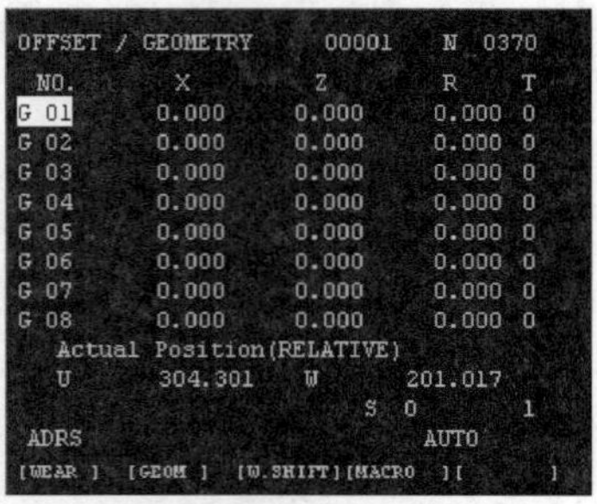

图 11-35 形状补偿参数设定

(3)设置工件坐标

工件坐标用于铣床、加工中心及标准车床。以设置工件坐标 G58 X-100.00 Y-200.00 Z-300.00 为例。用 PAGE ↓ 或 ↑ 键在 No1～No3 坐标系页面和 No4～No6 坐标系页面(图 11-36)之间切换。

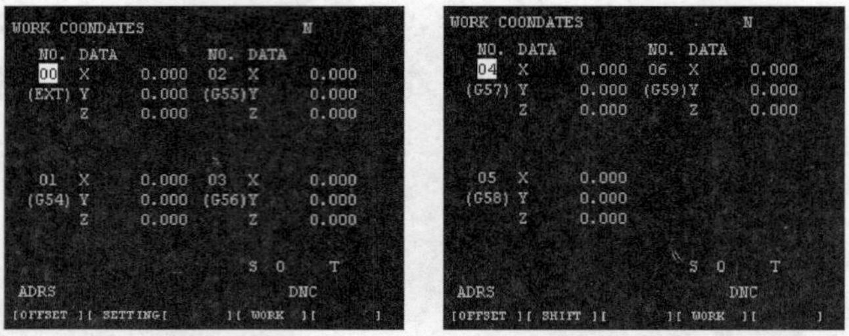

图 11-36 No1～No6 分别对应 G54～G59

用 CURSOR ↓ 或 ↑ 选择所需的坐标系 G58；输入地址字(X/Y/Z)和数值到输入域，即“X-100.00”。按 INPUT 键，把输入域中的内容输入到所指定的位置；再分别输入“Y-200.00”按 INPUT 键，“Z-300.00”按 INPUT 键，即完成了工件坐标原点的设定。

(4)MDI 模式

①将控制面板上【MODE】旋钮切换到 MDI 模式，进行 MDI 操作。

②在 MDI 键盘上按 PRGRM 键，进入编辑页面，如图 11-37 所示。

③输入程序指令：在 MDI 键盘上按下数字/字母键，第一次按下为字母输出，其后均为数字输出。按 CAN 键，删除输入域中最后一个字符。若重复输入同一指令字，后输入的数据将覆盖前输入的数据。

④按键盘上 INPUT 键，将输入域中的内容输入到指定位置。CRT 界面如图 11-38 所示。

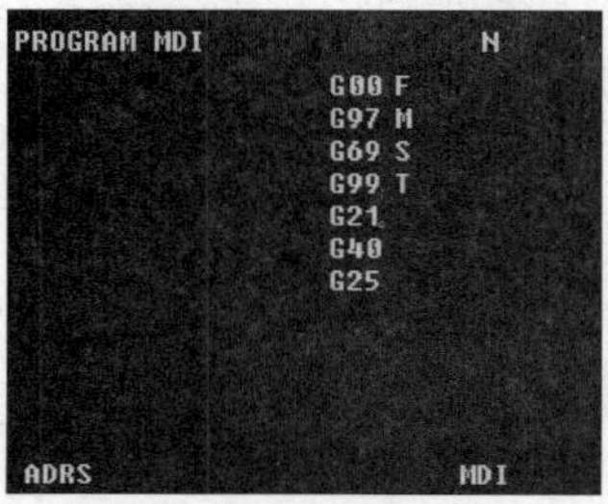

图 11-37 编辑页面

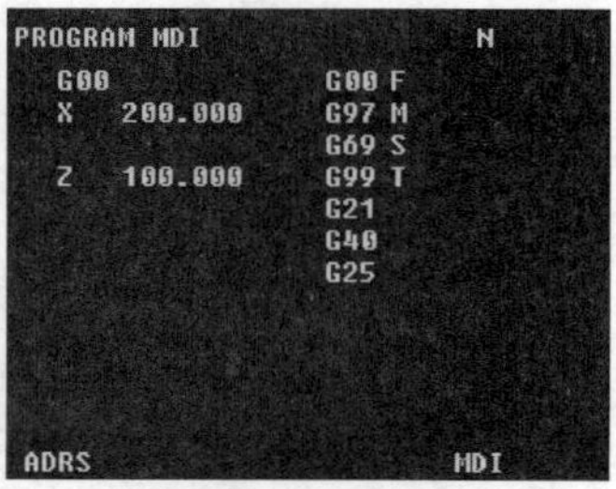

图 11-38 CRT 界面

⑤按 RESET 键，则已输入的 MDI 程序被清空。

⑥输入完整数据指令后，按循环启动按钮 Start 运行程序。运行结束后 CRT 界面上的数据被清空，如图 11-37 所示。

11.8　数控车床实训

下面介绍 O007 车削仿真加工实例。

(1)加工的零件图如图 11-39 所示。

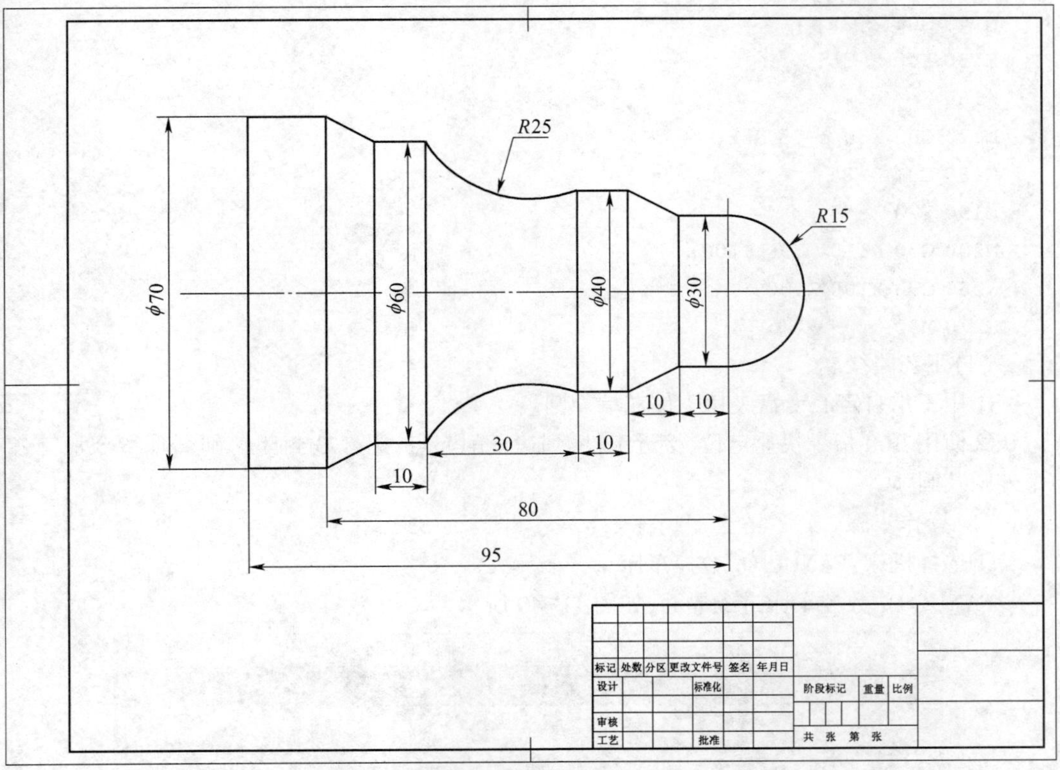

图 11-39　轴类零件车削仿真加工

(2)加工准备。

①毛坯：φ70mm×111mm，45 钢。

②刀具及其切削用量的选择见表 11-3。

表 11-3　刀具及切削用量的选择

序号	刀具号	刀具类型	加工面	主轴转速 r/mm	进给速度
1	T1	V 形 93°车刀	圆弧外形车削	800	200 mm/min

(3)加工程序(本次使用法兰克系统操作)。

```
O0007
N10 T0101;
N20 G98 G0 G54 X100 Z100;
N30 M03 S800;
N40 M08;
```

```
N50 X73 Z2;
N60 G01 Z0 F200;
N70 X-1;
N80 G00 X100 Z5;
N90 G73 U35 W0 R18;
N100 G73 P110 Q190 U0.5 W0 F200;
N110 G00 X0Z2;
N120 G01 Z0;
N130 G03 X30 Z-15 R15;
N140 G01 Z-25;
N150 X40 Z-35;
N160 Z-45;
N170 G02 X60 Z-75 R25;
N180 G01 Z-85;
N190 X70 Z-95;
N200 G70 P110 Q190 F100;
N260 G00 X100 Z100;
N270 M30
```

(4)工艺路线。

①用三爪自定心卡盘夹持工件左端外圆。

②使用 G00 指令快速定位,接近工件,到达车削起点,用 G73 封闭切削循环指令加工各个外圆及圆弧。

(5)操作步骤。

①选择机床:FANUC Oi 数控车床。

FANUC Oi 数控车床进入界面,如图 11-40 所示。

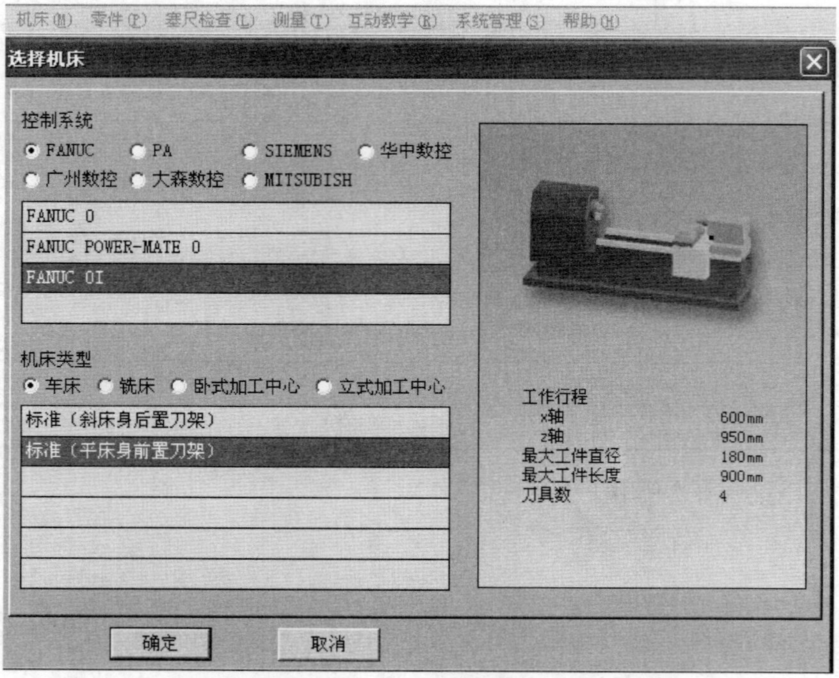

图 11-40 FANUC Oi 数控车床进入界面

②激活机床。单击【启动】键使机床电动机、伺服控制灯亮；检查紧急停止按钮是否松开至状态，若未松开，则按下【急停】，将其松开，CRT 显示界面上显示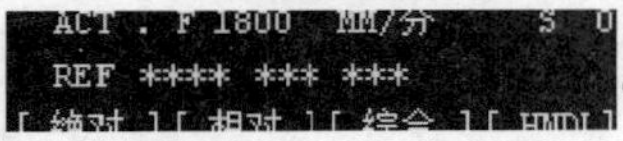。按下操作面板上的【回零】键使其指示灯亮，按下再按下键，此时 X 轴将回零，Z 轴同理。两轴都回到零点后，此时面板上显示如图 11-41所示。

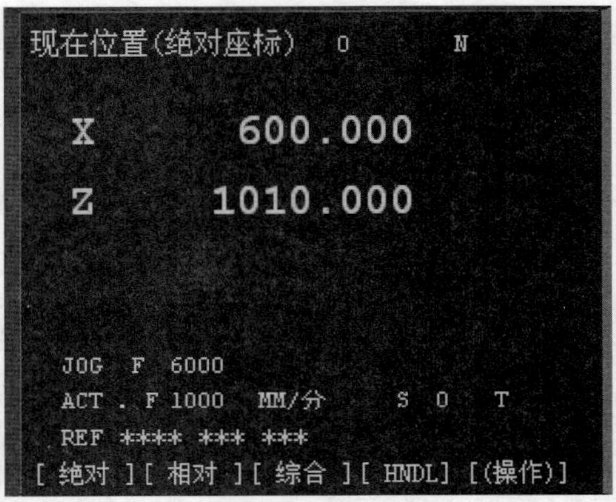

图 11-41　激活机床

③设置并安装工件。选择“零件”→“定义毛坯”，修改零件尺寸，单击“确定”按钮，如图 11-42 所示。

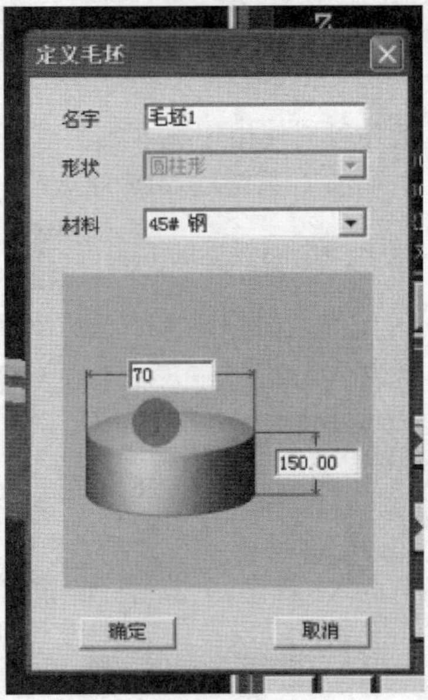

图 11-42　设置并安装工件

选择“零件”→“放置零件”命令，单击“安装零件”（图 11-43）系统自动关闭对话框，界面上出现零件移动的面板，如图 11-44 所示。

可以用其左右移动工件，移动完毕后，单击“退出”按钮，自动关闭该面板。

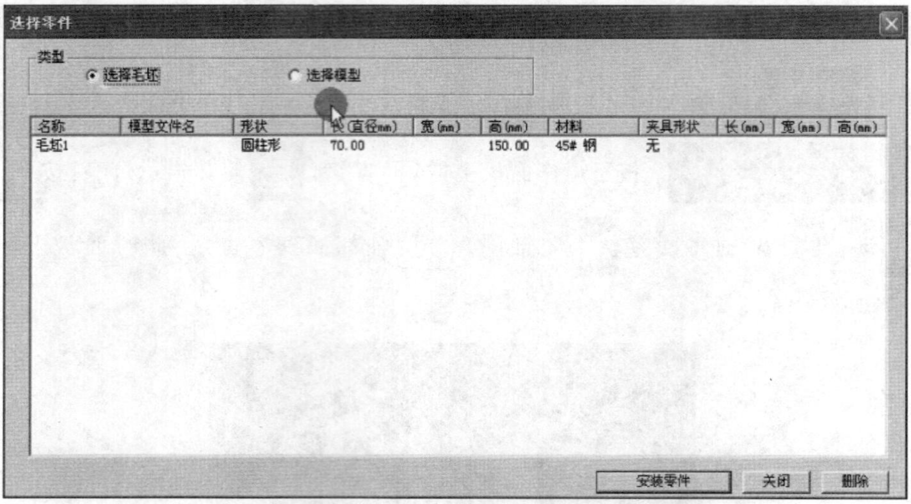

图 11-43 “选择零件”对话框

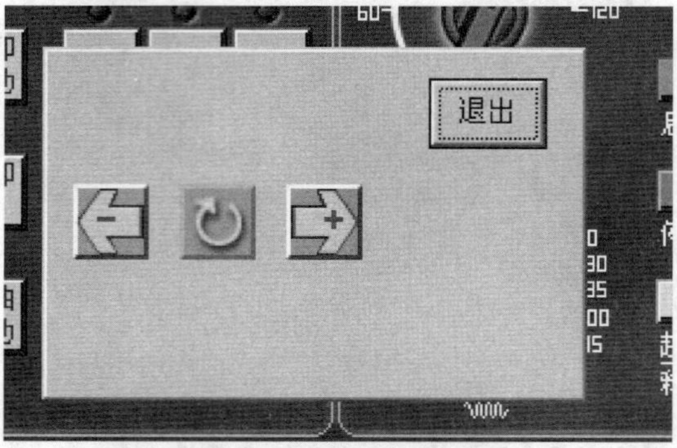

图 11-44 零件移动面板

④输入或倒入程序。数控程序可以使用记事本或者写字板等编辑软件输入，并保存为文本格式的文件，也可以直接用 FANUC 系统的 MDI 键盘输入。以下介绍使用记事本或写字板等编辑软件输入的方法。单击操作面板上的编辑键，编辑状态的指示灯变亮，此时已经进入编辑状态。按下 MDI 键盘上的键，CRT 显示界面转入编辑页面。再单击菜单软键“操作”，在出现的下级子菜单中单击▶，再单击【READ】，按下 MDI 键盘上的字符键，输入“O0007”，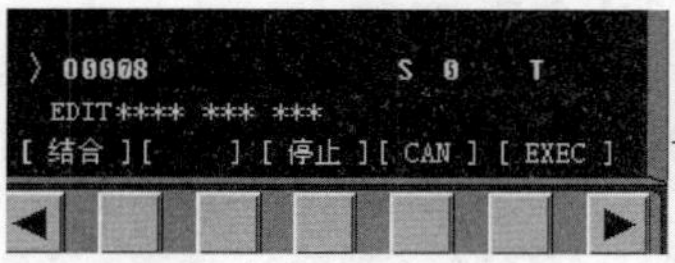

单击【EXEC】。选择“机床”→“DNC 传送”命令。在弹出的对话框中选择所需的 NC 程序，单击“打开”按钮确认，数控程序 CRT 面板上显示如图 11-45 所示。

⑤选择并安装刀具。选择“机床”→“选择刀具”命令，在弹出的“车刀选择”对话框中，选择所需要的刀片和刀柄，如图 11-46 所示。

⑥对刀。单击操作面板上的 MDI 键，使其指示灯亮，在 MDI 键盘上输入“T0101”，并单击键，调用 1 号刀具；利用操作面板上的“手动”键，*X* 轴、*Z* 轴的控制键 X Z 和

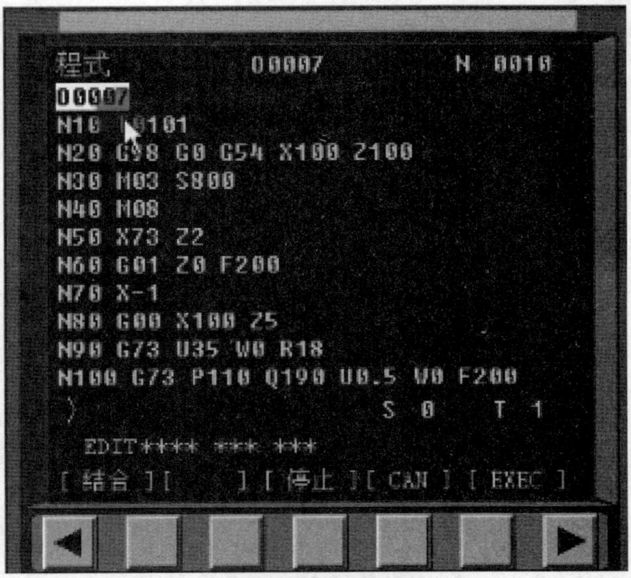

图 11-45　CRT 面板显示数控程序

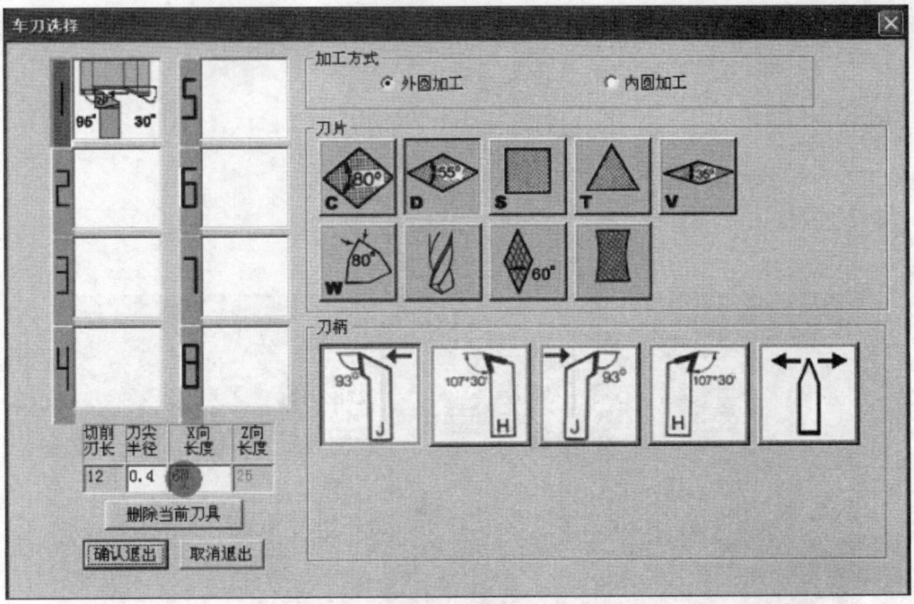

图 11-46　“车刀选择”对话框

机床移动键,将机床移动至图 11-47 所示位置。

单击操作面板上的“手动”键,进入手动模式。单击“主轴正转”键,使其指示灯亮,启动主轴,利用操作面板上的“手动”键,*X* 轴、*Z* 轴的控制键和机床主轴移动键,使刀具将外圆表面去掉一层,如图 11-48 所示。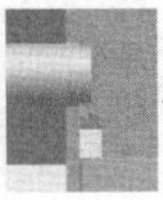保证 *X* 坐标不变,使刀具沿 *Z* 轴退离工件,单击“主轴停止”键,使主轴停止。选择“零件”→“测量”测得所车外圆直径,如图 11-49 所示。

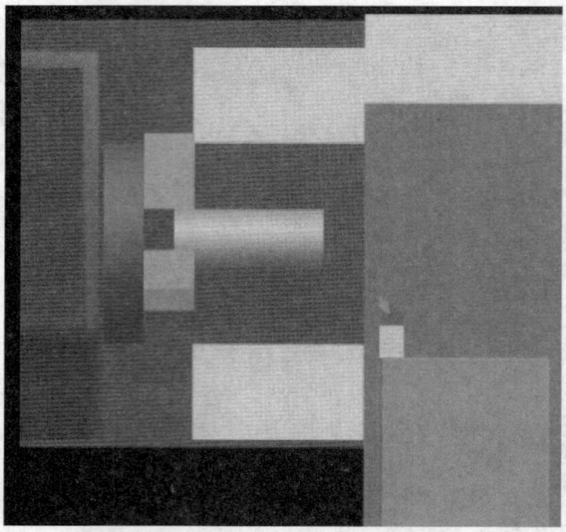

图 11-47 移动机床

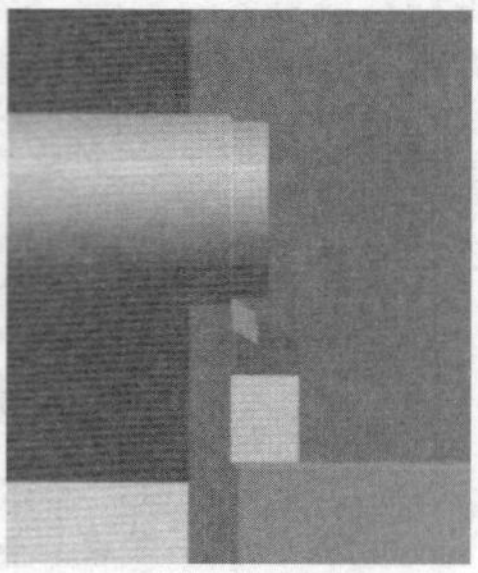

图 11-48 车削外圆

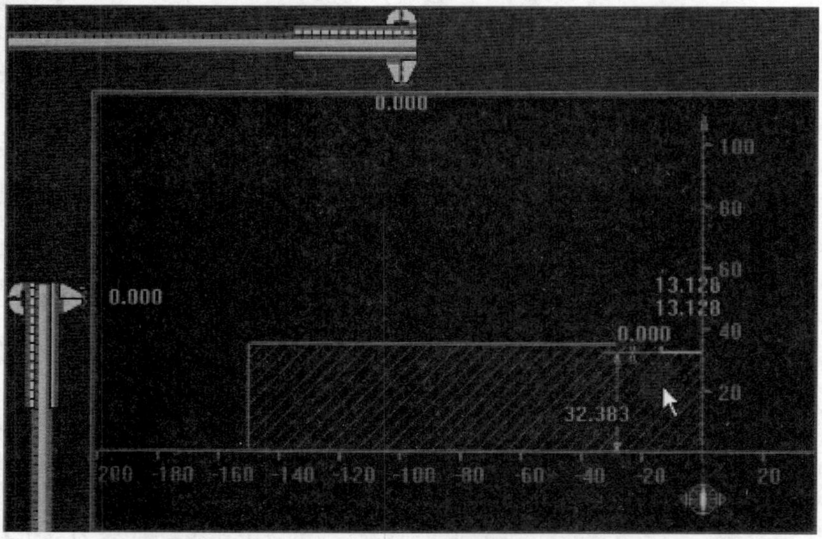

图 11-49 测量外圆直径

在 MDI 键盘上单击 OFFSET SETTING 两次，用方向键把光标移动到 01 号刀具的 X 位置，输入“X64.757”，单击 CRT 显示面板上的“测量”键，刀具 X 轴方向的对刀结束。用同样的方法对 Z 轴进行对刀，同时把光标移动到 Z 的位置，输入“Z0”，单击 CRT 显示面板上的测量。

用 MDI 的方式调用 02.03 刀具，采用同样的方法对刀并输入。

⑦检查运行轨迹、自动加工。

a. 单击操作面板上的“自动运行”键，使其指示灯亮，单击 MDI 键盘中的，再单击面板中的“循环启动”键，机床就会自动运行，并能观察到走刀路线。

b. 单击操作面板上的“自动运行”键，使其指示灯亮，再单击面板中的“循环启动”键，机床就会自动运行，加工后的工件如图 11-50 所示。

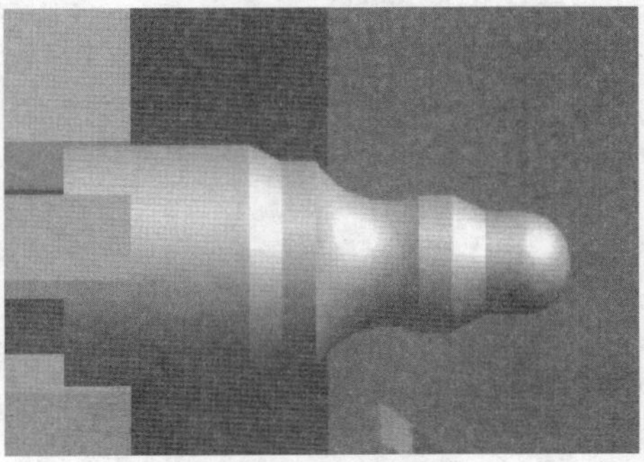

图 11-50　加工后的工件

11.9　数控铣床实训

1. 零件图

如图 11-51 所示，编写程序，并进行零件加工。

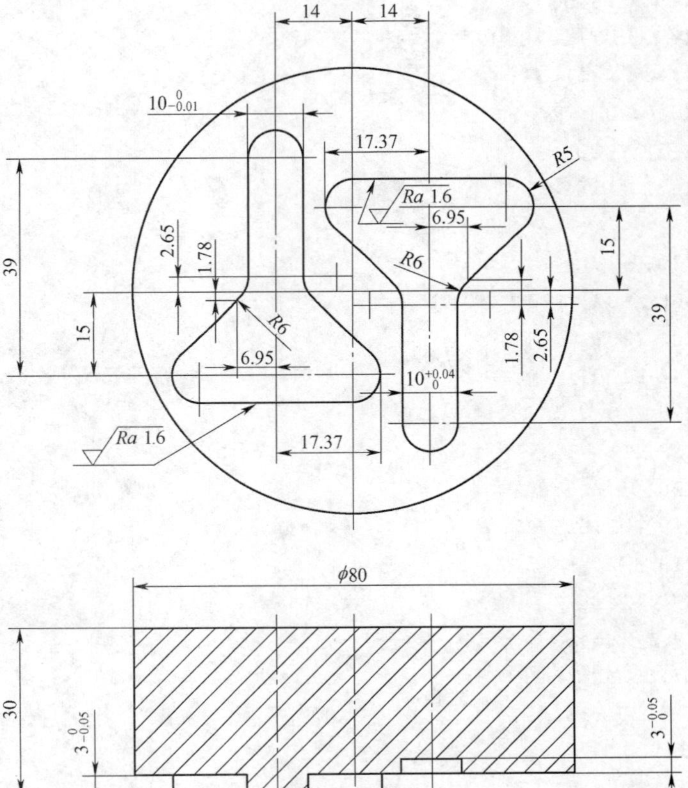

图 11-51　加工零件案例

2. 加工准备

(1)毛坯

ϕ80 mm×30 mm,45 钢。

(2)刀具及其切削用量的选择

①选用通用夹具虎钳装夹工件,工件上表面高出钳口大约 10 mm。

②设定工件中心为 G54 指令中的坐标原点。

③在刀具库中选择 ϕ8 mm 平底铣刀。

④在自动模式下运行程序,完成工件加工。

3. 加工程序(本次使用 FANAC 系统操作)

```
O0004
N10 G90 G40;
N20 G54 M03;
N30 G41 G00 X-32 Y-30 Z30 D01;
N40 G00 Z5;
N50 G00 X-32 Y-15;
N60 G01 Z-3 F100;
N70 G02 X-31.37 Y-11.31 R5;
N80 G01 X-20.95 Y-1.784;
N90 G03 X-19 Y2.645 R6;
N100 G01 X-19 Y24;
N110 G02 X-9 Y24 R5;
N120 G01 X-9 Y2.645;
N130 G03 X-7.05 Y-1.784 R6;
N140 G01 X3.37 Y-11.31;
N150 G02 X0 Y-20 R5;
N160 G01 X-28 Y-20;
N170 G02 X-32 Y-15. R5;
N180 G00 Z5;
N181 G40 Y30;
N190 G42 G00 X-32. Y20. Z30. D01;
N210 G00 X0. Y20;
N220 G01 Z-6 F100;
N230 G01 X28 Y20;
N240 G02 X28 Y11.31 R5;
N250 G01 X20.95 Y1.784;
N260 G03 X19 Y-2.645 R6;
N270 G01 X19 Y-24;
N280 G02 X9 Y-24 R5;
N290 G01 X9 Y-2.645;
N300 G03 X7.05 Y1.784 R6;
N310 G01 X-3.37 Y11.31;
N320 G02 X0 Y20. R5;
N330 G00 Z5;
N340 G00 X40 Z30 G40;
```

```
N350 M05;
N360 M30;
%
```

4. 操作步骤

(1)选择机床:FANAC 0i 数控铣床或加工中心如图 11-52 所示。

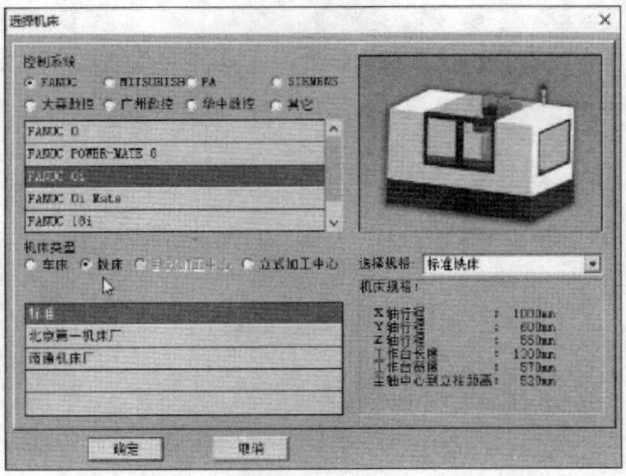

图 11-52　“选择机床”对话框

(2)激活机床。

单击“启动”按钮使机床电动机、伺服控制灯亮;检查紧急停止按钮是否松开至状态,若未松开,则单击“急停”按钮,将其松开,CRT 显示界面上显示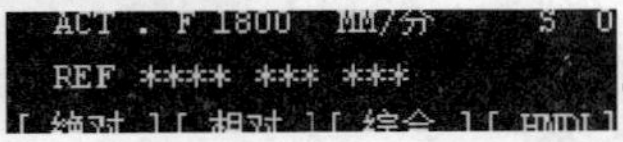

。单击操作面板上的“回零”键使其指示灯亮,单击再单击。此时 X 轴将回零,Z 轴同理。都回到零点后,此时面板上显示如图 11-53 所示。

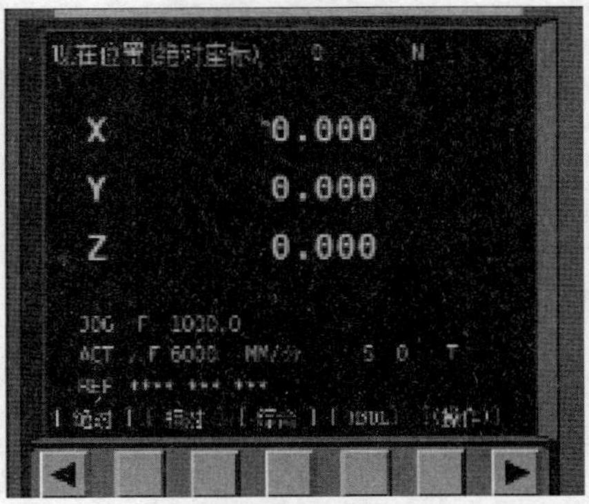

图 11-53　回到零点后面板显示

(3)设置并安装工件。

选择“零件”→“定义毛坯”,修改零件尺寸,单击“确定”按钮,如图 11-54 所示。

选择“零件”→“放置零件”命令,单击“安装零件”系统自动关闭对话框,界面上出现零件移动的面板可以用其左右移动工件,移动完毕后,单击“退出”按钮,自动关闭该面板。

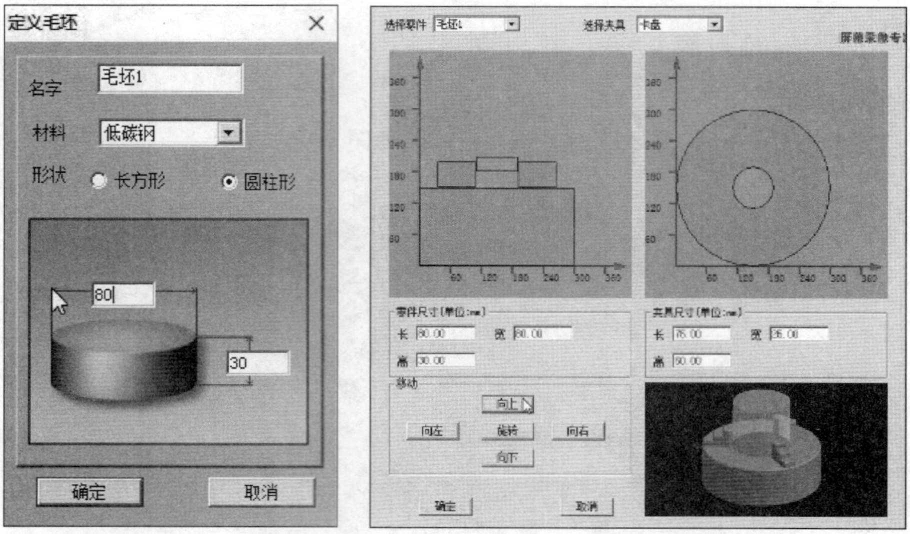

图 11-54 定义毛坯及选择零件

(4)输入或导入程序。

数控程序可以使用记事本或者写字板等编辑软件输入,并保存为文本格式的文件,也可以直接用 FANUC 系统的 MDI 键盘输入。以下介绍输入程序的方法。单击操作面板上的编辑键,编辑状态的指示灯变亮,此时已经进入编辑状态。按下 MDI 键盘上的键,CRT 显示界面转入编辑页面。再单击菜单软键“操作”,在出现的下级子菜单中单击,再单击菜单软键,按下 MDI 键盘上的字符键,输入“O0018”,单击[EXEC]。选择“机床”→“DNC 传送”命令。在弹出的对话框中选择所需的 NC 程序,单击“打开”按钮确认,数控程序 CRT 面板上显示如图 11-55 所示。

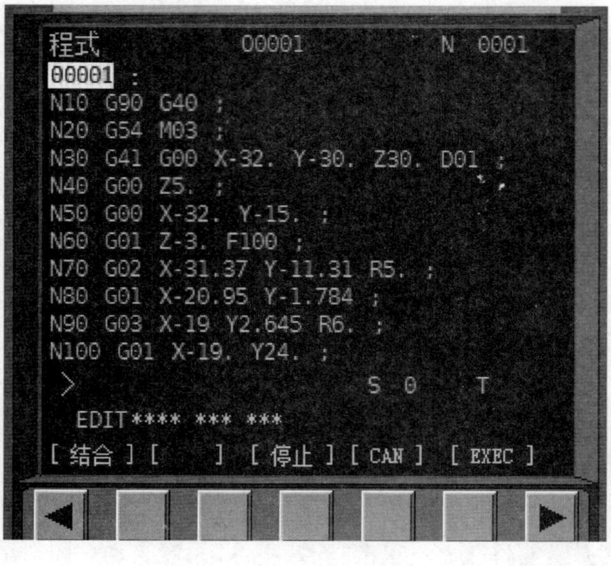

图 11-55 输入程序

(5)对刀。

①X 轴、Y 轴对刀。选择“机床”→“基准工具...”命令,弹出“基准工具”对话框如图 11-56 所示,左边基准工具是“刚性靠棒”,右边是“寻边器”,选择“刚性靠棒”进行 X、Y 方向对刀。

利用操作面板上的“手动”键,X 轴、Y 轴、Z 轴的控制键和机床移动键,将机床移动至合适的位置。

机床移动到大致位置后,选择“塞尺检查”→“1 mm”命令,基准工具和零件之间将被插入塞尺。单击操作面板上的“手动脉冲”键,采用手动方式精确移动机床,单击显示手轮,如图 11-57 所示,调节手轮精确的移动靠棒,使得“提示信息”对话框显示“塞尺检查的结果:合适”,如图 11-58 所示。

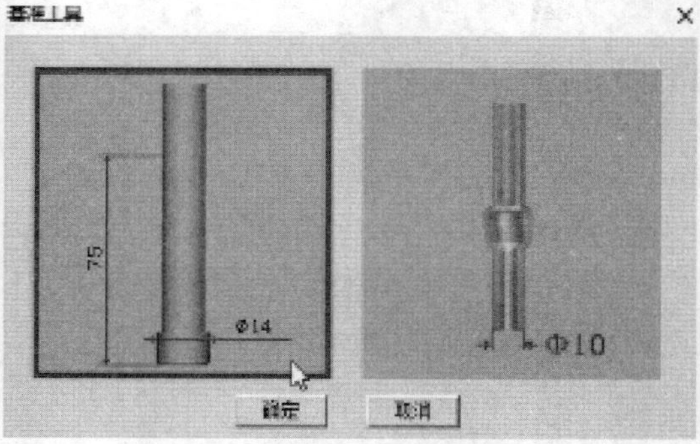

图 11-56　“基准工具”对话框

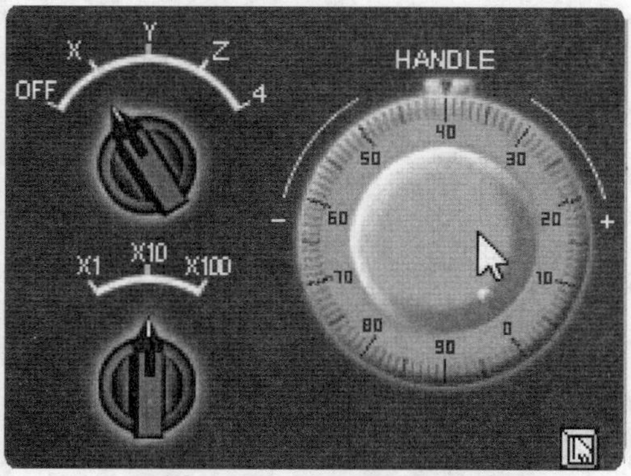

图 11-57　手轮

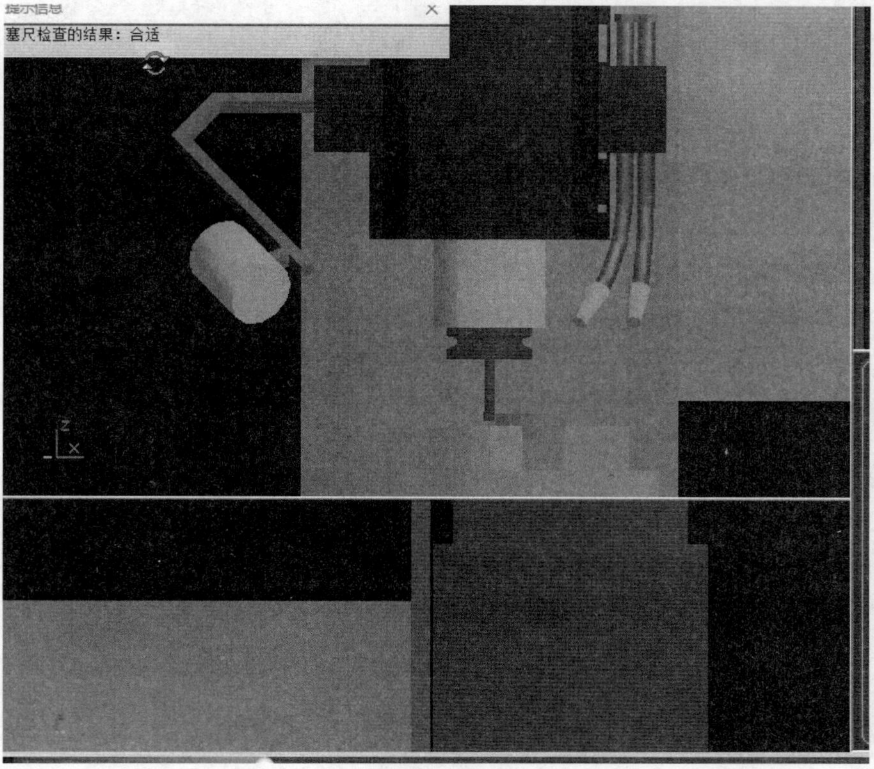

图 11-58　塞尺检查的结果

单击POS→“综合”→“操作”→“起源”→“全轴”此时，X、Y、Z坐标全为0，如图11-59所示。抬刀，沿着X向移动靠棒，并下刀，直至提示显示合适，且Z坐标再次为0；此时，X坐标为94.372，如图11-60所示。抬刀并沿X移动刀具，直至X坐标为47.186，如图11-61所示。

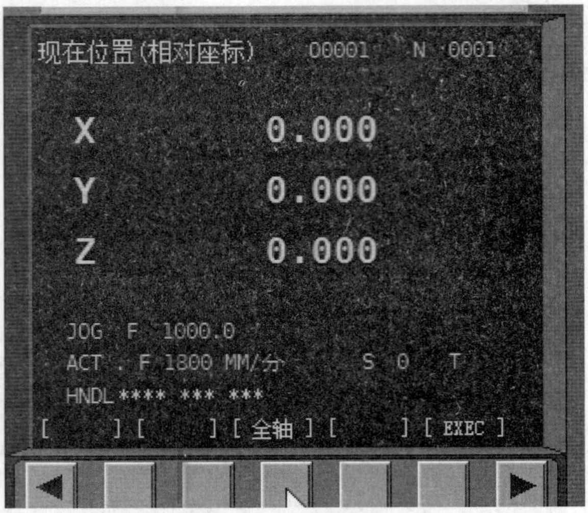

图11-59　面板显示

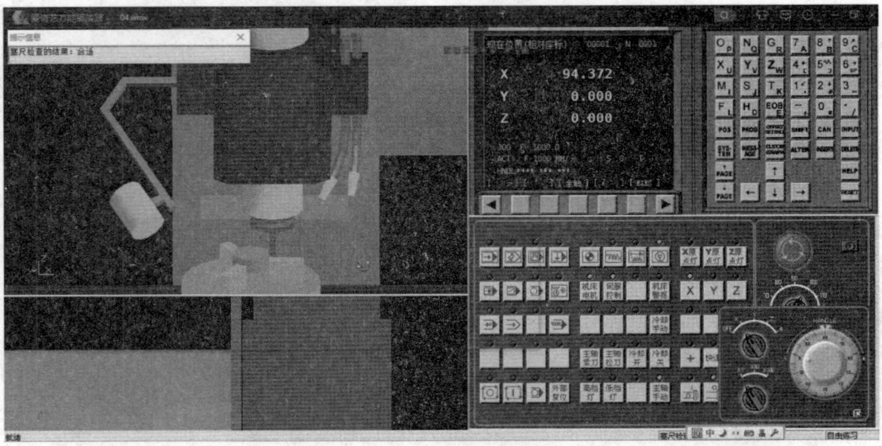

图11-60　设置X坐标

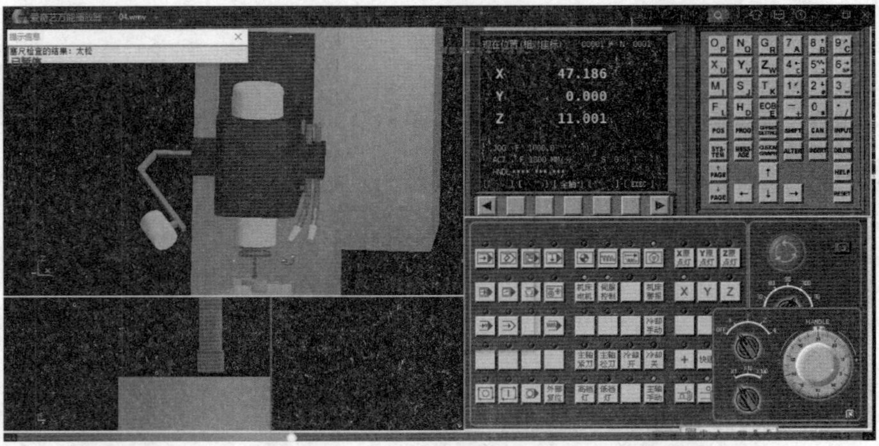

图11-61　沿X轴移动刀具

沿 *Y* 向移动刀具，直至出现提示“合适”，且 *Z* 坐标再次为 0，此时 *Y* 坐标为 96，如图 11-62 所示。

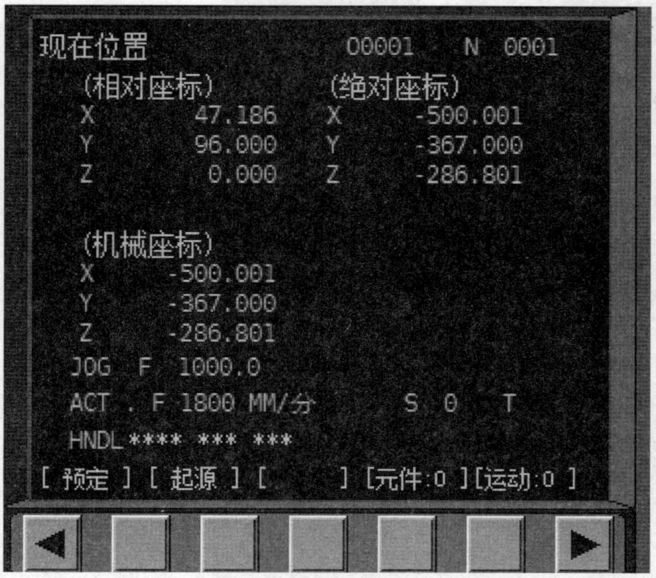

图 11-62　沿 *Y* 轴移动刀具

输入“Y48”→测量，“X0”→测量，*X* 轴、*Y* 轴对刀完毕。

②*Z* 轴对刀（图 11-63）。抬刀→拆掉靠棒→安装刀具，手动及手轮调整刀具至合适位置。

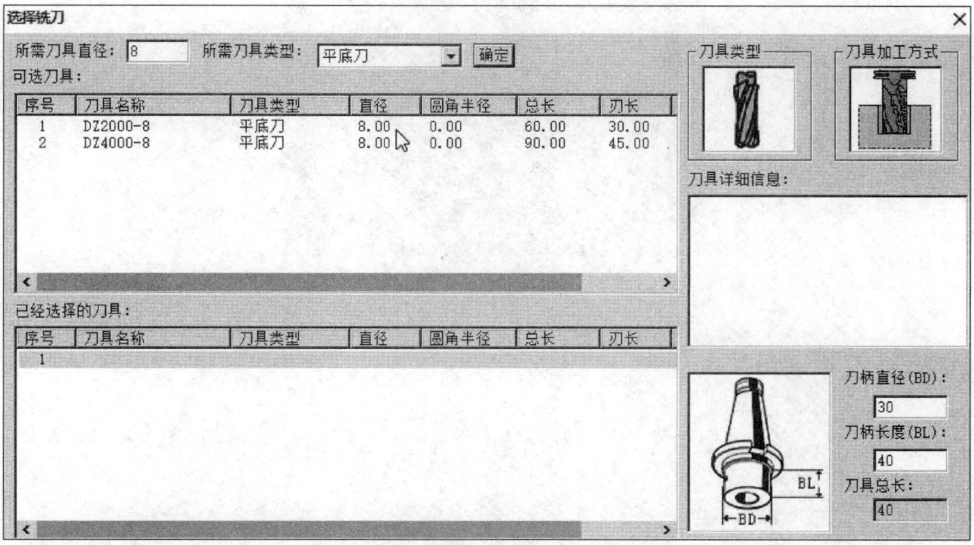

图 11-63　*Z* 轴对刀

输入“Z1”→单击“测量”，*Z* 轴对刀完毕，拆掉塞尺。

(6) 检查运行轨迹、自动加工。

①单击操作面板上的“自动运行”键，使其指示灯亮，单击 MDI 键盘中的，再单击面板中的“循环启动”键，机床就会自动运行（图 11-64），并能观察到走刀路线，如图 11-65 所示。

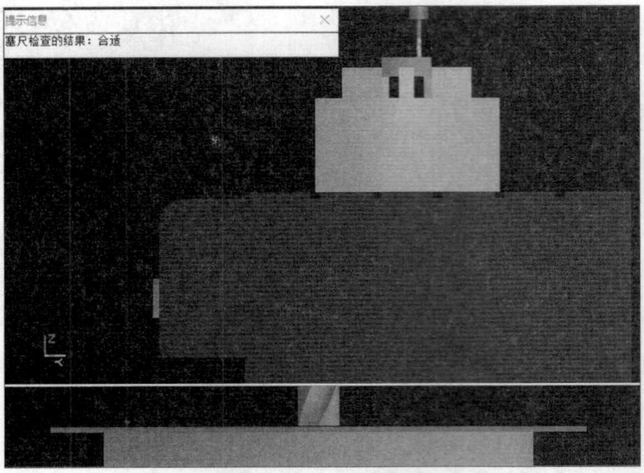

图 11-64 自动运行

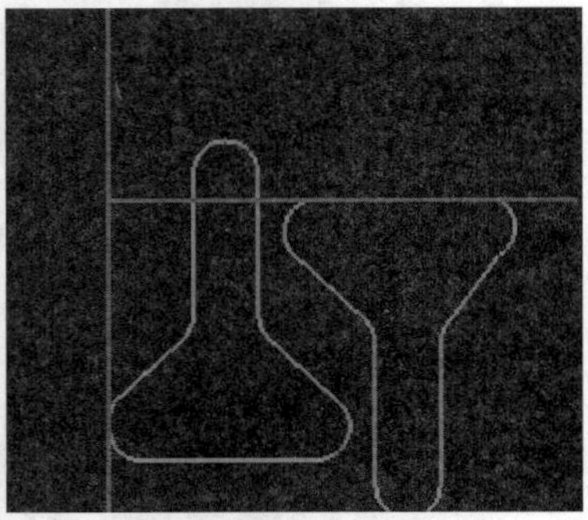

图 11-65 走刀路线

(7)输入刀具补偿。

单击→光标移动至形状→输入“4”→单击,把补偿值输入到指定位置。

仿真加工:单击操作面板上的“自动运行”键,使其指示灯亮,再单击面板中的“循环启动”键,机床就会自动运行,加工后的工件如图 11-66 所示。

图 11-66 加工后的工件

第12章 特种加工

12.1 概 述

特种加工是20世纪40年代发展起来的，由于材料科学、高新技术的发展和激烈的市场竞争、发展尖端国防及科学研究的急需，不仅新产品更新换代日益加快，而且产品要求具有很高的强度重量比和性能价格比，并正朝着高速度、高精度、高可靠性、耐腐蚀、高温高压、大功率、尺寸大小两极分化的方向发展。为此，各种新材料、新结构、形状复杂的精密机械零件大量涌现，对机械制造业提出了一系列迫切需要解决的新问题。例如，各种难切削材料的加工；各种结构形状复杂、尺寸或微小或特大、精密零件的加工；薄壁、弹性元件等刚度特殊零件的加工等。对此，采用传统加工方法十分困难，甚至无法加工。于是，人们一方面通过研究高效加工的刀具和刀具材料、自动优化切削参数、提高刀具可靠性和在线刀具监控系统、开发新型切削液、研制新型自动机床等途径，进一步改善切削状态，提高切削加工水平，并解决了一些问题；另一方面，则冲破传统加工方法的束缚，不断地探索、寻求新的加工方法，于是一种本质上区别于传统加工的特种加工便应运而生，并不断获得发展。后来，由于新颖制造技术的进一步发展，人们就从广义上来定义特种加工，即 将电、磁、声、光、化学等能量或其组合施加在工件的被加工部位上，从而实现材料被去除、变形、改变性能或被镀覆等非传统加工方法统称为特种加工。

12.1.1 特种加工的特点

1. 不用机械能

与加工对象的机械性能无关，有些加工方法，如激光加工、电火花加工、等离子弧加工、电化学加工等，是利用热能、化学能、电化学能，这些加工方法与工件的硬度强度等机械性能无关，故可加工各种硬、软、脆、热敏、耐腐蚀、高熔点、高强度、特殊性能的金属和非金属材料。

2. 非接触加工

不一定需要工具，有的虽使用工具，但与工件不接触，因此，工件不承受大的作用力，工具硬度可低于工件硬度，故使刚性极低元件及弹性元件得以加工。

3. 微细加工

工件表面质量高，有些特种加工，如超声、电化学、水喷射、磨料流等，加工余量都很微细，故不仅可加工尺寸微小的孔或狭缝，还能获得高精度、极低粗糙度的加工表面。

4. 不存在机械应变或大面积的热应变

可获得较低的表面粗糙度，其热应力、残余应力、冷作硬化等均比较小，尺寸稳定性好。

5. 可相互组合形成新的复合加工

其综合加工效果明显，且便于推广使用。

6. 特种加工的影响

特种加工对简化加工工艺、变革新产品的设计及零件结构工艺性等产生积极的影响。

7. 先进制造技术的重要组成部分

随着特种加工技术的发展,一方面计算机技术、信息技术、自动化技术等在特种加工中已获得广泛应用,逐步实现了加工工艺及加工过程的系统化集成;另一方面,特种加工能充分体现学科的综合性,学科(声、光、电、热、化学等)和专业之间不断渗透、交叉、融合,因此,特种加工技术本身同样向系统化集成的发展方向。这两方面说明,特种加工技术已成为先进制造技术的重要组成部分。一些国家也非常重视特种加工技术的发展,如日本把特种加工技术和数控技术作为发展先进制造技术的两大支柱。特种加工技术已成为衡量一个国家先进制造技术水平和能力的重要标志。这是特点之一。

8. 特种加工具有独特的加工机理

特种加工不是依靠刀具、磨具等进行加工,而主要依靠电能、热能、光能、声能、磁能、化学能及液动力能等进行加工,其加工机理与金属切削机床完全不同。能量的发生与转换、使用能量过程的控制是特种加工高新技术的重要部分。这是特点之二。

9. 增材加工是特种加工的重要发展方向

金属切削机床、特种加工机床一大部分是减材加工。我国从二十世纪八十年代末发展起来的快速成形(RP)加工技术是属于特种加工技术的一种增材加工。它利用分层制造原理(离散堆积)及分层处理软件,理论上可以制造任意复杂形状的零、部件,能适应高科技、个性化、小批量生产的需要,增材加工的 RP 加工技术已成为特种加工的特点之三。

10. 特种加工可以进行两种或两种以上能量的复合加工

一般来说,“组合加工”是指在一台机床上两种不同加工形式(能量)在加工过程中交替使用的加工方式;“复合加工”是指在一台机床上实现两种或两种以上能量(形式)在加工过程中同时作用的加工方式,例如,电能和声能、化学能和电能、光能和化学能、化学能和电能及机械能等复合,以获得高效或精密加工的效果,这是特点之四。

11. 特种加工技术应用领域的重要性和特殊性

特种加工适用于各种高硬度、高强度、高韧性、高脆性、微细等金属和非金属材料的加工,以及各种新型、特殊材料的加工,在航空航天、军工、汽车、模具、冶金、机械、电子、轻纺、交通等工业中解决了大量传统机械加工难于解决的关键、特殊的加工难题。所以在国民经济的众多关键制造工业中发挥着极其重要的不可替代的作用。例如,在航空航天工业中各类复杂深小孔加工,发动机蜂窝环、叶片、整体叶轮加工,特殊材料的切割加工,钛合金加工等。在军事工业中,例如核武器及高新技术武器几乎全是特殊材料和高新技术材料,各种零件的成形加工、各种孔加工、精密薄材加工等,特种加工发挥着特殊重要的作用。这是特点之五。

12. 特种加工机床产量世界第一

由于特种加工机床应用领域的广泛性和重要性,在我国已形成由生产企业、大专院校、研究院所 200 多个单位组成的特种加工机床行业,其电火花加工机床的年产量就约达 30000 台之多,其产量为世界第一,是名副其实的生产大国这是特点之六。

12.1.2 特种加工的基本分类

特种加工机床范围较广,有几十个门类。其中主要有:

(1)电火花加工(EDM);

(2)电化学加工(ECM);

(3)电解磨削加工(ECG);

(4)化学加工(CHM);

(5)电弧加工(EAM);

(6)激光加工(LBM);

(7)超声加工(USM);

(8)离子束加工(IBM);

(9)电子束加工(EBM);

(10)等离子弧加工(PAM);

(11)快速成形加工(RPM);

(12)磨料射流加工(AJM)等。

特种加工机床原属金属切削加工机床范畴,但由于特种加工机床与金属切削加工机床机理完全不同,机床功能部件的性能不同,以及它在国民经济中重要地位和作用等原因,2003 年国家标准化管理委员会明确为与金属切削机床并行的独立的机床体系。与其他先进制造技术一样,特种加工正在研究、开发、推广和应用之中,具有很好的发展潜力和应用前景。

12.2　特种加工安全及注意事项

12.2.1　数控线切割机床安全操作规程

(1)进入中心实习时,要穿好工作服,大袖口要扎紧,衬衫要系入裤内。女同学要戴安全帽,并将发辫纳入帽内。不得穿凉鞋、拖鞋、高跟鞋、背心、裙子和戴围巾进入中心。

(2)严禁在中心内追逐、打闹、喧哗、阅读与实习无关的书刊、收听广播和 MP3 等。

(3)应在指定的机床和计算机上进行实习。未经允许,其他机床设备、工具或电器开关等均不得乱动。

(4)操作前必须熟悉数控线切割机床的操作知识,选取适当的加工参数,按规定步骤操作机床。在弄懂整个操作过程前,不要进行机床的操作和调节。

(5)开动机床前,要检查机床电气控制系统是否正常,工作台和传动丝杠润滑是否充分。检查冷却液是否充足,然后开慢车空转 3~5 min,检查各传动部件是否正常,确认无故障后,才可正常使用。

(6)程序调试完成后,必须经指导老师同意方可按步骤操作,不允许跳步骤执行。未经指导老师许可,擅自操作或违章操作,成绩作零分处理,造成事故者,按相关规定处分并赔偿相应损失。

(7)装卸电极丝时,注意防止电极丝扎手,废丝要放在规定的容器里,防止混入系统中引起短路、触电等事故。不准用手或电动工具接触电源的两极,以免触电。

(8)加工零件前,应进行无切削轨迹仿真运行,并应安装好防护罩,工件应消除残余应力,防止切削过程中夹丝、断丝,甚至工件迸裂伤人。

(9)加工过程中,操作者不得擅自离开机床,应保持思想高度集中,观察机床的运行状态。若发生不正常现象或事故时,应立即终止程序运行,切断电源并及时报告指导老师,不得进行其他操作。

(10)机床附近不得放置易燃、易爆物品,防止因电火花引起火灾等事故。应备有四氯化碳等合适的灭火器材,万一失火,首先应切断电源,立即用四氯化碳灭火器灭火,禁止用水灭火。

(11)定期检查导轮的V形的磨损情况,如磨损严重应及时更换。经常检查导电块与钼丝接触是否良好,导电块磨损到一定程度,要及时更换。

(12)操作人员不得随意更改机床内部参数。实习学生不得调用、修改其他非自己所编的程序。机床控制计算机上,除进行程序操作和传输及程序拷贝外,不允许作其他操作。

(13)保持机床清洁,经常用煤油清洗导轮及导电块。当机床长期不使用时,在擦净机床后,要润滑机床传动部分,并在加工区域涂抹防护油脂。

(14)数控线切割机床属于大精设备,除工作台上安放工装和工件外,机床上严禁堆放任何工具、夹具、刃具、量具、工件和其他杂物。

(15)工作完后,应切断电源,清扫切屑,擦净机床,在导轨面上,加注润滑油,各部件应调整到正常位置,打扫现场卫生。

12.2.2 数控电火花成型机安全操作规程

(1)操作前,应熟悉机床的结构、原理、性能及用途等方面的知识,按照工艺规程做好加工前的一切准备工作,严格检查工具电极与工件是否都已校正和固定好。

(2)操作人员必须在耐高压20 kV以上的绝缘橡胶垫上进行工作。

(3)调节好工具电极与工件之间的距离,锁紧工作台面,启动工作油泵,使工作液(煤油)高于工件加工表面一定距离(30~100 mm)后,才能启动脉冲电源进行加工。

(4)加工过程中操作人员不能一手触摸工具电极,另一只手触碰机床(因为机床是连通大地的),这样将有触电危险,严重时会危及生命。

(5)操作人员应坚守岗位,思想集中,经常采用看(看火花颜色,蓝白、火红色且放电点细小,经常在转移、分散者为正常,亮红色火球状为不正常。看液面冒无烟小气泡为正常,冒白色烟的大气泡为不正常)、听(火花声清脆而连续者为正常、火花声发闷深沉者为不正常)等方法注意机床的运转情况,发现问题要及时处理并向相关人员报告。

(6)电火花加工车间内,应保持室内空气良好而不被污染。

(7)机床周围严禁烟火,并应配备适用于油类的灭火器,最好配置自动灭火器。若发生火灾,应立即切断电源,并用四氯化碳或二氧化碳灭火器吹灭火苗,防止事故扩大化。

(8)机床加工完毕后,随即关断电源,收拾好工、夹、测、卡等工具,并将场地清扫干净。

12.2.3 雕刻机安全操作规程

(1)开机前要检查润滑油、冷却液,确保位于适当的高度。

(2)上电源后不得打开电器控制柜门。

(3)松开急停按扭后必须立即进行回零操作。

(4)进行程序传输时必须先让雕刻机上电,再让计算机上电。

(5)不得在开启电源的情况下拨接网线。

(6)进行对刀时必须使用手摇轮,并恰当地使用倍率旋钮。

(7)建立坐标系时要仔细输入相应的坐标值,并进行坐标检验。

(8)编程时必须确保实际使用的刀具与程序中的完全一致。

(9)加工前必须用手动方式启动主轴,并调至适当的倍率。

(10)加工时必须关上防护门。

(11)工作结束后,关掉总电源。

12.3　特种加工实习要求及内容

(1)了解电火花加工机床的组成和工作原理,初步学会使用设备。

(2)掌握电火花加工的基本原理。

(3)了解电火花加工的工艺方法和电火花加工的优缺点。

(4)了解电火花线切割加工机床的组成和工作原理,初步学会使用设备。

(5)掌握电火花线切割加工的基本原理。

(6)了解电火花线切割加工的工艺方法和电火花线切割加工的优缺点。

12.4　电　火　花

1. 电火花加工基本原理

电火花加工又称放电加工,也有称为电脉冲加工的,它是一种直接利用热能和电能进行加工的工艺。电火花加工与金属切削加工的原理完全不同,在加工过程中,工具和工件不接触,而是靠工具和工件之间的脉冲性火花放电,产生局部、瞬时的高温把金属材料逐步蚀除掉。由于放电过程可见到火花,所以称为电火花加工。

工件与工具电极分别连接到脉冲电源的两个不同极性的电极上。当两电极间加上脉冲电压后,工件和电极间保持适当的间隙,就会把工件与工具电极之间的工作液介质击穿,形成放电通道。放电通道中产生瞬时高温,使工件表面材料熔化甚至气化,同时也使工作液介质气化,在放电间隙处迅速热膨胀并产生爆炸,工件表面一小部分材料被蚀除,形成微小的电蚀坑。脉冲放电结束后,经过一段时间间隔,使工作液恢复绝缘。脉冲电压反复作用在工件和工具电极上,上述过程不断重复进行,工件材料就逐渐被蚀除掉。伺服系统不断地调整工具电极与工件的相对位置,自动进给,保证脉冲放电正常进行。

电火花加工原理如图 12-1 所示。

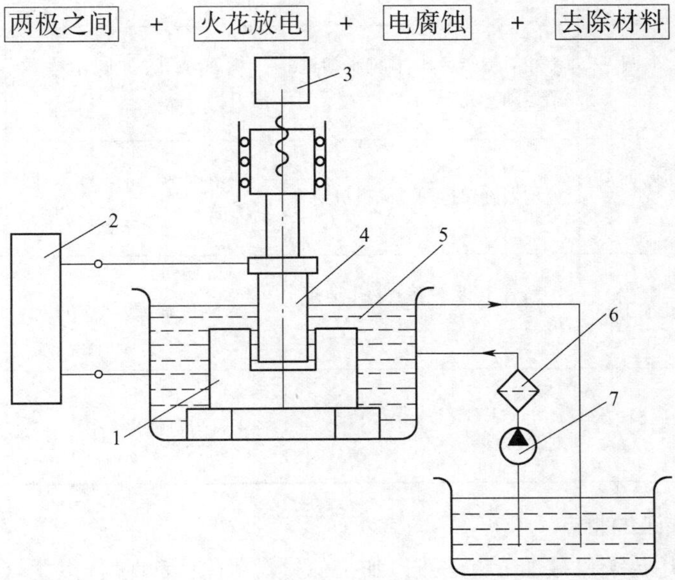

图 12-1　电火花加工原理示意图

1—工件;2—脉冲电源;3—自动进给调节系统;4—工具;5—工作液;6—过滤器;7—工作液泵

创造条件：

(1)工具与工件之间保持适当间隙(自动进给调节系统)。

(2)火花放电必须是脉冲性放电(采用脉冲电源)。

(3)在有一定绝缘性能的介质中放电(液体绝缘介质)。

加工条件：

(1)必须使接在不同极性上的工具和工件之间保持一定的距离以形成放电间隙。

(2)放电必须在具有一定绝缘性的液体介质中进行。

(3)脉冲波形基本是单向的。

(4)有足够的脉冲放电能量,以保证放电部位的金属熔化或气化。

2. 电火花加工过程

(1)放电通道的形成。极间介质的电离、击穿,形成放电通道。

(2)能量的转换和传递。通过介质热分解、电极材料熔化、气化热膨胀完成能量的转换和传递。

(3)电蚀屑的抛出。抛出电极材料。

(4)间隙介质的消电离。消除极间介质的电离。

3. 电火花加工工艺方法分类(见表 12-1)

表 12-1 电火花加工工艺方法分类

类别	工艺方法	特 点	用 途	备 注
1	穿孔成形加工	工具为成形电极主要一个进给运动	型腔加工、冲模挤压模、异形孔	约占电机床总数 30%
2	电火花线切割加工	工具为线状电极两个进给运动	冲模、直纹面、窄缝、下料	占总数 60%
3	内孔、外圆成形磨	相对旋转运动、径向轴向进给运动	精密小孔、外圆小模数滚刀	占总数 3%
4	同步共轭回转加工	均做旋转运动且纵横进给	精密螺纹、异形齿轮、回转表面	占总数 1%
5	高速小孔加工	细管电极旋转、穿孔速度极高	深小孔、喷嘴、穿丝孔	占总数 2%
6	表面强化、刻字	工具在工件上振动工具相对工件移动	工具刃口强化、刻字	占总数 2%~3%

4. 电火花加工的特点

(1)适合于用传统机械加工方法难以加工的材料 加工,表现出“以柔克刚”的特点。

(2)可加工特殊及复杂形状的零件。

(3)可实现加工过程自动化。

(4)可以改进结构设计,改善结构的工艺性。

(5)可以改变零件的工艺路线。

5. 电火花加工的局限性

(1)主要用于金属材料的加工,即要求加工材料必须具有导电性。

(2)加工效率比较低。

(3)加工精度受限制。

(4)加工表面有变质层甚至微裂纹。

(5)最小角部半径的限制。

(6)外部加工条件的限制。

(7)加工表面的“光泽”问题。

6. 电火花加工机床

电火花加工机床可分为:线切割机床、电火花成型机机床(图 12-2、图 12-3)。

图 12-2　线切割机床

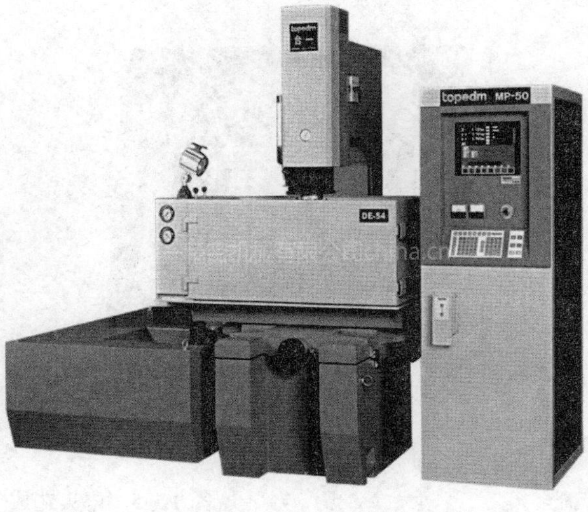

图 12-3　电火花成型机机床

7. 线切割机床作品展示

作品展示如图 12-4 所示。

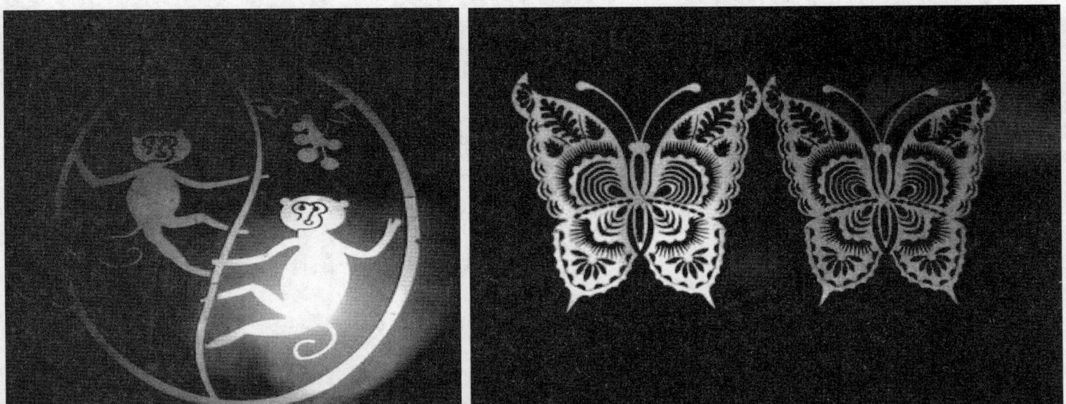

图 12-4　线切割机床作品

8. 电火花成型机床作品展示(图 12-5 所示)

作品展示如图 12-5 所示。

(a) 窄缝深槽加工

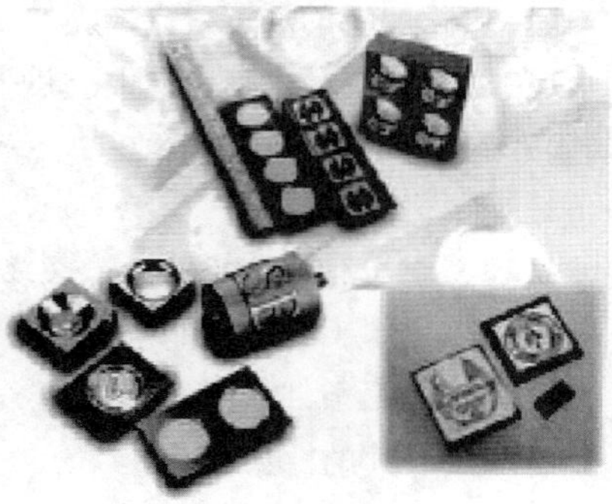

(b) 花纹、文字加工

(c) 型腔加工

(d) 冷冲模穿孔加工

图 12-5　电火花成型机机床作品展示

12.5　超 声 加 工

超声加工(USM,Ultrasonic Machining)是利用超声振动的工具在有磨料的液体介质中或干磨料中,产生磨料的冲击、抛磨、液压冲击及由此产生的气蚀作用来去除材料,以及利用超声振动使工件相互结合的加工方法。

早期的超声加工主要依靠工具做超声频振动,使悬浮液中的磨料获得冲击能量,从而去除工件材料达到加工目的,但加工效率低,并随着加工深度的增加而显著降低。后来,随着新型加工设备及系统的发展和超声加工工艺的不断完善,人们采用从中空工具内部向外抽吸或向内压入磨料悬浮液的超声加工方式,不仅大幅度地提高了生产率,而且扩大了超声加工孔的直径及孔深的范围。

近年来,国外采用烧结或镀金刚石的先进工具,既做超声频振动,同时又绕本身轴线以 1 000~5 000 r/min 的高速旋转的超声旋转加工,比一般超声波加工具有更高的生产效率和孔加工的深度,同时直线性好、尺寸精度高、工具磨损小,除可加工硬脆材料外,还可加工碳化钢、二氧化钢、二氧化铁和硼环氧复合材料,以及不锈钢与钛合金叠层的材料等。目前,已用于航空、原子能工业,效果良好。

(1)超声波的特性

声波是人耳能感受到的一种纵波,其频率范围为 16~16 000 Hz。当声波的频率低于 16 Hz 时就称为次声波, 高于 16 000 Hz 则称为超声波。具有如下特性:

①超声波可在气体、液体和固体介质中传播,其传播速度与频率、波长、介质密度等有关,可用式(12-1)表示:

$$C = \lambda f \tag{12-1}$$

式中　C——超声波传播速度(m/s);

λ——波长(m);

f——频率(Hz)。

②超声波在各种介质中传播,其运动轨迹都按余弦函数规律变化,其位移为

$$x = A \times \cos(\omega \times t + \psi) \tag{12-2}$$

式中　x——质点运动的位移(m);

A——振幅(m);

ω——圆频率(rad/s);

t——时间(s);

ψ——振动的相位角(rad)。

③超声波可传递很强的能量,其能量强度可用垂直于波的传播方向单位面积的能量来表示,超声加工中的能量强度高达几百瓦/平方厘米,且 90% 作用于工件表面。

④超声波会产生反射、干涉和共振现象。出现波的叠加作用,使弹性杆中某处质点始终不动,而某处质点的振幅则大大增加,从而获得更大的超声加工能量。这是因为,超声波在同一弹性杆的一端向另一端传播时,在不同介质的介面上会产生一次或多次波的反射,结果在有限长弹性杆,将存在若干个周期相同、振幅相等、传播方向相同或相反的波。于是在弹性杆传播的波,会出现波叠加,致使某处振动始终加强,或某处振动始终减弱,产生波的干涉现象。

⑤超声波在液体介质中传播时,可在界面上产生强烈的冲击和空化现象,强化了加工过程的进行。因超声波通过悬浮磨粒的液体介质时,会使液体介质连续地产生压缩和稀疏区域,由于压力差而形成气体的空腔,并随着稀疏区的扩展而增大,内部压力下降,与此同时,受周围液体压力及磨粒传递的冲击力作用,又使气体空腔压缩而提高压力,于是,转入压缩区状态时,迫使其破裂产生冲击波。由于进行的时间极短,因此,会产生更大的冲击力作用于工件表面,从而加速磨粒的切蚀过程。

(2)超声加工的基本原理

超声加工时,高频电源连接超声换能器,由此将电振荡转换为同一频率、垂直于工件表面的超声机械振动,其振幅仅 0.005~0.01 mm,再经变幅杆放大至 0.05~0.1 mm,以驱动工具端面做超声振动。此时,磨料悬浮液(磨料、水或煤油等)在工具的超声振动和一定压力下,高速不停地冲击悬浮液中的磨粒,并作用于加工区,使该处材料变形,直至击碎成微粒和粉末。同时,由于磨料悬浮液的不断搅动,促使磨料高速抛磨工件表面,又由于超声振动产生的空化现象,在工件表面形成液体空腔,促使混合液渗入工件材料的缝隙里,而空腔的瞬时闭合产生强烈的液压冲击,强化了机械抛磨工件材料的作用,并有利于加工区磨料悬浮液的均匀搅拌和加工产物的排除。随着磨料悬浮液不断循环,磨粒不断更新,加工产物不断排

除,实现了超声加工的目的。总之,超声加工是磨料悬浮液中的磨粒在超声振动下的冲击、抛磨和空化现象综合切蚀作用的结果,其中,以磨粒不断冲击为主。由此可见,脆硬的材料,受冲击作用愈容易被破坏,故尤其适于超声加工。

(3)超声加工的特点

①适合加工各种硬脆材料,尤其是玻璃、陶瓷、宝石、石英、锗、硅、石墨等不导电的非金属材料。也可加工淬火钢、硬质合金、不锈钢、钛合金等硬质或耐热导电的金属材料,但加工效率较低。

②由于去除工件材料主要依靠磨粒瞬时局部的冲击作用,故工件表面的宏观切削力很小,切削应力、切削热更小,不会产生变形及烧伤,表面粗糙度也较低,可达 $Ra0.08\sim0.63\ \mu m$,尺寸精度可达正负 0.03 mm,也适于加工薄壁、窄缝、低刚度零件。

③工具可用较软的材料、做成较复杂的形状,且不需要工具和工件做比较复杂的相对运动,便可加工各种复杂的型腔和型面。一般,超声加工机床的结构比较简单,操作、维修也比较方便。

④超声加工的面积不够大,而且工具头磨损较大,故生产率较低。

(4)超声加工的应用

①加工型孔、型腔。主要用于加脆硬材料的圆孔、型孔、型腔、套料、微细孔等(图 12-6)。

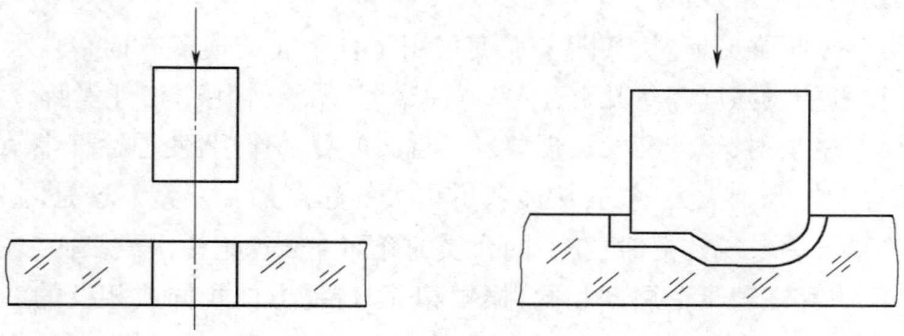

图 12-6 加工圆孔、型腔

②加工型孔、型腔。加工异形孔、套料加工、加工微细孔(图 12-7)。

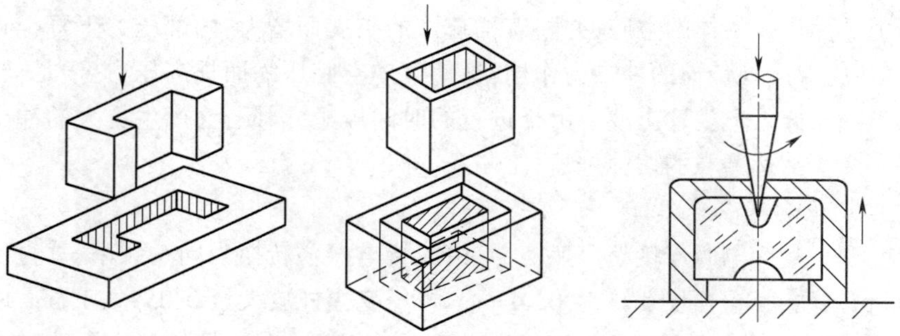

(a) (b) (c)

图 12-7 加工异形孔、套料加工、加工微细孔

③切割加工。用普通机械加工切割脆硬的半导体材料很困难,采用超声切割较为有效,如图 12-8、图 12-9、图 12-10、图 12-11 所示。

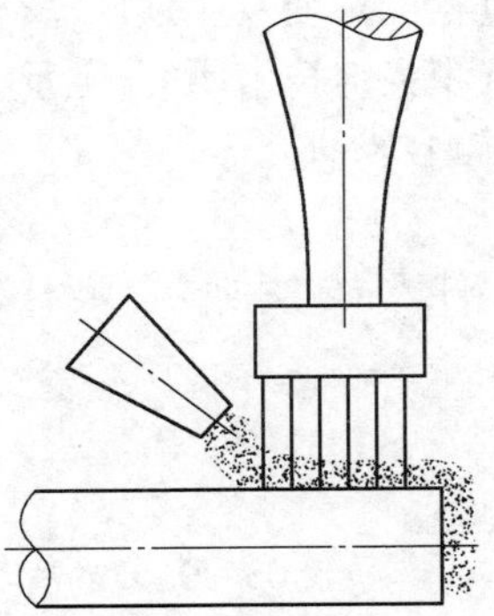

图 12-8　超声切割单晶硅片

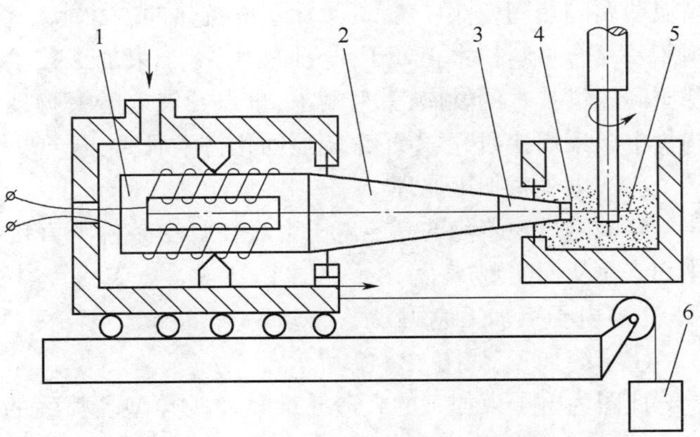

图 12-9　超声波切割金刚石

1—换能器;2—变幅杆;3—工具头;4—金刚石;5—切割工具;6—重锤

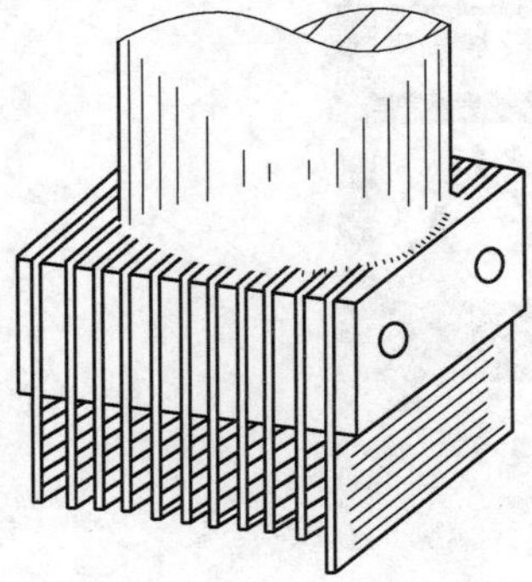

图 12-10　成批切槽刀具

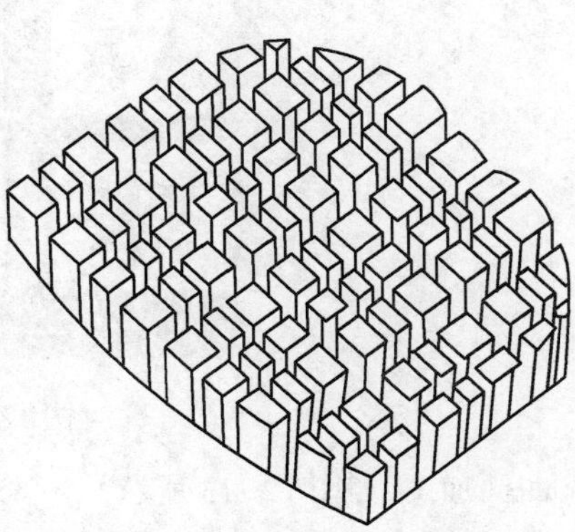

图 12-11　切割成的陶瓷模块

12.6　电子束加工

(1) 电子束加工概述

电子束加工技术在国际上日趋成熟,应用范围广。国外定型生产的 40~300 kV 的电子枪(以 60 kV、150 kV 为主),已普遍采用 CNC 控制,多坐标联动,自动化程度高。电子束焊接已成功应用在特种材料、异种材料、空间复杂曲线、变截面焊接等方面。目前正在研究焊缝自动跟踪、填丝焊接、非真空焊接等,最大焊接熔深可达 300 mm,焊缝深宽比 20 : 1。电子束焊已用于运载火箭、航天飞机等主承力构件大型结构的组合焊接,以及飞机梁、框、起落架部件、发动机整体转子、机匣、功率轴等重要结构件和核动力装置压力容器的制造。如:F-22 战斗机采用先进的电子束焊接,减轻了飞机质量,提高了整机的性能;"苏-27"及其他系列飞机中的大量承力构件,如起落架、承力隔框等,均采用了高压电子束焊接技术。

国内多种型号的飞机及发动机和多种型号的导弹壳体、油箱、尾喷管等结构件均已采用了电子束焊接。由于电子束焊接技术的应用越来越广泛,对电子束焊接设备的需求量也越来越大。国外的电子束焊机,以德国、美国、法国、乌克兰等为代表,已实现了工程化生产。电子束加工的特点是采用变频电源,使设备的体积、噪声、高压性能等方面都有很大提高;在控制系统方面,运用了先进的计算机技术,采用了先进的 CNC 及 PLC 技术,使设备的控制更可靠,操作更简便、直观。国外真空电子束物理气相沉积技术,已用于航空发动机涡轮叶片高温防腐隔热陶瓷涂层,提高了涂层的抗热冲击性能及寿命。电子束刻蚀、电子束辐照固化树脂基复合材料技术正处于研究阶段。电子束加工技术今后应积极拓展专业领域,紧密跟踪国际先进技术的发展,针对需求,重点开展电子束物理气相沉积关键技术研究、主承力结构件电子束焊接研究、电子束辐照固化技术研究、电子束焊机关键技术研究等。

(2) 电子束加工原理

经电磁透镜聚焦的高能电子束流在真空条件下直接轰击工件表面,使加工区域材料熔化和气化从而实现加工

(3)电子束加工应用

①窄缝加工,如图 12-12 所示。

此图为电子束加工的人造纤维喷丝头异型孔喷嘴的截形,窄缝宽 0.03~0.07mm,轮廓尺寸 0.8mm。在国内由于受设备条件限制,一般均采用徽细电火花加工完成。

图 12-12 窄缝加工

②曲面加工,如图 12-13 所示。

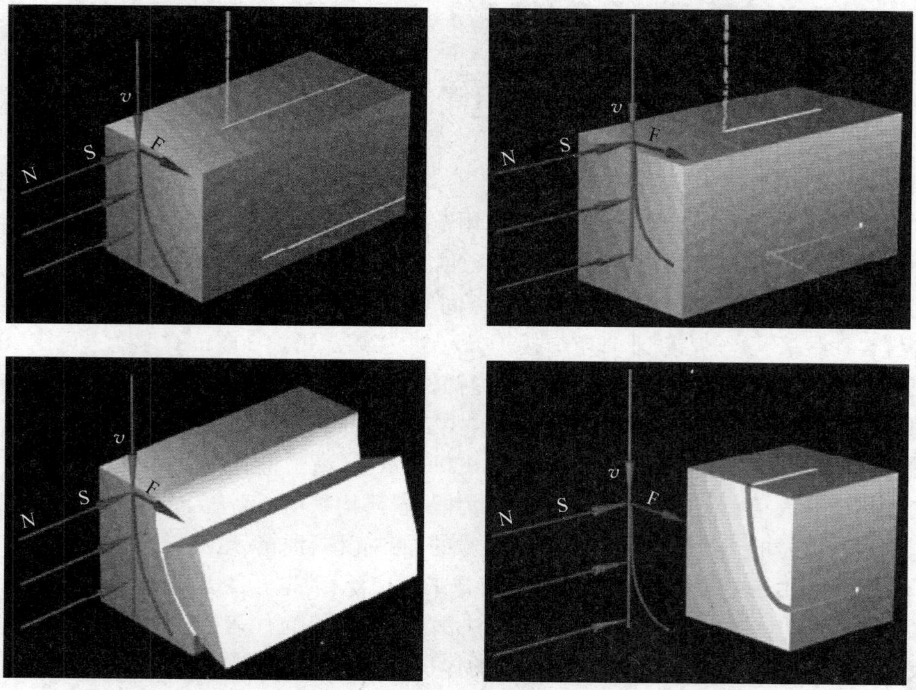

图 12-13 曲面加工

③刻蚀，如图 12-14 所示。

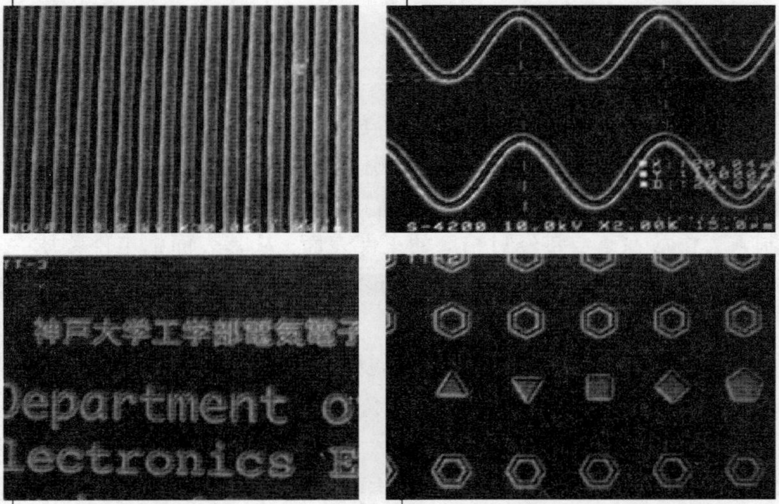

图 12-14　刻蚀

④焊接，如图 12-15 所示。

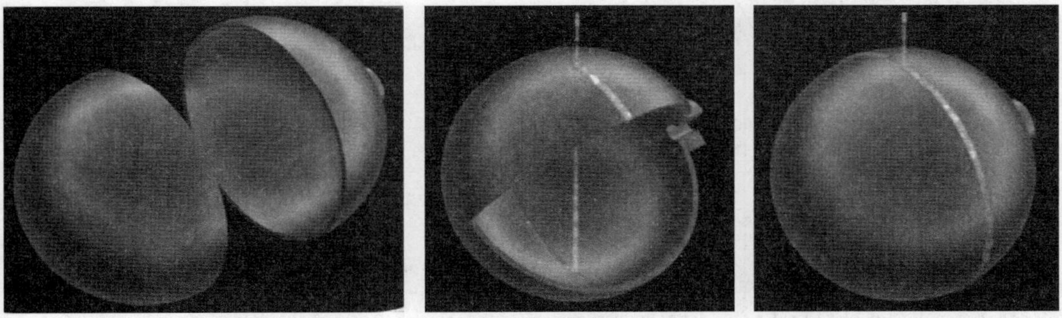

图 12-15　焊接

12.7　离子束加工

离子束加工表面功能涂层具有高硬度、耐磨、抗蚀功能，可显著提高零件的寿命，在工业上具有广泛用途。美国及欧洲国家目前多数用微波 ECR 等离子体源来制备各种功能涂层。等离子体热喷涂技术已经进入工程化应用，广泛应用在航空、航天、船舶等领域产品的关键零部件耐磨涂层、封严涂层、热障涂层和高温防护层等方面。

等离子焊接已成功应用于 18 mm 铝合金的储箱焊接。配有机器人和焊缝跟踪系统的等离子体焊在空间复杂焊缝的焊接中也已实用化。微束等离子体焊在精密零部件的焊接中应用广泛。我国等离子体喷涂已应用于武器装备的研制，主要用于耐磨涂层、封严涂层、热障涂层和高温防护涂层等。

真空等离子体喷涂技术和全方位离子注入技术已开始研究，与国外尚有较大差距。等离子体焊接在生产中虽有应用,但焊接质量不稳定。

离子束及等离子体加工技术今后应结合已取得的成果,针对需求,重点开展热障涂层及离子注入表面改性的新技术研究,同时,在已取得初步成果的基础上,进一步开展等离子体焊接技术研究。

12.7.1 离子束原理

所谓离子束抛光，就是把惰性气体氩、氮等放在真空瓶中，用高频电磁振荡或放电等方法对阴极电流加热，使之电离成为正离子，再用5~100 kV 高电压对这些正离子加速，使它们具有一定的能量。利用电子透镜聚焦,将它们聚焦成一细束,形成高能量密度离子流,在计算机的控制下轰击放在真空室经过精磨的工件表面，从其表面把工件物质一个原子一个原子地溅射掉。用这种方法对工件表面进行深度从 100 nm 到 10 μm 左右的精密加工(图 12-16)。

等离子体加工又称等离子弧加工,是利用电弧放电使气体电离成过热的等离子气体流束,靠局部熔化及气体去除材料的。等离子体又被称为物质的第四种状态,其原理如图 12-17所示。

等离子体是高温电离的气体,它由气体原子或分子在高温下获得能量电离之后,离解成带正电荷的离子和带负电荷的自由电子,整体的正负离子数目和正负电荷仍相等,因此称为等离子体,具有极高的能量密度。

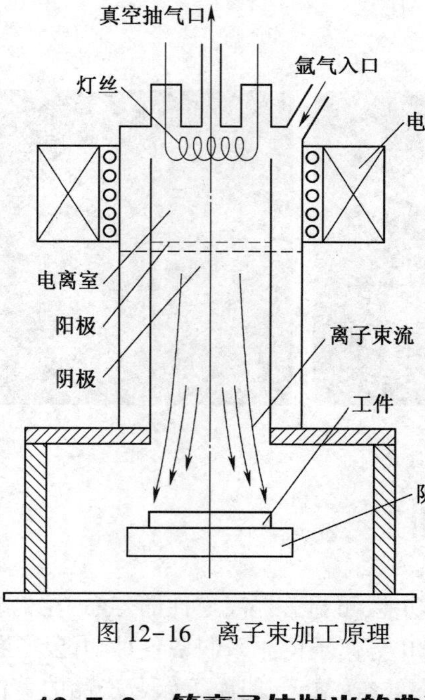

图 12-16 离子束加工原理

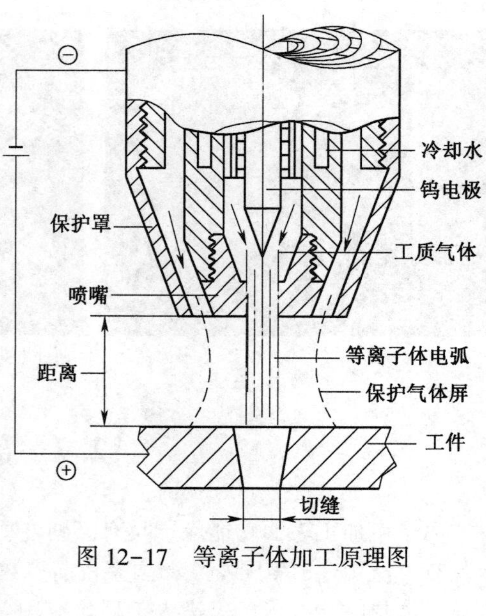

图 12-17 等离子体加工原理图

12.7.2 等离子体抛光的典型应用

等离子体加工技术是等离子体源与化学气相处理设备相结合的新技术,其工作原理是利用等离子体与工件表层材料发生化学作用去除材料。采用这种方法可以进行大面积平面抛光、局部抛光、非球面的成形和抛光等。采用此方法进行光学零件的加工,可以避免亚表面损伤层的出现,提高光学零件表面加工等级,实现高精密加工,该项技术包括真空等离子抛光和常压(大气压)下等离子抛光。涉及到光学加工,自动控制,等离子体物理、化学气相反应以及流体动力学等学科的相关内容,日本、美国已经开始了对该项技术的应用基础研究,并取得了初步的研究成果。

(1)真空等离子体抛光应用

传统的真空等离子体表面加工技术通常使用六氟化硫、四氟化碳等具有腐蚀作用的气体,利用高频电场激发产生等离子体,等离子体中的活性自由基能够与被加工材料表面原子产生化学反应,生成强挥发性气体,在此过程中产生抛光效果。其实质是真空中的纯化学反应,因此真空系统的好坏将直接影响最终的抛光效果。

根据多数工艺实验的结果发现,此方法虽然原理明了,设备简单,但是加工的方向性与选择性差,加工效率不高。在诸多研究机构的努力之下,具有更高加工效率的反应离子刻蚀技术 RIE 成为等离子体抛光技术的研究重点,此方法的抛光原理是利用高频电场激发等离子体,产生气体辉光放电,利用等离子体中离子轰击的物理效应与活性自由基的化学反应效应共同去除被加工工件的表面材料。反应离子刻蚀的刻蚀速率高,方向性与选择性好,但是由于加工过程中有离子轰击的物理效应,很容易破坏被加工工件表面的晶格结构,使表面粗糙度增加。

鉴于 RIE 的缺点,研究人员提出一种采用低气压下电容藕合放电的低温等离子辅助抛光技术,其主要的刻蚀原理为等离子体中的活性自由基与被加工工件表面原子间发生化学反应,产生挥发性强的物质,不引入新的表面污染,实现以化学作用为主的材料去除。

此方法抛光效率高,加工后无亚表层损伤,可加工球面与非球面,因为此方法使用射频放电激发等离子体,离子在电场中的加速时间变短,使等离子体中的离子能量比较低,离子轰击物理效应带来的被加工表面晶格结构破坏微弱,能够获得良好的抛光效果。

日本 Nikon 大学采用的是等离子体化学气相加工技术,原理是在射频(RF 150 MHz)激励的作用下,在抛光室中产生等离子体,具有化学活性的等离子体与工件表面物质发生化学反应,达到去除目的。同时由一套自反馈系统控制,通过控制被加工工件的转动或移动来控制去除量。使用该技术去除石英玻璃的后,表面粗糙度达到亚纳米级,面形误差为亚微米级。美国 Hughs 公司采用的是 PACE 等离子体辅助抛光技术,其抛光原理与等离子体化学气相加工没有本质区别,只是在激励方式、工作真空度、反应气体和惰性气体的比率等方面不同。使用该技术去除石英玻璃后,表面粗糙度也达到亚纳米级,面形误差为几十微米。

(2)大气压等离子体抛光技术应用

大气压等离子体技术是当前等离子体应用领域中的前沿问题。一直以来,实现光学零件的高效、超精密加工都是困扰科技工作者的世界性难题,最近几年,国际上提出了大气压等离子体抛光(APPP-Atmosphere Pressure Plasma Polishing)的加工方法,因其特殊的加工机理,可以实现材料表面原子量级化学去除,能够获得极低的表面粗糙度,加工后不会对工件表层及亚表层造成损伤,并且较以往的非接触抛光加工具有更高的加工速度,其应用前景十分可观。与真空等离子体抛光技术相比,大气等离子体抛光技术具有诸多优势,例如不需要真空设备,加工成本低,应用范围广,在一个大气压下产生的低温等离子体面积大并且均匀性好,其中存在大量种类繁多的活性粒子,更容易与所接触的材料表面发生反应,能够提高化学反应的速度,提高零件的加工速率。

美国劳伦斯国家重点实验室(Lawrence Livermore National Labs)发明了反应原子等离子体技术(RAPT,ReactiveAtom Plasma Technology),RAPT 是一项在大气压下用离子体加工的新技术。该技术在美国国家点火工程项目中被用来加工无表面损伤的高精度光学元件,这项新技术在光学和半导体元件的生产制造领域有广泛的应用前景。

英国 Cranfield 大学的 Paul Shore 教授与 RAPT 公司联合开发研制了 HELIOS 1200-3，用以抛光直径为 1.2 m 的大型光学镜片。英国 Cranfield 大学受英国政府资助已经向 RAPT 公司购买了 HELIOS 1200 系列产品，以探索一条新的面向超精密表面加工的新途径，用来为下一代太空望远镜和高能量激光系统制造超高精度的光学元件。

大阪大学也是最早从事大气条件下利用等离子体对工件工件表面抛光研究的单位之一，他们提出等离子体化学气相加的加工方法。与 RAPT 不同的是，PCVM 采用电容耦合等离子放电方式，该方法采用旋转电极来产生等离子体，针对不同的加工目的和工件形状，可以采用不同类型的电极。安装有工件的电极接地，另一个与之平行的回转电极接 RF 电源的阳极。大阪大学将此种技术与弹性发射成形技术相结合加工 90 mm 直径的光学反射镜，面型精度达到了 3 nm(PV)，约相当于 20 个原子的高度，表面粗糙度则达到了亚纳米级而其表面缺陷密度仅为常规机械抛光和氩离子溅射加工方法的 1/100 由于采用了高速回转电极作阳极，电极与工件间可以形成高速的等离子体流，有利于反应产物的快速排出，抑制了表面沉积现象的发生，另外高速旋转电极可以对电极进行冷却。据报道，大阪大学已经可以在加工半导体用硅片时实现 1.4 nm 的表面粗糙度，并在很多功能性材料上实现了最高可达每分钟数百微米的去除速率，与常规的研磨效率相当，而其表面缺陷密度仅为常规机械抛光和氩离子溅射加工方法的 1/100。另据报道，采用此种技术加工 90 mm 直径的光学反射镜，面型精度达到了 3 nm(PV)，约相当于 20 个原子的高度。

12.8 激 光 加 工

12.8.1 激光的特性

激光加工技术是利用激光束与物质相互作用的特性对材料进行切割、焊接、表面处理、打孔、增材加工及微加工等的一门加工技术。激光加工技术是涉及到光、机电、材料及检测等多门学科的一门综合技术，它的研究范围一般可分为激光加工系统和激光加工工艺。

激光加工与其他加工技术相比有其独特的特点和优势，它的主要特点有：

(1)非接触加工。激光属于无接触加工，切割不用刀具，切边无机械应力，也无刀具磨损和替换、拆装问题，为此可缩短加工时间；焊接无需电极和填充材料，再加上深熔焊接产生的纯化效应，使得焊缝杂质含量低、纯度高。聚焦激光束具有 $10^6 \sim 10^{12}$ W/cm^{2}高功率密度，可以进行高速焊接和高速切割。利用光的无惯性，在高速焊接或切割中可急停和快速启动。

(2)对加工材料热影响区小。激光束照射到物体的表面是局部区域，虽然在加工部位的温度较高，产生的热量很大，但加工时的移动速度很快，其热影响的区域很小，对非照射的部位几乎没有影响。在实际热处理、切割、焊接过程中，加工工件基本没有变形。正是激光加工的这一特点，它已被成功地应用于局部热处理和显像管焊接中。

(3)加工灵活。激光束易于聚焦、发散和导向，可以很方便地得到不同的光斑尺寸和功率大小，以适应不同的加工要求。并且通过调节外光路系统改变光束的方向，与数控机床、机器人进行连接，构成各种加工系统，可对复杂工件进行加工。激光加工不受电磁干扰，可以在大气环境中进行加工。

(4)可以进行微区加工。激光束不仅可以聚焦，而且可以聚焦到波长级光斑，使用这样小的高能量光斑可以进行微区加工。

(5)可以透过透明介质对密封容器内的工件进行加工。

(6)加工高硬度、高脆性、高熔点的金属及非金属材料。

12.8.2　激光加工的原理

激光产生的过程是：在受激辐射跃迁的过程中，一个诱发光子可以使处在上能级的发光粒子产生一个与该光子状态完全相同的光子，这两个光子又可以去诱发其他发光粒子，产生更多状态相同的光子。这样，在一个入射光子的作用下，可引起大量发光粒子产生受激辐射，并产生大量运动状态相同的光子。这种现象称受激辐射光放大。图 12-18 为激光加工示意图。

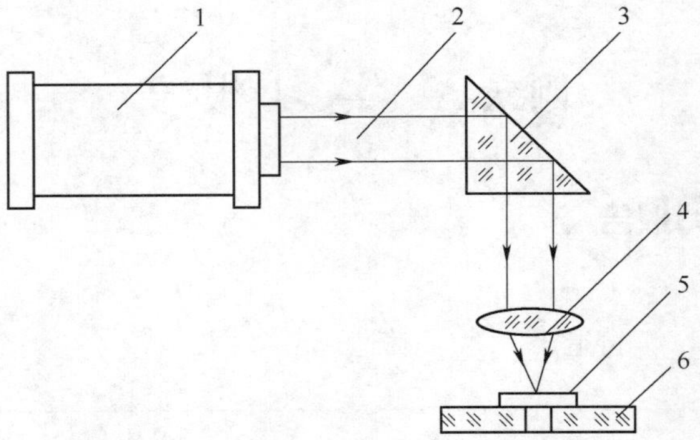

图 12-18　激光加工示意图

1—激光器；2—激光束；3—全反射棱镜；4—聚焦物镜；5—工件；6—工作台

12.9　快速成型技术

快速成型（Rapid Prototyping，RP）技术是 20 世纪 80 年代问世的一门新兴制造技术，自问世以来，得到了迅速的发展。由于 RP 技术可以使数据模型转化为物理模型，并能有效地提高新产品的设计质量，缩短新产品开发周期，提高企业的市场竞争力，因而受到越来越多领域的关注，被一些学者誉为敏捷制造技术的使能技术之一。RP 技术是由 CAD 模型直接驱动的快速制造复杂形状三维物理实体技术的总称。

RP 技术基本工作过程是：

首先设计出所需零件的计算机三维模型，并按照通用的格式存储。

据工艺要求选择成形方向（Z 方向），然后按照一定的规则将该模型离散为一系列有序的单元，通常将其按一定厚度进行离散（习惯称为分层），把原来的三维 CAD 模型变成一系列的层片。

再根据每个层片的轮廓信息，输入加工参数，自动生成数控代码。

最后由成形机成形一系列层片并自动将它们连接起来，得到一个三维物理实体。

这样就将一个物理实体复杂的三维加工转变成一系列二维层片的加工，因此大大降低了加工难度。由于不需要专用的刀具和夹具，使得成形过程的难度与待成形的物理实体的复杂程度无关，而且越复杂的零件越能体现此工艺的优势。目前快速成形技术包括一切由 CAD 直接驱动的成形过程。

传统的加工方法又称为“去除”法：部分去除大于工件毛坯上的材料，而得到工件。快速成形技术彻底摆脱了传统的方法，也不同于传统的受迫成形（在模腔内成形），如铸、锻、挤压成形等，而采用全新的“增长”加工法即：用一层层的小毛坯逐步叠加成大工件，将复杂的三维加工分解成简单的二维加工组合。因此，它不必采用传统的加工机械和加工模具，只需要传统加工方法的 30%～50% 的工时和 20%～35% 的成本，就能直接制造出产品或模具。

附录　实习报告及安全操作

拆装

附录A　实 习 报 告

A.1　铸工实习报告

一、填空

1. 铸造分为________铸造、________铸造。

2. 型砂应具备________、________、________、________、________等性能。

3. 型砂是由________、________、________、________组成。

4. 铸件的尺寸________零件________型腔________模样。

*5. 特种铸造分为________铸造、________铸造、________铸造、________铸造、________铸造、________铸造。

*6. 铸造生产工艺过程复杂，容易产生缺陷，如铸件产生________的缺陷是因为砂型的强度过低，产生________则是型砂的耐火性不高，而产生________的原因是型砂的透气性不好，产生________的原因是定位合箱不准，产生________的原因是修型不利所致。

7. 手工造型的方法有：________、________、________、________。

8. 浇注系统包括________、________、________、________。

*9. 常用机器造型方法有：________、________、________、________。

二、问答题

1. 什么是铸造？有哪些特点？

2. 什么叫分型面？分型面选择在铸件的哪个部分好？

*3. 填写铸型装配图中各部分名称：

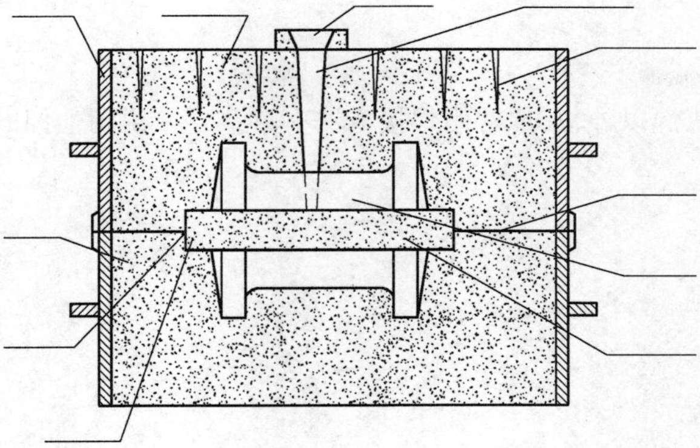

A.2　焊工实习报告

一、填空

1. 手工电弧焊的设备是________、型号为________、电压为________、交流弧焊机的空载电压是________、额定电流为________、焊钳的型号为________。

2. 焊接前应进行________操作，其方法有：________、________。

3. 焊接按工艺特点可分为________、________、________、三大类。

4. 电焊条种类可分为：________、________、________、________、________、________、________七大类。

5. 你在实习中使用的焊条牌号为________、焊条直径为________长度为________。

6. 焊条是由________和________两部分组成，其中前者的作用是________、________、后者的作用是________、________、________、________。

7. 电弧焊时，常见的坡口形式有________、________、________、________、开坡口的是________。

8. 在焊接中，常见的焊接缺陷有________、________、________、________、________、________等。焊接缺陷的检验方法有________、________、________。

二、综合分析

说明构件图上接头形状及空间位置。

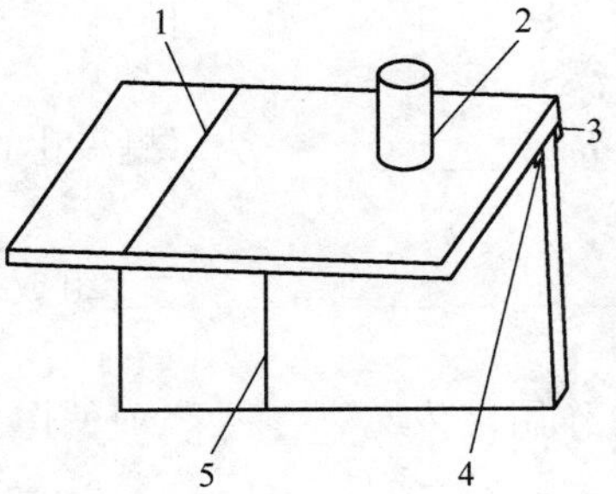

顺序	焊接空间位置	接头形式
1		
2		
3		
4		
5		

三、问答题

1. 焊接的特点及应用范围有哪些？

2. 除了手工电弧焊以外,其他常用焊接方法有哪些? 并说明他们的特点及应用范围。

A.3 钳工实习报告

一、填空

1. 钳工的工作范围包括________、________、________等。

2. 钳工的基本操作包括________、________、________、________、________、________、________、________。

3. 划线分________和________两种,常用的划线工具有________、________、________、________等四种。

4. 锉刀常用________制成,其牌号为________。

5. 锉刀按用途分________、________和________三种,常用的锉刀有________、________、________、________和________等五种。

6. 锉削平面的方法是________、________、________。

*7. 锉削柱形外圆弧时,应先用________法,再用________法。

8. 锉削质量检验用________检验直线度(平面度),用________________检验垂直度,用________检验平行度。

9. 安装锯条是________,锯齿的方向必须与锯割时________方向一致。

10. 锯削的速度以每分钟往复________次为宜,锯软材料速度可________些,锯硬材料速度可________些。

11. 锯削有色金属应选用________齿锯条,锯硬材料或薄壁工件应选用________齿锯条,锯中硬钢材、铸铁应选用________齿锯条。

12. 常用的钻床有________、________、________三种。

*13. 钻孔的尺寸精度为________级,表面粗糙度 Ra 为________。为了提高孔的精度,通常进行________、________等工艺。

14. 麻花钻一般由________制成,其结构由________、________、________组成。工作部分由两主切削刃形成锋角(顶角)。

*15. 钻头直径大于 13mm 为锥柄钻,其锥度部分作用是传递________,而偏尾只起到________钻头的作用。

16. 钳工加工内螺纹的操作称为________,刀具是________。钳工加工外螺纹的操作称为________,刀具是________。

二、问答题

1. 划线的作用是什么?

*2. 什么是划线基准？常用的划线基准有哪三种？

3. 锯条容易折断的原因及预防办法是什么？

4. 简要说明手用丝锥的攻螺纹操作步骤(工具有老虎钳、丝锥、绞杠)。

三、计算

写出攻螺纹前底孔尺寸的计算公式,并计算下列螺纹的钻孔直径。

a. 有色金属 M5 螺距 P 为 0.75。

b. 铸铁 M12 螺距 P 为 1.75。

c. 45 钢 M24 螺距 P 为 3。

A.4　钳工(拆装)实习报告

一、填空

1. 刮刀有________和________两类。

*2. 平面刮刀分为________操作法和________操作法,整个操作过程为________、________、________三个动作,刮刀呈________刃,________角。

3. 常用刮削显示剂有________和________两种,分别用于________和________场合。

4. 刮削表面粗糙度是用________来表示。

*5. 研磨是用________和________对工件做最终精加工,其公差等级最高可达到________,表面粗糙度最高可达________。

6. 装配是按装配图及技术要求的规定,将若干个________结合成________,再将若干个零件和部件结合成________的过程。

*7. 装配工艺方法有________、________、________、________、________等。

8. 在使用压入法装配轴承时,若将轴承装入轴颈应压________轴承圈,若将轴承装入轴孔应压________轴承圈。

9. 螺母连接的防松装置主要有________、________、________、________。

二、问答题

*简述机器拆卸应做到哪些要求?

A.5 车工实习报告

一、填空

1. C6132 型普通车床,其中 C 表示________,6 表示________,1 表示________,32 表示________。

2. 切削三要素是指________、________和________,它们的符号分别是________、________和________。

3. 普通车床可加工________、________、________、________等零件。

4. 普通车床切削加工一般可达到的精度等级为________,表面粗糙程度为__________。

5. 安装车刀时,刀尖应对准工件的__________________。

6. 切削工件时,工件上形成的三个表面是__________、__________、__________。

7. 在车床的传动方式中,可使旋转运动转变为移动的有________________和__________________。

8. 车床上的通用夹具有__________、__________、__________、__________。轴类零件常用__________安装。__________卡盘能自动定心,适宜于安装__________零件。__________卡盘的卡爪只能分别调整,适宜于安装__________零件。

9. 普通车床加工内孔的方法有________、________、________、________。

10. 常用的锥度车削方法有________、________、________、________。

*11. 用高速钢车刀削________材料时,应加冷却润滑液,车削________材料时,可不加冷却润滑液,用硬质合金刀车削时________。

*12. YG 类硬质合金车刀适合于加工________材料,粗加工时用________牌号,精加工时用________牌号;YT 硬质合金车刀适合用于加工__________材料,粗加工时用

__________牌号，精加工使用_______牌号。

*13. 车刀切削部分的材料应具有的基本性能是_______、_______、_______、_______和_______。

*14. 车刀切削部分的主要角度有_______、_______ 、_______、_______和_______等五种。

*15. 成形面的车削方法有_______、_______、_______。

*16. 滚花是在车床上用滚花刀_______工件，使表面生成花纹。滚花刀的花纹有_______、_______两种。

*17. 切槽刀具有_______个主切削刃和_______个主偏角 K_r，以及_______个副切削刃和_______个副偏角 K'_r。

二、问答题

1、用拖板手柄进刀时，如果刻度盘的刻度多转了 3 格，能否直接退回 3 格？为什么？该如何处理？

2. 什么是粗加工和精加工？各有什么目的？切削三要素又如何选择？

3. 车削加工的特点是什么？

4. 写出车削加工的一般步骤。

5. 试切作用及试切方法是什么?

6. 简述 C6132 机床主轴运动路线和刀具运动传动路线。

7. 写出车床的主要组成(三箱二架一身)。

8. 通过车工实习操作,试分析为什么用钻头直接钻出的孔径精度偏低,粗糙度较差?提高孔的粗糙度和精度在车床上有哪些加工方法?

9. 车床上切削工件时,如果提高主轴转速,则其自动进给量如何变化?为什么?

10. 车刀常用材料有几种?如何选择使用?

*11. 内外螺纹如能配合，它们应具备哪几个要素？

*12. 在螺纹的车削中，如何保证螺纹的各个尺寸？

*13. 车削精度包含哪些具体内容？

*14. 若车床中拖板丝杆螺距为 5 mm，刻度盘为 100 格，毛坯直径 $D=40$ mm，要一次走刀切削到 $d=38$ mm，试求横刀架刻度盘应转过几格？

三、图示题

下图所示为车床实物图片，写出你所知道的 10 处部件名称及作用，并标出位置。

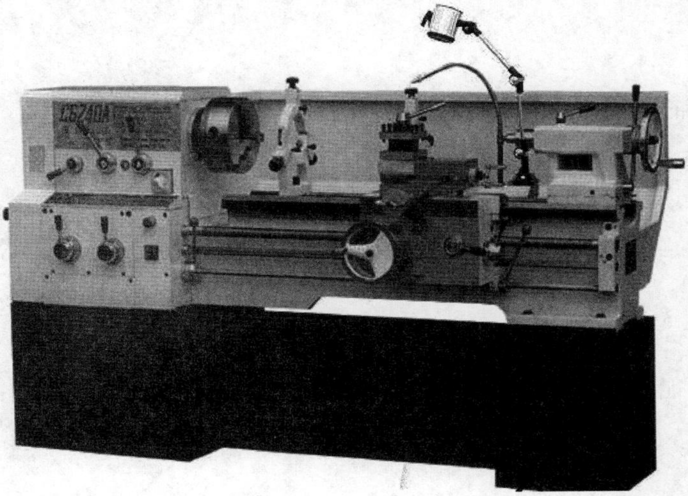

1. ____________________
2. ____________________
3. ____________________
4. ____________________
5. ____________________
6. ____________________
7. ____________________
8. ____________________
9. ____________________
10. ____________________

A.6 铣工实习报告

一、填空

1. 实习中使用的卧式铣床型号为________,立式铣床的型号为________,其中字母和数字的含义为____________________。

2. 铣削加工的精度一般为________,表面粗糙度 *Ra* 值为________。

3. 铣削过程中产生________、________两个运动。

4. 铣削用量的四个要素是________、________、________、________。其中________对铣刀的耐用度影响最大。

5. 顺铣时,水平切削分力与工件进给方向________,逆铣时,水平切削分力与工件进给方向________。

*6、在铣床上加工齿轮采用________法,在滚齿机上加工齿轮采用________法。

*7、用分度头装夹工件,工件要六等分,手柄摇过________圈,工件要转 16 度,手柄应摇过________圈。

二、问答题

1. 何谓铣削加工?

2. 立铣刀和键槽铣刀有什么区别?

*3. 试述万能分度头的功用及装夹方法有哪些?其定位基准是什么?

A.7　磨工实习报告

一、注明下图所示外圆磨床各主要组成部分及作用

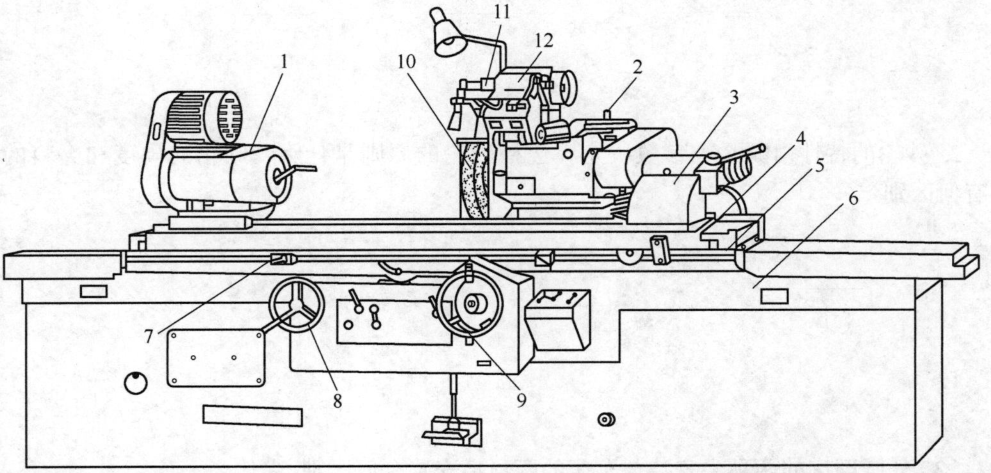

序号	名　称	作　用
1		
2		
3		
4		
5		
6		
7		
8		
9		
10		
11		
12		

二、填空

1. 你所用的磨床的型号为________,其中字母和数字分别代表____。

2. 你实习用的磨床最大磨削外圆直径____ mm,最大磨削长度____ mm。工作台纵向移动速度____ m/min。工作速度________ r/min—____ r/min 共____级,砂轮转速____ r/min。磨削加工所能达到的精度等级和粗糙度分别是________和____。

3. 在外圆磨床上磨削外圆方法有________、________、________、________、________装夹方法有________、________、________、________。

4. 砂轮组织结构三要素是指________、________、________。

三、问答题

1. 简述磨削加工的特点和应用范围。

2. 砂轮的特性由哪几个参数决定？选择砂轮的原则是什么？砂轮的硬度和磨料的硬度有何区别？

*3. 外圆磨床的两顶尖安装与车床的两顶尖安装有何区别,为什么？

*4. 磨圆锥面有哪两种方法？

5. 试述周磨法和端磨法两种磨平面的方法各自的优缺点。

6. 外圆磨床工作台往复运动是如何实现的？液压系统由哪几个部分组成？其主要优缺点是什么？

A.8　数控机床概述实习报告

一、填空

1. 数控是利用________和________表述的信息来控制机床运动的一种技术。

2. 数控机床主要有________、________、________、________等四个基本部分组成。

3. 数控机床是通过________发出指令控制机床运动,指令的________和________编码方式记载在________上,________从控制介质上获取信息后,经过计算和处理,将结果以________形式送往机床有关机构,从而对机床有关运动的________、________、________等实现自动控制的机床。

4. 数控机床按工艺用途可分为________、________、________、当前实习的________、________属切削加工类,________、________属特种加工类。

5. 数控机床按伺服控制系统可分为________、________、________、________等四类。当前实习的________、________属半闭环控制数控机床。

6. 数控机床编成可分为________和________。

7. 复杂零件可利用CAD/CAM(计算机辅助设计/计算机辅助制造)软件进行________、________。

8. 数控网络制造DNC系统可实现计算机与机床“对话”,使程序传输____________、____________、____________。

二、问答题

1. 数控机床的特点是什么?说明其应用场合。

2. 简述数控机床的主要加工步骤。

A.9　数控车床实习报告

一、填空

1. 你实习所用的数控车床型号为________、机床所用的控制系统为________。

2. 数控车床的导轨,可分为________、________、________。

3. 一个完整的程序,是由________、________和其他相应符号组成。

4. 建立新程序或修改、删除程序时,应在________方式下进行。

5. 开机后第一次主轴旋转,应在________方式下进行。

6. 在数控车床程序中,G73 程序内 R 表示________。

7. 在数控车床程序编程中,指令 M00 表示________、G98 表示________。

二、问答题

1. 程序中 G73 程序段内 F 值能否忽略?为什么?

2. 数控车床上所有的刀具属车床类数控工具系统,应该有几方面特点?

A. 10 数控铣床实习报告

一、填空

1. 数控铣床编程时,应能设定____________。

2. 用来确定工件坐标系在机床坐标系中位置的指令是________,该指令里存储的坐标值一般由________操作完成。

3. 用来指定圆弧插补的平面和刀具半径补偿平面为 *XY* 平面的指令是________。

4. 圆弧插补中 I、J、K 指的是________相对于圆弧起点坐标的________。

5. 数控铣床的 G41/G42 指令是对________进行补偿或偏置。

6. 数控铣床开机或图形模拟后必须先________操作。

7. 数铣程序编辑完成后,进行图形模拟时必须按下________键和________键。

8. 自动方式加工零件时,应先按________键及________操作,以初步判定,对刀操作是否正确。

9. 在自动加工过程中发现意外情况及时按________,待消除隐患后再实施操作。

二、问答题

1. 建立和取消刀具半径补偿指令应注意哪些事项?

2. 简述数控铣床的组成及作用。

A.11 线切割实习报告

一、填空

1. 电火花加工时利用________产生的________现象对材料进行加工。它属于________加工工艺。

2. 电火花线切割机是由________、________、________、________等四大部分组成。

3. 电火花线切割加工时利用一根运动着的________作为工具电极,在工具电极和________之间通以脉冲电流,使之产生________。整个加工过程是由________进行数字程序控制,使工件被切割成所需要的形状。

4. 电火花线切割加工的尺寸精度可达________,表面粗糙度 Ra 值________。

5. 线切割加工工艺设计主要步骤有________、________、________、________。

6. 电火花线切割加工时所使用的乳化油对________、________及________、________有影响。

7. 电火花线切割加工时,是________相对于________的运动轨迹决定的。

二、问答题

1. 线切割加工的特点及应用范围。

2. 电火花线切割加工时为什么要进行间隙补偿?

附录B 安全操作

B.1 铸工安全操作试题

一、填空

1. 在工作前要穿好________,领口和________要扎紧,不准穿________、________、________、________、________、________。

2. 紧砂时,不得将手放在________上,以免打伤。

3. 禁止用________吹分型砂,应使用________,且应向________吹。

4. 每人所用的________应放在________内,不得随意乱放;起模针及气孔针放在________盒内,________应向下。

5. 在造型场地行走时,要注意脚下________,以免踏坏________或被________碰伤。

6. 操作时,必须集中思想,不准________,不开________。

7. 实习时,未经允许不能________他人的工具,不准用工具________。

8. 浇注________和________要掌握适当________,从冒口正面观察浇注。

9. 发生任何问题、事故,必须________,并立即________。

10. 下班时要________,所用工具必须________并________。

二、问答题

在铸工实习中如何遵守安全技术规则?

B.2 焊工安全操作试题

一、填空

1. 使用焊机前要检查________是否完好,________和________是否良好。

2. 焊接时必须戴好________和________,不要让皮肤暴露在弧光下。

3. 没有戴防护面罩时,不要看电弧光,否则将________(14 m内)及________(7 m内)。

4. 正在进行焊接时,绝对禁止调节________或拉开________的闸刀,以免烧坏电焊机或闸刀。

5. 不要直接用手拿刚焊过的________及________,以防止烫伤。

6. 移动电焊机时必须先____________,焊接中突然断电应立即____________。

7. 电焊机如有故障,电线破坏漏电或保险丝一再烧断,应____________,将________切断,并报告有关人员修理。

8. 点火前应检查气路各连接处的________,________,或________有无堵塞现象,如有应用________疏通。

9. 氧气瓶及各气路部分不得沾染________,以防燃烧爆炸;操作中如发生回火应立即________进行____________。

10. 下班时,应将____________整理好并____________。

二、问答题

在焊工实习中如何遵守安全技术规则?

B.3 钳工安全操作试题

一、填空

1. 工件在钳口中夹紧要________,夹紧________的零件,要当心夹痛手指。

2. 錾子、冲头等尾部不准淬火或有________、________毛刺等情况。錾子尾部端面不可有________。

3. 錾切工件时,不能________,快到尽头时,锤击力要________,以免切屑或錾子滑脱碰上自己的手。

4. 锉刀不得叠放,更不准把锉刀当________或________使用。以免折断的碎屑伤害自己或他人。

5. 清除锉刀和工作物上的铁屑时,严禁用________、________或在虎钳上敲打,要用________扫除,以免铁屑飞入眼内或刺伤手。

6. 锉刀应装上手柄和________。不可使用________和________的锉刀。

7. 手锯锯割零件时,工件要________,用力要________,切勿________或________,以免锯条折断刺伤手。零件快锯断时,用力要________而________。

8. 攻螺纹时,用力要____________,大小要____________,以免损坏丝锥。

9. 装配中所用____________和____________等均要符合规定要求,用力不能过猛,以防________造成事故。

10. 下班时所用工具必须____________并____________,打扫好场地。

二、问答题

在钳工实习中如何遵守安全技术规则?

B.4 车工安全操作试题

一、填空

1. 工作时要穿好________，领口和________要扎紧，不准穿________、________、________、________、________。切削时要戴好________，女同学要戴好________。

2. 变换速度必须____________，以防机床齿轮损坏。

3. 当溜板箱及刀架靠近卡盘时，应该防止____________。

4. 在车床开动时，手不得去____________工件，测量工件时应该____________。

5. 头、手和身体应________正在旋转的工件。

6. 工件和车刀必须________，否则会飞出伤人。

7. 不能用________直接清除切屑，应用________和________清除。

8. 工作时，不能无故离开________，不得________他人的机床。

9. 机床万一发生事故，应立即____________保护现场。

10. 转动刀架和装夹工件时必须将拖板摇离____________。

二、问答题

1. 装卸工件时，卡盘扳手为什么一定要取下？

2. 车床在开车前必须检查哪些方面？开车后应注意哪些方面？

B.5 铣工安全操作试题

一、填空

1. 开车前要检查________、________装夹是否牢靠，________运转方向与________进

给方向是否正确。

2. 禁止用________去接触工作中的________、________或其他运转部分，也不要将________靠在机床上。

3. ________时必须停车，禁止在机床运行________或试探机床。

4. 必须严格遵守________，不得随意改变________。

5. 用________铣削齿轮分齿时，一定要专心仔细，必须等________完全离开工件后，方得转动________。

6. 注意________的旋转方向与________的运动方向，同学操作用________法。

7. 切削时不准用________擦工件或刀具。

8. 当________接近________时，必须事先快速进击。

9. 零件铣削后，应去除________，保持________。

10. 工作完毕后，必须________，________，并在指定部位________，然后关好________。

二、问答题

在铣工实习中如何遵守安全技术规则？

B.6　磨工安全操作试题

一、填空

1. 开车前要检查磨床各运转部分保护装置，不允许在没有________的磨床上工作，________要检查__________等是否完好和紧固。

2. 磨削是高速切削，且砂轮较脆易碎，在使用前要检查砂轮周围有无__________，如有则要__________才能使用。

3. 拆装工件或搬动附件时，手要拿稳，勿使用物件敲击____________或碰着____________。

4. 严格遵守开车和对刀的规定，将砂轮引向工件时应当________、________、________、________和避免冲击。

5. 行程定位块的位置必须________，并要经常检查是否________。

6. 在校正台面或拆装工件时，首先要________。

7. 摇动工作台或安置定程时，要特别注意避免砂轮撞上________或________。

8. 干磨零件时要戴________；湿磨时，机床停车前要先关________，让砂轮空转 1~2 min进行脱水。

9. 未了解__________和未得到__________同意前，不得擅自开车工作。

10. 工作完毕后必须________、________，并在指定部位________，然后关好________。

二、问答题

在磨工实习中如何遵守安全技术规则？

B.7 数控安全操作试题

一、填空

1. 数控机床开机前应检查________、________、________在运转时是否会受到阻碍;________、________位置是否正确。

2. 为了解____________和未得到____________,不准擅自开车工作。

3. 根据零件图的尺寸和技术要求,制订出被加工零件的________,选择好________和________,清楚知道每把刀________和________的轨迹,并要熟悉________,才能编制出加工程序。

4. 程序编号后应________,经____________认可后方可开始操作。输入控制器后也应检查____________。

5. 工作时发生误操作应立即________________。

6. 线切割工作前应检查________运转是否正常,控制器________位置是否正确,____________是否畅通,________________是否牢靠,如有问题应及时解决。

7. 线切割工作时,________________应适当并且稳定。

8. 工作完毕后,必须____________,____________,在指定部位____________,然后____________并经____________方可离开。

二、问答题

在数控和线切割实习中如何遵守安全技术规则?

附录 C　数控加工程序编制单

C.1　数控加工程序编制单

姓名　　　　　　学号　　　　　　组别　　　　　　成绩

零件图		
	零件名称	
	材料	
	程序名称	
	设备型号	
	数控系统型号	
	夹具	
	刀具	

加工程序

程序段号	程序内容	程序号段	程序内容

C.2 数控加工程序编制单

姓名　　　　　　　　学号　　　　　　　　组别　　　　　　　　成绩

零件图	零件名称	
	材料	
	程序名称	
	设备型号	
	数控系统型号	
	夹具	
	刀具	

加工程序

程序段号	程序内容	程序号段	程序内容

C.3　数控加工程序编制单

姓名　　　　　　　　学号　　　　　　　　组别　　　　　　　　成绩

零件图	零件名称	
	材料	
	程序名称	
	设备型号	
	数控系统型号	
	夹具	
	刀具	

加工程序

程序段号	程序内容	程序号段	程序内容

C.4　数控加工程序编制单

姓名　　　　　　学号　　　　　　组别　　　　　　成绩

零件图	零件名称	
	材料	
	程序名称	
	设备型号	
	数控系统型号	
	夹具	
	刀具	

加工程序

程序段号	程序内容	程序号段	程序内容

C.5　数控加工程序编制单

姓名　　　　　　学号　　　　　　组别　　　　　　成绩

零件图		
	零件名称	
	材料	
	程序名称	
	设备型号	
	数控系统型号	
	夹具	
	刀具	

加工程序

程序段号	程序内容	程序号段	程序内容

C. 6 数控加工程序编制单

姓名 学号 组别 成绩

零件图		
	零件名称	
	材料	
	程序名称	
	设备型号	
	数控系统型号	
	夹具	
	刀具	

加工程序

程序段号	程序内容	程序号段	程序内容

参 考 文 献

[1] 孙以安,陈茂贞．金工实习教学指导 [M]2 版．上海:上海交通大学出版社,1998.
[2] 刘建成,甘勇,孔庆华．金工实习[M]. 上海:同济出版社,2011.
[3] 张志强．金工实习教程[M]. 天津:天津大学出版社,2013.
[4] 邱小童,卢帆兴．新编金工实训[M]. 北京:人民邮电出版社,2013.
[5] 李兵．金工实习．[M]. 武汉:华中科技大学出版社,2015.
[6] 李兵．金工实习核心能力训练项目集[M]. 北京:机械工业出版社,2013.
[7] 宋瑞宏．施昱．金工实习[M]. 北京: 国防工业出版社,2010.
[8] 周前．金工实习[M]. 重庆:重庆大学出版社,2017.
[9] 李伯奎．王玲．金工实习[M]. 北京:高等教育出版社,2015.
[10] 伍艺龙．等离子体抛光机理的研究 [D]. 西安:西安工业大学,2011,5(4).
[11] 王颖男,杭凌侠,胡敏达．等离子体加工光学元件工艺研究 [J]. 表面技术,2008,2(8)
[12] 张巨帆,王波,董申．超光滑表面加工方法的新进展 [J]. 光学技术,2007,11(15).